科技创新赋能乡村振兴案例选编

杨瑞勇 主编

中共中央党校出版社

图书在版编目（CIP）数据

科技创新赋能乡村振兴案例选编 / 杨瑞勇主编． ――
北京：中共中央党校出版社，2024.5
　　ISBN 978-7-5035-7712-3

Ⅰ.①科…　Ⅱ.①杨…　Ⅲ.①技术革新-作用-农村经济发展-案例-中国　Ⅳ.①F323

中国国家版本馆 CIP 数据核字（2024）第 083601 号

科技创新赋能乡村振兴案例选编

策划统筹	曾忆梦
责任编辑	边梦飞
责任印制	陈梦楠
责任校对	王　微
出版发行	中共中央党校出版社
地　　址	北京市海淀区长春桥路 6 号
电　　话	（010）68922815（总编室）　　（010）68922233（发行部）
传　　真	（010）68922814
经　　销	全国新华书店
印　　刷	北京盛通印刷股份有限公司
开　　本	710 毫米×1000 毫米　1/16
字　　数	293 千字
印　　张	20
版　　次	2024 年 5 月第 1 版　2024 年 5 月第 1 次印刷
定　　价	68.00 元

微　信 ID：中共中央党校出版社　　　邮　　箱：zydxcbs2018@163.com

版权所有・侵权必究

如有印装质量问题，请与本社发行部联系调换

本书编委会

主　　编： 杨瑞勇
执行主编： 梁留科　盛　军　陈江涛　东方为甫　谢士强
副 主 编： 殷玉平　胡忠威　殷　英　张竟成　任兴磊
编　　委（排名不分先后）：

刘清章	张明宪	党向磊	李　鹏	刘井军
熊筠华	杨关建	张　雷	李晓东	高　岩
李世龙	冯全普	仲星蔚	郭登岳	杭永宝
张宗兴	周洪新	沈阳博	杨方廷	张　雪
刘荣华	梁盛平	张翠侠	张廷龙	罗　菁
段　奕	孙长帅	郝亚辉	欧阳哲	陈　飞
何俊勇	宋连波	梁庆文	李　彬	许旭轩
槐　杨	潘　鑫	单葆威	赵心刚	吕传亮
邹卫梅	赖厚春	汤武妍	贾　平	李红玲
杨　猛	杨经纬	李　萍	沈波濒	孙海悦
熊任之	杜青勇	王　军	华仲麟	彭小舟
翟　准	赵辉杰	张国政	温圆玲	张楠楠
赵丽岳	丁　宁	宋丽萍	杨　宁	魏石川
郭敬生	刘华伟	郭存德	郁万青	左　凯

前　言

2017年10月18日，习近平总书记在党的十九大报告中首次提出"实施乡村振兴战略"，指出农业农村农民问题是关系国计民生的根本性问题，必须始终把解决好"三农"问题作为全党工作重中之重。这是党的十九大作出的重大决策部署，也是新时代做好"三农"工作的总抓手。2021年4月29日，十三届全国人大常委会第二十八次会议表决通过《中华人民共和国乡村振兴促进法》。该法自2021年6月1日起施行，从此，我国促进乡村振兴有法可依。

实施乡村振兴战略，要坚持党管农村工作，坚持农业农村优先发展，坚持农民主体地位，坚持乡村全面振兴，坚持城乡融合发展，坚持人与自然和谐共生，坚持因地制宜、循序渐进。中共中央、国务院连续发布中央一号文件，对新发展阶段优先发展农业农村、全面推进乡村振兴作出总体部署，为做好当前和今后一个时期全面推进乡村振兴加快农业农村现代化指明了方向。

坚持农业农村优先发展，按照产业兴旺、生态宜居、乡风文明、治理有效、生活富裕的总要求，建立健全城乡融合发展体制机制和政策体系，统筹推进农村经济建设、政治建设、文化建设、社会建设、生态文明建设和党的建设，加快推进乡村治理体系和治理能力现代化，加快推进农业农村现代化，走中国特色社会主义乡村振兴道路，让农业成为有奔头的产业，让农民成为有吸引力的职业,让农村成为安居乐业的美丽家园。

全面推进乡村振兴是新时代建设农业强国的重要任务。党的二十大报告强调,加快建设农业强国,扎实推动乡村产业、人才、文化、生态、组织振兴。乡村振兴,关键是产业要振兴。抓住乡村产业振兴这一关键点,才算夯实了农业强国建设的根基。推动乡村产业振兴,是构建城乡融合新发展格局的必然要求,是农民增收致富、走向共同富裕的必经之路,是巩固拓展脱贫攻坚成果、增强农业农村农民内生发展动力的源泉。

各乡村的自然禀赋条件千差万别,真正推动乡村产业振兴极不容易,尤其是在自然禀赋条件较差的老少边穷地区乡村,推动乡村产业振兴要面临更多的困难和挑战,因此,借助科技创新推动乡村产业振兴是一个不错的选择,并且乡村自然禀赋条件对科技创新制约相对较小,自然禀赋条件较差的乡村有可能快速实现"弯道超车"。2018年3月8日,习近平总书记在参加十三届全国人大一次会议山东代表团审议时指出,要推动乡村产业振兴,紧紧围绕发展现代农业,围绕农村一二三产业融合发展,构建乡村产业体系,实现产业兴旺,把产业发展落到促进农民增收上来,全力以赴消除农村贫困,推动乡村生活富裕。我们要遵循习近平总书记的重要讲话精神,充分利用科技创新助力现代农业发展,借助科技创新的力量和动能更好地赋能乡村产业振兴,有力助推乡村产业振兴可持续发展。

近年来,各乡村认真学习习近平新时代中国特色社会主义思想,切实贯彻落实党中央、国务院关于优先发展农业农村、全面推进乡村振兴战略部署,扎实推动乡村产业振兴。尤其是诸多乡村不断解放思想、改革创新、优化工作,新产业、新业态不断涌现,规模化、集聚化发展趋势明显,现代乡村产业体系加快构建,

前言

有力引领推动乡村产业振兴高质量发展取得显著成效。本书以各部委、中央在京单位、各地党政部门推荐以及本书编写团队调研过的近500个乡村振兴先进案例为蓝本，从各地区、各领域、多层面、多视角遴选出42个科技创新赋能乡村振兴先进典型案例，以期通过这42个精彩案例，为各乡村切实贯彻落实好党中央决策部署的"最后一公里"、大力引领推进乡村振兴高质量发展提供参考、借鉴，为广大党员干部尤其是乡村党员干部提供生动读本。

编　者

2024年5月

目　　录

案例 1　十年磨一剑　砺得稻花香
　　——江苏（武进）水稻研究所科技创新助力乡村振兴 ……… 1

案例 2　双轮驱动种业创新＋打破国外种源垄断
　　——山东青岛科技赋能畜禽种业发展"芯"路径 ………… 9

案例 3　"村奢范儿"＋幸福的力量
　　——北京怀柔乡村国际星级度假产业探索与实践 ……… 15

案例 4　"不用一粒化肥，不用一滴农药"
　　——自然农法未来数字农业示范园引领乡村振兴 ………… 26

案例 5　从"看天吃饭"走向"知天而作"
　　——中国气象局以气象科技引领内蒙古突泉绘出
　　　乡村振兴好"丰"景 ……………………………………… 32

案例 6　稀土转光膜为赣南设施农业插上科技"翅膀"
　　——中国科学院赣江创新研究院联合北京大学等科研
　　　单位为乡村振兴提供技术保障 ………………………… 40

案例 7　科技专家助力乡村振兴提质增效
　　——中央编办建设内蒙古乌兰察布化德县中央单位
　　　定点帮扶专家团 ………………………………………… 47

案例 8　筑巢引凤聚人才　科技小站促振兴
　　——山西吕梁方山县北京理工大学科技人才工作站
　　　助力乡村产业提质升级 ………………………………… 53

案例 9　正清之道　三乌良方
　　——中国工程院专家团队引领云南曲靖会泽县中医药
　　　　产业发展助力乡村振兴 ……………………………………… 60

案例 10　"县域统筹、整村运营、即时分账"
　　——工业和信息化部定点帮扶支持河南洛阳汝阳县
　　　　数字化乡村运营 ………………………………………………… 65

案例 11　"智慧果园"点亮乡村振兴
　　——海关总署为河南鲁山蔡庄村酥梨种植注入科技力量 …… 73

案例 12　"教育＋科技＋人才＋电商"四轮驱动
　　——教育部定点帮扶打造河北青龙满族自治县
　　　　乡村振兴新模式 ………………………………………………… 80

案例 13　科技小院开鲜花　助农路上结硕果
　　——江西永丰蔬菜科技小院助力乡村振兴 ……………………… 86

案例 14　红了产业　富了乡亲
　　——湖北红安以科技引领打造"1＋5"特色农业产业体系 …… 93

案例 15　打造农业科技链党建
　　——山东聊城"杜立芝党代表工作室"助力乡村振兴 …… 100

案例 16　着力构建"1＋2＋3"数字乡村服务体系
　　——中国光大银行以科技创新助力乡村振兴 ………………… 107

案例 17　为蔬菜产业插上腾飞"翅膀"
　　——湖南娄底桥头河镇以科技创新助力乡村振兴 ……… 115

案例 18　便民惠民服务品牌"村口壹站"
　　——江苏村口科技有限公司助力乡村振兴 ………………… 121

案例 19　"科企融合"打造"农业芯"
　　——山东平邑以种业科技创新助力乡村振兴 ……………… 129

目 录

案例 20 "滴水穿石、人一我十"＋"四站二院一中心"
　　　　——福建长汀水土流失治理科技创新助力乡村振兴 …… 136

案例 21 油茶花结出"金果果"
　　　　——科技赋能赣南油茶产业助力乡村全面振兴 ………… 142

案例 22 "百校入威　智创威来"
　　　　——河北威县借助高校力量引领高质量发展的
　　　　　　探索与实践 ……………………………………………… 150

案例 23 打造高端绿色智能农机新高地
　　　　——北京中科原动力科技有限公司以科技创新赋能
　　　　　　乡村振兴 ………………………………………………… 158

案例 24 "大数据＋农村人居环境治理"
　　　　——贵州"禾力乡村"数字技术平台助力乡村振兴 …… 164

案例 25 矢志不渝育良种　服务大局助振兴
　　　　——山东菏泽市农业科学院大豆科研团队助力
　　　　　　乡村振兴 ………………………………………………… 171

案例 26 "绿色＋""数智＋""能源＋"模式创新
　　　　——中能建城市投资发展有限公司聚焦"一创三转"
　　　　　　助力城乡融合发展 ……………………………………… 178

案例 27 以科技创新为"犁"耕好"致富田"
　　　　——中青博纳余江区全域"稻稻油"三季收作物
　　　　　　全产业链示范项目助力乡村振兴 …………………… 185

案例 28 做大做强品牌＋创新帮扶模式
　　　　——湖南湘山生物以科技创新助力乡村振兴 …………… 193

案例 29 农业装上"智慧脑"
　　　　——安徽宿州萧县白土镇张村亮出"科技范儿" ……… 200

3

案例 30　"一个平台"＋"N 个应用管理模块"
　　　　——山东日照携手京东科技以大数据技术助力
　　　　　绿茶产业提档升级 …………………………………… 205

案例 31　探索"光伏＋"现代化农业产业融合发展新模式
　　　　——国家能源局助力甘肃定西通渭四新村"农光互补"
　　　　　试点项目 ………………………………………………… 214

案例 32　探索视频号电商带货培训模式
　　　　——腾讯"巴渝新农具计划"助力乡村人才培养 ……… 222

案例 33　"四位一体"全生态链
　　　　——山东枣庄市"香安华"家庭农场有限公司新型
　　　　　农业科技创新与示范 …………………………………… 228

案例 34　"两山两联促两兴"＋"三菌三黑"助"三农"
　　　　——湖南湘耀农业以科技创新助力乡村振兴 …………… 233

案例 35　让农民兜里有钱、脸上有光
　　　　——云南褚氏农业有限公司以数字化助力乡村振兴 …… 240

案例 36　"预冷技术"＋"保鲜技术"
　　　　——浙江雪波蓝科技有限公司用科技助力乡村振兴 …… 247

案例 37　新产业＋新业态＋新模式
　　　　——北京大兴庞各庄镇以数字赋能乡村产业转型升级 …… 253

案例 38　"四全四新"模式＋生态循环农业
　　　　——山东临沂费县以绿色发展助力和美乡村建设 ……… 266

案例 39　"小萝卜"成就"大产业"
　　　　——安徽宿州萧县用科技之光照亮乡村振兴路 ………… 275

案例 40　油茶科技小院解难题谋发展
　　　　——江西上犹科技赋能油茶产业引领群众增收致富 …… 280

目 录

案例 41 "中国玉泉洼，有机进万家"

——山东潍坊玉泉洼种植专业合作社联合社科技

兴农富民的探索与实践 ·············· 287

案例 42 "创富中心"＋"芋见都督"

——安徽芜湖无为都督村"科技＋品牌"托起强村

富民梦 ······················ 295

后 记 ························ 303

案例 1　十年磨一剑　砺得稻花香

——江苏（武进）水稻研究所科技创新助力乡村振兴

2022年4月，习近平总书记在海南考察时强调，"中国人的饭碗要牢牢端在自己手中，就必须把种子牢牢攥在自己手里"①。党的二十大报告也明确提出要深入实施种业振兴行动。江苏（武进）水稻研究所（以下简称武进所）作为农业科技创新体系的一部分，秉持"中国粮要用中国种"的信念，立足本地区农业生产需求，致力于水稻的新品种选育、示范、转化、推广、应用，并承担国家级、省级农作物的品种区域试验、现代农业（稻麦）科技综合示范和农民培训等重要任务，发挥了连接科技与农户的重要纽带作用，是地方农业技术转化应用的主体，是农业科研战线不可忽视的力量，对江苏省现代种业高质量发展具有重要作用，在业内博得了"扬州麦子武进稻"的美誉。

武进所是全国最基层的水稻新品种选育及绿色高产栽培研究农业科研机构，2009年由原武进农科所和武进稻麦育种场合并成立，是武进区农业农村局下属的全额拨款事业单位，编制23名，现有在编职工19名，其中推广研究员5名、高级农艺师6名，包含1名博士和10名硕士，"60后"2人、"70后"7人、"80后"5人、"90后"5人，人才梯队老中青结合。

在各级领导的高度重视和主管部门的正确领导下，武进所的常规粳稻育种主要有以下三个优势特点：

一是基础底蕴强。在老专家的言传身教下，羌涵孚、钮中一、江祺祥都成为全国知名的粳稻育种专家，如今，三位"75后"中生代接过育种

---

① 《习近平关于"三农"工作的重要论述学习读本》，人民出版社、中国农业出版社2023年版，第42页。

"接力棒"，将经验摸索与理论知识相结合，成为武进育种的中坚力量，在抗性育种和食味值提升方面成效显著，新的育种成果不断涌现。近几年，武进所每年都有 10 个以上品种通过省级以上审定，成果转化应用率达 95% 以上，是全省粳稻育种创新的骨干力量。课题一组育成的 11036 获第二届全国优质稻食味评鉴金奖，武香粳 9127 有望对标替代南粳 46；课题二组育成的武科粳 7375、沪软玉 1 号是绿色节氮、食味优良的代表性品种；课题三组育成的武育粳 39、武育粳 377 目前也是苏南苏中地区的主推品种之一。最新研制的迷你锌、寸三粒、光身稻、宜糖 28 等特种功能稻米也处于全省领先。

二是获奖成果多。作为全国最基层的育种单位，武进所积极参与全国各类农业科技攻关项目，育种成果先后荣获国家科技进步奖一等奖、二等奖各 1 项，省部级科技进步奖 20 多项。2022 年，武进所获得省农学会技术推广一等奖。近年来，武进所育成的优良食味品种在省级以上的评比中也屡获大奖，其中，武香粳 6622 获中国四星好米；武香粳 245、香软玉在江苏好大米评比中荣获金奖；金武软玉、武香粳 9127 等品种获江苏百姓品米会特等奖；新品种软玉 7276、武育粳 377、武育粳 919、沪软玉 1 号、武科粳 7375、武育粳 528、武香粳 113 等 8 个品种获得中国南方粳稻主产区优良食味水稻新品种推介证书。此外，武进所所长徐玉峰先后获江苏省农业丰收一等奖 2 次、二等奖 1 次，江苏省农学会技术推广一等奖 1 次，江苏省农业技术推广三等奖 1 次，常州市科技进步一等奖 3 次，先后被评为全国农业农村系统先进个人、江苏省乡土人才"三带"新秀、武进区劳动模范、武进区优秀专业技术工作者。

三是社会效益广。武进所育成的 100 多个水稻新品种累计推广达 4.3 亿亩次，增加社会经济效益 220 多亿元，应用范围遍及苏、浙、沪、皖、豫、鄂等全国 10 多个省市，为江苏乃至全国的水稻生产都创造了可观的经济效益和社会效益。其中，武育粳 3 号、武运粳 7 号等品种都成为享誉全国的标杆型品种。近年，品种应用面积虽有下滑，但创新步伐很快。2023 年，江苏的审定粳稻品种中，武进所育成的占 15%，早中晚类型丰富，在全省各地级市都有应用推广,依旧处于粳稻育种的第一方阵。

我国是世界上最大的水稻生产国和稻米消费国,水稻生产历来是我国农业生产发展的重点,在国家粮食安全中的地位举足轻重。具体来说,水稻种植面积和产量约占我国粮食种植面积和粮食总产量的27%和35%,全国2/3的居民以大米为主食。在江苏,水稻作为第一大粮食作物,种植面积和总产分别占全国的7%和10%左右,占江苏省粮食种植面积和产量的40%和60%,常年种植面积3300万亩以上。

从20世纪90年代开始,武进育成的"武"字号水稻新品种的种植面积常年占江苏水稻总面积的30%左右,最高年份达50%以上,同时,这些品种在浙、沪、皖、豫等周边省市也有较大的应用面积。据农业部统计,在2001—2007年我国推广面积最大的十大常规粳稻品种中,武进所育成的就占四个。另外,武进所有多个高产优质水稻新品种通过省级审定,在江苏全省大面积推广种植,其中,武粳15、武运粳24号、武运粳27号被农业农村部认定为超级稻品种。武进所的水稻品种在保障国家粮食安全,促进农业增产、农民增收的过程中发挥了重要的作用。一个全国最基层的水稻科研单位,能做出这样大的贡献,主要因素有以下几点:

一是地理位置有优势。江苏省常州市武进区北依长江,南临太湖,地处长三角中心,属于中亚热带向北亚热带过渡地区,也是我国南方粳稻中晚粳与中粳的交接地带。在这里,既能选育适宜长江下游稻区种植的早晚粳品种,也能培育出适宜淮河以北地区的中粳新品种。目前,武进所育成的水稻品种对中熟中粳区域、迟熟中粳区域及早熟晚粳区域实现了全覆盖。

二是政府财政有支撑。武进区地处长三角经济发达地区,不仅要实现工业现代化,也要实现农业现代化。从20世纪60年代开始一直到现在,政府始终对水稻育种创新给予资金的保证。在县区级农业科研机构萎缩的形势下，武进所在政府财政资金的扶持下一枝独秀，成为常武地区一张亮丽的名片。同时，武进所积极争取省部级、市区级的项目资金，这对育种事业起到了很好的促进和支撑作用。

三是育种成果有质量。武进所专注于育种科研，积极推动育种成果转化和推广应用，有效促进了稻麦种植增产增效。首先，武进所通过审定的新品种多，先后育成"武"字号优质高产稻麦新品种共 114 个且通过国家、省级审定；其次，武进所科研成果丰富，先后获国家科技进步奖一等奖、二等奖各 1 项，省部级科技进步奖 10 余项；最后，武进所选育品种转化推广效益好，新品种既提高了作物产量，保障了粮食有效供给，更有力地推动了农业增效、农民增收。水稻品种累计推广应用 4.3 亿多亩次，增产稻谷 130 多亿公斤，增加社会经济效益 220 多亿元。

四是新品选育有突破。武进所聚焦优良品种进行技术攻关，不断培育新品种，有效促进了粮食产能提升。武进所选用自育品种进行超高产攻关，创造了十年亩产超 800 公斤的高产纪录。武育粳 3 号是武进所于 20 世纪 80 年代后期育成的长江流域迟熟中粳稻品种，是中国乃至世界粳稻育种史上一大创举，日本将其列入世界十大粳稻品种之一，它集好种、好收、好吃、好放等优点于一身，促进了江苏水稻生产"扩粳压籼""南粳北移"重大战略决策的实施。水稻条纹叶枯病俗称"水稻上的癌症"，武进所充分利用自身的常规育种优势，辅以分子育种新技术，全力开展种源"卡脖子"技术攻关，培育出"抗癌先锋"武运粳 21 号成功攻克此病，不仅抗病性极强，食味品质也相当好。

五是种质利用有基础。武进所高度重视种质资源的保护利用，为现代农业研制"芯片"打下基础。一方面，种质资源保护基础不断完善。围绕农业种质资源的普查、收集和利用等要求，武进所组织专家团队开展农业种质资源调查，建立种质资源保护名录，并投建种质资源中期保护库，建设地方特色农作物种质资源保护圃；另一方面，种质资源保存材料丰富。目前，武进所在海南收回 3.8 万余份材料，此基础上，对这些种质资源的农艺、形态、抗性、品质、产量及与产量性状密切相关的目标性状进行鉴定与评价,筛选出优异种质资源进行强强配组,为选育出既符合市场需求又有重大突破性的优质绿色新品种提供支撑。

六是推广应用有途径。武进所依托各类平台,大力推广应用优质新品种,让好种子惠及更多农民,带动农业提质增效。首先,不断健全品种转让机制。探索在江苏省农村产权交易信息服务平台挂牌,扩大潜在受让方的覆盖范围,提高溢价能力。其次,积极探索育繁推一体化机制。积极主动对接省内外大型种业企业,在品种研发、推广服务等多个方面与其进行多角度融合,促进品种推广。最后,不断扩大基地示范推广新品种的覆盖范围。武进所在宣传推介自育品种的同时,也会对部省、其他合作单位推介的农业新品种、新技术在当地进行区域试验示范,为本地区政府、企业、经营主体等选用适合的品种提供参考,有效促进科技成果转化为生产力。通过打造江苏现代农业产业技术体系武进(稻麦)推广示范基地,武进所每年示范推广超70个稻麦新品种、10项以上稻麦新技术新产品,并配合岗位专家进行各类稻麦栽培试验,为大面积推广做好技术支撑。

七是人才队伍有传承。武进所高度重视水稻育种人才队伍梯队建设,在羌涵孚、钮中一、江祺祥三位育种专家的"传帮带"下,三位专家的徒弟宋学堂、朱邦辉、刘古春于10年前就从老师手上接过"接力棒",成为课题负责人。目前,三位年轻专家都选育了多个新品种,无论是品种还是专业技术,在业内也获得了诸多的认可。为促进团队可持续发展,在武进区委、区政府的大力支持下,近三年来,武进所通过高层次人才引进政策引进3名"90后"硕士研究生,启动第三代育种人的培养工作。

我国种业发展仍面临不少"卡脖子"问题

种子是农业的"芯片",是确保国家粮食安全的重要筹码。党的十八大以来,我国种业发展取得显著成效。目前,我国农作物自主选育品种面积占比超过 95%，对农业增产和农民增收做出重要贡献。但同时也要看到，我国种业发展仍面临不少"卡脖子"问题。

（一）种质资源"卡脖子"

一是对外依存度高。尽管我国在水稻和小麦方面的育种水平处于全球领先地位，但在种子进出口方面，我国仍然存在许多短板。自 2017 年起，中国农作物种子进出口贸易逆差呈增长趋势，从 2014 年的 0.63 亿美元增长至 2022 年 2.74 亿美元。其中，前三名的进口来源国为美国、智利、丹麦，美国长期以来是中国农作物种子进口的主要来源国之一。二是精准鉴定能力弱。截至 2022 年底，我国收集保存的农作物种质资源总量突破 54 万份，居全球第二，但大量种质资源未能得到精准鉴定，种质资源的利用率更是极低，仅为 3.0%~5.0%，有效利用率仅为 2.5%~3.0%。三是资源多样性不足。我国种质资源来源结构较为单一，优质、特异资源较少。在中国国家农作物种质资源库中，来自国外的资源仅占 24%；而欧美长期在全世界搜集种质资源，美国国家植物种质体系（NPGS）共保存了 60 万份种质资源，其中 72% 来自国外，种质资源遗传多样性更为丰富。

（二）育种技术"卡脖子"

虽然我国水稻、小麦两大口粮作物品种能实现 100% 自给，玉米、大豆等种源立足国内有保障，但育种水平与国际先进水平还有较大差距。一是高端仪器受限于人。由多源传感器、立体交叉平台和数据分析三部分组成的植物高通量表型平台是未来育种技术竞争的关键环节，而我国尚缺乏此方面的自主知识产权技术，大部分表型组设备和技术依赖进口。根据百科网数据统计，我国 90% 以上的育种科学仪器被国外企业长期垄断，我国一年从国外进口的科学仪器设备更是高达 3380 亿元。在这方面，美日欧企业占据了主导地位，其中，美国赛默飞更是以绝对优势在该行业独占鳌头。二是人才培育面临困境。育种人才是种业振兴的核心推动力，随着美国等西方国家对中国科技的遏制、对人才流动的限制，未来人才培养及其知识更新恐成为育种技术的"卡点"。中国生物育种科技的快速发展主要得益于大量海外留学人才的回归,特别是生物育种前沿技术的领军人才绝大多数是从海外引进的。2017年以来,美国政府多次宣布限制中国学生进入美国大学 STEM(指科学、技术、工程、数学四门学科)专业学习,在美国国土安全部公布的 STEM 专业列表中就包括农作物、园艺作物和动物育种。之后,欧洲等发达国家也有跟进限制中国学生进入科技类专业学习的趋势。

绘就好红色画卷,守好"压舱石"。武进所牢记习近平总书记"中国人的饭碗要牢牢端在自己手中"的殷殷嘱托,以消费者的要求为不断追求的目标去改进和指导工作,不断顺应社会需求,发挥出更大的作用。在老党员、老专家的带领下,武进所创建"稻香"特色支部名片,全力提升服务意识,发挥好党员同志的先锋模范作用。坚持知责于心、担责于身、履责于行,在工作中站在前、冲在前、干在前。支部成员不仅继承了老一辈育种专家从无到有的开拓进取精神,吃苦耐劳、甘于寂寞的敬业精神,执着追求、舍小家为大家的奉献精神,又充满着锐意进取的勇气、敢为人先的锐气、蓬勃向上的朝气,通过不断探索新思路、改进新方法,实现了一个又一个新突破。

创新好当家品种,下好"先手棋"。品种的创新依赖于种质创新,武进所加强与中国科学院遗传所等上游科研院所的密切合作,参与了一批具有引领性、带动性的重点项目及课题,参与国家粮食丰产科技工程、国家重点基础研究发展计划(973)项目和中国科学院战略性先导科技专项等国家级科研合作项目。加快对种质资源和技术手段的引进和吸收,尤其是对国外种质的挖掘和引进,不断拓宽遗传背景,促进有利基因重组,加强原始核心种质的挖掘和保护,在保证产量的前提下,逐步实现稻米外观和食味协同提高、单一抗性向多基因抗性聚合的转变,融合产量、食味、抗性、出米率等性状指标来加快突破性品种的选育。

拓展好推广途径，打好"组合拳"。一是深化与省内外大型种子龙头企业合作，发挥企业的经销服务网络优势，让专业的人做专业的事，实现"1＋1＞2"的效应；二是聚焦稻米全产业链开发，围绕规模化、机械化、标准化、绿色化、融合化生产需求，加强与地方政府推广部门的沟通协调，大力开展"武"字号水稻品种的筛选与展示推介工作，切实加快综合性状协调的优良食味水稻的品种推广；三是结合水稻产业体系推广项目的实施，自北向南在全省产粮大县建立示范基地，和扬州大学张洪程院士合作，采用"岗位专家＋示范基地＋合作社＋农户"的模式，开展科研、生产、示范、推广、宣传等工作，高效筛选出适宜当地种植的高产优质品种，促进"武"字号水稻品种的推广应用和稻米的产业化开发，破解科研与产业"两张皮"的问题，不断延伸产业链，提升价值链价值。

引育好科研人才，传好"接力棒"。加强种业人才建设是加快推进现代种业发展、建设种业强国的重要举措。武进所以培养新一代育种领军人才为己任，不断完善人才激励机制，优化用人环境，完善人才梯队，稳步推进"团队＋协同"组织方式，逐步形成了年龄有梯度、技术有传承的育种研发团队。同时，传承武进育种精神，大力弘扬新时代科学家精神，通过"身边人、身边事"的宣讲，促进将新时代科学家精神融入工作实践，形成引才、聚才、育才的磁场效应，确保育种事业薪火相传、后继有人，不断向前推进。

案例2　双轮驱动种业创新+打破国外种源垄断

——山东青岛科技赋能畜禽种业发展"芯"路径

案例概述

种子是农业的"芯片"，畜禽种质资源作为畜牧业的"芯片"，是畜牧业高质量发展的重要基础资源。2021年，中央全面深化改革委员会第二十次会议审议通过《种业振兴行动方案》，强调把种源安全提升到关系国家安全的战略高度，自此，种业振兴行动全面启动。青岛市按照农业农村部要求，结合资源禀赋，四级联动开展畜禽遗传资源普查，并创新保种机制；同时，依托良好的畜禽种业工作基础，科技、金融双轮驱动种业创新，打破国外种源垄断。

青岛市地处山东半岛南部，暖温带季风气候，气候温润，四季分明，具有丰富的畜禽遗传资源。第三次全国畜禽遗传资源普查在此共普查到里岔黑猪等资源25个畜种、150个品种，其中地方品种（配套系）9个，均建立了保种场，实现了应保尽保。青岛市既具备发展畜禽种业的天然优势，也历来重视该产业发展，目前有种畜禽企业67家，约占山东省的10%，2022年产值近10亿元，其中，培育种业龙头企业有山东新希望六和集团、青岛康大集团等。

青岛市畜禽遗传资源普查上报数据量占山东省总数据量的25%，在省内率先完成畜禽遗传资源生产性能测定全覆盖，新发现畜禽遗传资源1个——胶河黑山羊，发布全国首个市级畜禽遗传资源保护名录，在全国率先建立国家、省、市三级畜禽保种体系。青岛康大集团培育出我国第一个种兔配套系，山东新希望六和集团培育出我国第一个具有完全自主知识产权的"中新白羽肉鸭配套系"，填补了国内空白。此外，青岛市在全国率先推出种业专项信贷产品"琴岛·种子贷"，全国首创种业拨改投业务，激活了市场主体的活力。龙头企业带动种业做大做强，青岛康大集团兔肉出口量占全国总出口量的 70% 以上；青岛九联集团白羽肉鸡对日韩出口量占全国 20% 以上；青岛德瑞骏发生物科技股份有限公司是我国唯一获批马冻精经营许可的企业。青岛市畜禽遗传资源普查工作经验在《山东省第三次畜禽遗传资源普查工作简报》刊发 4 次，畜禽种业工作经验在农业农村部《农业农村情况交流》刊发，得到农业农村部、全国畜牧总站领导的批示肯定。

案例剖析

近年来，青岛市在普查遗传资源、构建保种体系、创新工作方法、拓展发展空间等方面持续发力，四级联动、三级保种、双轮驱动、龙头引领，建立了国家、省、市三级保种体系，实现了地方畜禽遗传资源应保尽保，走出了科技赋能畜禽种业发展的"芯"路径，主要做法有：

（一）四级联动摸清家底，资源普查交出"明白账"

一是青岛市畜禽遗传资源普查数据量居山东省第一。青岛市统筹联动市、区、镇、村四级畜禽遗传资源普查体系，组织 1713 名普查人员，摸清青岛全域 139 个镇（街）5760 个行政村（社区）的畜禽遗传资源家底，普查上报数据量占山东省总数据量的 25%。二是生产性能测定品种全覆盖。争取青岛市财政局专项资金 59 万元，用于畜禽地方品种生产性能测定。聘请国家级岗位科学家带队指导，组织 67 名技术骨干，精准测定地方畜禽品种（配套系）的体尺体重、肉品质等 75 项指标，获得有效数据 15000 条，在山东省率先完成畜禽遗传资源生产性能测定全覆盖。三是新发现畜禽遗传资源 1 个。就新发现的畜禽遗传资源——胶河黑山羊，第一时间建立保种场，将其纳入保护范围。胶河黑山羊分布于胶河流域，具有体型小、繁殖力高、肉质鲜美等特征，通过与其他山羊品种进行全基因检测比对分析，确定其为独立遗传资源，目前正按照国家畜禽遗传资源委员会品种审定要求申报新遗传资源。

（二）三级保种创设体系，资源保护绘出"路线图"

一是持续开展畜禽遗传资源收集保护。从 2008 年起，青岛启动和实施了畜禽良种保护政策，对"畜禽四宝"，即里岔黑猪、崂山奶山羊、琅琊鸡、五龙鹅进行保种；2021 年又增加了 3 个康大肉兔配套系。二是发布全国首个市级畜禽遗传资源保护名录。制定发布了《青岛市畜禽遗传资源保护名录》，将地方品种（配套系）与新发现的遗传资源一并纳入保护范畴，针对每个品种都建立了保种场；冻存精液、卵母细胞等 5700 余份，实现地方畜禽遗传资源应保尽保。三是在全国率先建立三级畜禽保种体系。出台了《青岛市市级畜禽遗传资源保种场管理办法（试行）》，评选出首批市级畜禽保种场，形成国家级畜禽保种场 1 个、省级 4 个、市级 7 个的三级保种体系。对国家、省、市三级畜禽保种场每年分别给予不超过 50 万元、40 万元、30 万元的补助。

（三）双轮驱动创新赋能，畜禽育种答出"高分卷"

一是科技赋能打破国外种源垄断。青岛市支持以企业为创新主体，培育畜禽新品种，畜禽育种攻关项目占农业科技惠民项目总数的 17%。组织研发家畜面部识别等智能装备，建立集数据采集、选种选育等一体的智能化生产性能测定系统，提高育种效率。青岛康大兔业发展有限公司攻关 6 年，培育出我国第一个种兔配套系；山东新希望六和集团历时 8 年，培育出我国第一个具有完全自主知识产权的"中新白羽肉鸭配套系"，填补了国内空白。二是金融赋能激发市场主体活力。青岛市在全国率先推出种业专项信贷产品"琴岛·种子贷"，上市以来，已向 26 家畜禽种业企业提供信贷资金 1.8 亿元，预计带动创收 5 亿元以上。在全国首创种业拨改投业务，设立种业领域财政股权投资资金"种子金"，首期投资 3000 万元支持青岛优势种业企业科技创新，引导其他财政资金投入 2000 万元，带动社会投资 7 亿元。

（四）龙头引领集聚资源，开发利用打出"优势牌"

一是龙头企业带动种业做大做强。青岛康大集团建成集良种繁育、标准化养殖、屠宰深加工等于一体的肉兔产业链，兔肉出口量占全国总出口量的70%以上；青岛九联集团的白羽肉鸡年出栏1.2亿只，对日韩出口量占全国20%以上；宜品乳业集团在青岛市建立羊奶粉加工厂，预计未来3年将带动养殖50万只奶山羊，崂山奶山羊产业链将迈向亿级规模。二是优势项目推动产业集群发展。青岛市启动建设山东省最大的地方黑猪产业园，计划总投资5.6亿元，建设上合里岔黑猪研究院、育种养殖示范基地和一体化发展产业园，打造集里岔黑猪养殖、肉品加工、数字化营销等于一体的三产融合种业发展新模式。三是特色产业蓄势种业领跑新赛道。青岛德瑞骏发生物科技股份有限公司是我国唯一获批马冻精经营许可的企业，每年冻精收入超4000万元。围绕马产业发展，该公司建立了良种马繁育中心、马属动物研究院等育繁推机构，采用卵母细胞体外成熟与授精、体细胞核移植等先进技术繁育的良种马数量居全国首位。

地方原始遗传资源要做好保护和开发利用

胶河黑山羊是我国的地方原始遗传资源，主要产于鲁中山地和半岛丘陵之间的胶莱平原和周边的低山丘陵地区，中心产区为胶河流域的六汪镇、洋河镇、里岔镇、宝山镇等地，故命名为胶河黑山羊，俗称"狗羊"。第二次全国畜禽品种资源调查时，以主导品种崂山奶山羊为主，胶河黑山羊由于存栏数量相对较少，因此未引起重视。2021年，第三次全国畜禽遗传资源普查时，胶州、黄岛两区市的胶河黑山羊存栏894只，另有许多个体养殖户因无法确定其养殖山羊是否为纯种，故未予统计。2022年对胶河流域周边各县市（胶州、黄岛、日照、高密、即墨、莱西、平度等）进行调查复核时，确定胶河黑山羊数量为4905只。由于调查统计的局限性，实际数量应该远大于此数。

将胶河黑山羊与山东省内的山羊品种进行测序分析后，结果显示，胶河黑山羊与沂蒙黑山羊、莱芜黑山羊、牙山黑绒山羊、济宁青山羊、崂山奶山羊、文登奶山羊和鲁北白山羊的遗传距离较远，是一个相对独立的遗传资源。

胶河黑山羊体格中等偏小，全身被毛终生黑色，短而发亮，绒毛少，个别羊稍带红色，有的在四肢、嘴、头顶处有少量白毛，具有繁殖力高、耐粗饲、抗病性强、肉质鲜美等特点。母羊常年发情，一般两年三胎，每胎1～4只，平均产羔率226.3%。

胶河黑山羊肉质鲜美，6月龄公羔是生产烤全羊的上等原料，"塔桥烤羊"因历史传承悠久、知名度高，深受市场欢迎，入选黄岛区非物质文化遗产。当地的自然条件和饮食习俗推动了该资源的发展，开发潜力巨大。

胶河黑山羊是在当地自然、历史条件下形成的独特地方遗传资源，对环境适应性强，是难得的育种素材，适合培育专用化品种。但因未经过系统选育，整齐度差，生长速度较慢，屠宰率不高，所以，应有计划地进行保护和开发利用，一方面增加保护力度，收集资源，开展扩繁和相关研究；另一方面加强资源的开发利用，以利于促进保护和选种选育。

案例启示

青岛市以科技创新为引领，完善畜禽遗传资源保护利用体系，夯实畜牧业高质量发展的种源基础，锻造了具有自主知识产权的畜禽良种"芯片"，为科技赋能乡村振兴提供了可借鉴经验，主要启示有四个方面：

第一，对象的精准性是科技赋能种源保护利用的前提。从2008年起，青岛市启动畜禽良种保护政策，精准地将9个地方品种（配套系）与新发现的遗传资源一并纳入保护范畴，并针对每个品种建立了保种场。2008年对首批青岛"畜禽四宝"（即里岔黑猪、崂山奶山羊、琅琊鸡、五龙鹅）进行保种，2021年增加3个康大肉兔配套系，2021年增补畜禽遗传资源群体胶河黑山羊、特色畜禽品种中华蜜蜂等资源。

第二，管理的规范性是科技赋能乡村振兴的保障。青岛市制定出台

《青岛市市级畜禽遗传资源保种场管理办法（试行）》，对市级保种场的基本条件、创建和确定程序、监督管理和年度考评进行了明确的规定，引入考核评价和竞争机制，明确了保护范围和具体要求，提升了保种工作的公开性、透明性。

第三，主体的能动性是科技研发迭代升级的关键。青岛市形成以企业为主体的科技创新体系，推动畜禽新品种科研，2022年畜禽育种攻关项目占农业科技惠民项目总数的17%。组织研发家畜面部识别等智能装备，建立集数据采集、选种选育等于一体的智能化生产性能测定系统，提高育种效率。青岛康大兔业发展有限公司培育的我国第一个种兔配套系和山东新希望六和集团培育的我国第一个具有完全自主知识产权的"中新白羽肉鸭配套系"，填补了国内空白。

第四，政策的导向性是激励各方面持续进行科技创新的支撑。山东省青岛市制定并发布《青岛市人民政府办公厅关于加快现代种业创新发展的实施意见》，明确规定：扶持企业、社会组织承担种质资源保护任务，对承担保种任务的畜禽、水产类种质资源库（场、原种场），被评为国家级、省级和市级保种单位的，每年分别给予不超过50万元、40万元、30万元的补助。这一举措有效提高了保种单位的积极性，确保种质资源得到有效保护。

案例3 "村奢范儿"＋幸福的力量
——北京怀柔乡村国际星级度假产业探索与实践

案例概述

在北京市怀柔区慕田峪长城脚下的北沟村里，坐落着一个国际星级标准的中国乡村遗产酒店——瓦厂酒店。瓦厂酒店已经得到国内外许多高品质客人的青睐，这些客人有喜欢自然风光和静谧生活的成功人士，也有国内外的名人政要，还有世界500强的企业高层。在瓦厂酒店的带动下，慕田峪长城脚下的北沟村也成为远近闻名的国际文化村，成为京郊旅游度假、企业培训及党工团活动的胜地。

走进北沟村，干净、整洁的村庄让人感到前所未有的舒适与惬意，获得国际大奖的建筑让村庄在保持自然古朴的同时添了一些现代气息。村民们每天接待八方来客，忙得不亦乐乎，脸上洋溢着幸福的笑容。他们随着村子的发展，有了自己的新职业：建筑工、绿化工、保洁员、厨师、服务员和安全员等。现在的北沟村，已经成了一个幸福的小山村。

北沟村距怀柔城区18千米，隶属怀柔区渤海镇，村域面积3.22平方千米，全村共155户330口人，因地理位置偏僻，2004年以前曾是渤海镇有名的贫困村，人均年收入仅4000多元，村集体还欠了银行80多万元贷款，村子不具备造血功能，年年都得等上级政府的财政支持。2009年，贰零四玖投资集团有限公司进入了北沟村，开始对北沟村进行帮扶，集团从村子的整体发展规划到投资建设运营，从自己先干到带领村民一起干，开启了村企共建新模式的探索之路。

作为企业的带头人和北沟村的第一书记，秦剑锋和北沟村党支部书记王权密切协作配合，带领团队开展了对北沟的助老、扶农、投资和兴业工作。经过十多年的发展，北沟村从一个名不见经传的小山村变成了中国最有魅力休闲乡村、乡村休闲度假示范社区、全国生态文化村、全国文明村镇、全国民主法治示范村、首都生态文明村、北京最美的乡村、全国乡村旅游重点村，形成了以乡村国际度假住宿（三卅和瓦厂两个品牌）、国际化餐饮（老北京涮羊肉、瓦厂西餐、三卅越南菜、日本料理、韩国料理）、现代艺术（以瓦美术馆为载体的国际艺术展览馆、传统非遗手工艺、文创产品）等为代表的休闲度假商业模式。

现在，北沟村从原来被输血、被帮扶的贫困小山村变成了一个以瓦厂酒店为龙头，带动多种产业蓬勃、共同、和谐发展的共赢乡村生态圈，并形成了"地瓜效应"，开创了一种新的文旅产业——乡村国际星级度假产业。

北沟村有了一种不同的味道，这种味道就是目前北沟村独有的"村奢范儿"。

北沟村人希望把村庄打造成"一个生活的地方而不是生产的地方"，所以村庄是温暖的、人文的、国际化的。他们相信，人文世界的存在是为了更好的生活，更好的生活可以让肉体和灵魂得到更好的供养，并迸发出更大的活力。他们希望构筑一个幸福的场所，在这里人人安居乐业，富足美满；他们盼望构建一个共同的精神家园，为大家提供思想启迪、心灵顿悟、灵魂安放之所；他们期望激发人们对美好生活的向往和追求。世界虽大，美好的生活却并非随处可得，来瓦厂吧，在这里见证文明的又一次跨越，从功利境界向价值境界的跨越。

（一）改善村域环境，让建筑点"靓"村子

村级环境建设是新农村建设的重要组成部分。经过多年的努力，如今的北沟村发生了翻天覆地的变化。去过北沟的人都能感受到，如今的北沟村用"花园式山村"来形容一点儿也不为过。

一是完善基础设施建设。俗话说，要想富先修路，北沟村地处深山，过去村里唯一的一条进出山道黄土见天。2004年，村支部书记带领党员干部们开始着手解决出行难的问题。一锤一铲铺通了水泥路，也打开了各界关注北沟村的窗口。目前，北沟村主路全部为沥青路，人行路为透水砖路；路灯全部为太阳能路灯；全村农户用上了水冲厕所，污水集中排放，垃圾分类回收集中处理；村里的老年服务中心建成了，70岁老人每天免费用餐；全村完成了"煤改电"……各项硬件设施的逐步完善，使村民的居住环境不断提升，为北沟村的发展奠定了坚实的基础。

二是强抓村庄环境卫生。村子要发展，环境先改变。多年来，北沟村对环境卫生的管理从未放松过。在党员表率作用带动下，全村用半个月的时间就完成了柴草进院，清运建筑垃圾40多吨；率先成立了全镇第一支"党员保洁服务队"，为每一名党员划分了责任区，并挂牌公示；将每月5日开展义务保洁活动制度化。一把扫把、一把铁锹，不仅扫净了北沟村的大街小巷，更扫亮了党员在群众心中的模范带头形象。2015年，北沟村还成立了物业公司，全面接管全村用水、用电、环境整治、美化村庄的各项工作。如今的北沟村，环境管理更加规范化，已经成了干净、整洁的"花园式小山村"。

三是建筑点"靓"小山村，通过艺术乡建的方式实现乡村文艺复兴。建筑本身就是一种社会艺术，是一种必需品，和生活品质息息相关。建筑因人的需求而生，包括精神与物质的需求，在体现多元文化的同时，最大限度保护乡村文化和环境，通过可持续的、环境友好的方式设计开发，使自然、文化与建筑和谐共处。为了建出高品质建筑，贰零四玖集团引入国际建筑设计公司，并赋予每个建筑灵魂。

由农民居所厨房重建和改造而成的北旮旯餐厅就能够充分体现这一点。表面上，北旮旯餐厅是为游客提供品尝老北京传统火锅的物理空间，实际上，它呈现了独特的地理位置、历史背景、设计风格及建造方式，完美融合了乡村与城市截然不同的生活方式。除此之外，北沟村还有一个得天独厚的地理优势——靠近慕田峪长城，长城也就顺理成章地成为北沟村最大的背景，也是文化、旅游、商业等设施的"圆心"。瓦厂酒店、三卅民宿等住宿场所，在建筑设计时就是以看见长城为必备条件开展的。乡村美景、国际星级乡村住宿、国际美食浑然天成，吸引了越来越多爱生活会生活的人来到北沟，加入到品质生活的行列，在这时，精神享受的需求也开始萌芽。

为了满足精神享受的需求，2021年10月，北沟村落成了乡村美术馆——瓦美术馆。瓦美术馆的外立面由9696块金色琉璃瓦和66块透明玻璃砖构成，白天光彩夺目，夜晚光影交错，形成北沟村一道独特的风景线。瓦美术馆的建造，是通过艺术的表现手法延续北沟村的传统文化，传递乡村形象与城市美学融合的先锋态度。瓦美术馆的诞生，是北沟村文化底蕴继续衍生和传播的新实验，通过艺术乡建的方式实现乡村文艺复兴。它也为北沟村的国际文化交流提供了场所，成为北沟村的精神堡垒。游走在村间小路，乡村自然风光、历史风景、国际建筑融合交织，游客可沉浸式深度感受当地的自然人文之美。

（二）投资乡村文旅，让村民富起来

从农家院到乡村民宿，再到乡村休闲度假区，进入"十三五"时期，京郊旅游经历了深度调整。在行业变革中，有新生力量入局，也有老业态退场。传统的农家院风光不再，多数村落通过民俗接待，曾经赚到京郊游的"第一桶金"，但生意越来越不好做了。一些配套了温泉、泳池、酒吧、K房、棋牌、星空帐篷等项目的度假酒店、精品民宿却是满房状态，即便是2000多元一晚的价格也一房难求。从"十三五"开始，北京对民俗村进行规范升级，提出乡村酒店、国际驿站、采摘篱园、生态渔村、休闲农庄、山水人家、养生山吧、民族风苑八种全新乡村旅游业态。

在深入实施农业供给侧结构性改革的背景下，怀柔区大力推动传统民俗旅游向精品乡村民宿方向发展，带动了区域旅游产业转型升级、提质增效。北沟村乡村度假产业就是在这个大背景下发展起来的。贰零四玖集团通过深入调研发现，商旅酒店的管理运营模式在乡村度假旅游酒店并不能够适用，为了能够满足乡村度假的需要，集团扎根北沟村开始摸索出一套乡村酒店式管理运营模式，统一接待标准、服务流程，不断提升精品民宿的服务接待品质。

在北沟村，三卅民宿和瓦厂酒店一脉相承，二者隔了一条小路，一样的红砖，但相对于瓦厂酒店的琉璃瓦元素，三卅民宿更有本土生活气息。三卅民宿在原村落燃气站一块面积约为2000平方米的空地上开始建设，从设计到落成花了近5年的时间，一砖一瓦都靠北沟村本地的建筑队搭建完成。有了村民的参与，民宿才能真正成为村落的一部分。三卅民宿的建造，充分融合了现代的管理和村民的实践，从建筑的设计、制图、沟通，到制作样品、现场测试、纠错、重新理解、再制作，反反复复的尝试中，整个团队形成了一种共同的价值观。

三卅民宿共有16栋形态各异的屋子，每一栋都有独立的院子，但并不封闭。坐在院子里，可以和邻居交流。三卅民宿的建造与长城密不可分。大部分人都冲着长城来到北沟村，怎样表现长城这个元素是对建筑师的考验。最终，三卅民宿的设计师刘涵晓选择了一个出其不意的方式：站在民宿的后方，朝着长城的方向望去，每栋房子的屋檐串联起来，会形成一个曲线，就像长城为山脊勾勒出的线条一样——屋顶的线条在向长城致敬。之所以取名"三卅"，是因为中国人喜欢用"三"这个数字。儒家的《论语》中有"三人行，必有我师焉""吾日三省吾身""益者三友""君子有三戒"等；佛教里有欲界、色界、无色界之三界，有贪、痴、嗔之三戒，以及三观、三谛、三法印等；道家的《道德经》中也有"道生一，一生二，二生三，三生万物"，道出了万物之本源。三卅民宿开始称"第三故乡"，意指为一种特殊人群创造的第三种社会空间，以帮助他们找寻属于自己的那一种舒适距离及精神氛围。民宿落成之后，改名"三卅"，这是中文数字三十三的意思，代表着创始人阚冬和丈夫的决心：收益的33%拿出来给当地村民，33%给企业与员工，33%回馈社会。

瓦厂酒店由历史建筑改建而成，为游客提供能看见美丽山景且设计豪华的宽敞客房，距离慕田峪长城仅有15分钟的车程，距明十三陵约有45分钟的车程。

"社区营造"这一词汇源自日文的"町造",直译为"城市建设"。社区营造的历史可以追溯至20世纪90年代初的日本,其时,日本受经济长期低迷的影响,而有社区营造打造魅力新城乡的实践,名曰"发现乡村之光",即每一个乡村都有它独特的魅力,需要通过社区营造将之弘扬,推动社区经济和文化的发展。2006年,日本国会修订观光立国基本法,将20世纪90年代的社区营造运动作为观光立国的思考与行动的未来愿景,坚持社区营造和观光应立足于地方特色魅力风采,形塑所在地居民与观光客"好住""好留"及"美好的生命记忆"的永续目标,最后把成果导向观光,又以观光来回馈地方历史文化与自然的保存。

北沟村的实践,是一个典型的"社区营造",是从本土化到国际化,再回归本土化的一个"社区再造"过程。北沟村的社区营造,是从环境开始入手的,从改变村民的思维意识开始试探并实行。改造环境是为了改善生活,为了达到乡村与城市之间的生活、状态、意识的平衡,在改善乡村生活环境的同时,将城市与乡村之间的意识不平等及心理上的歧视偏见弱化甚至渐渐消除,使两个群体在不同的生活模式下,用一种寄托依存的关系,相互融合成为一种新的社会框架。这不仅仅是口号性或炫耀性的行为,而更是一种积极互动、生长融合的存在关系。

随着社区再造的深化,越来越多的国际友人和城里人到北沟村,成为新村民。外来人员最多的时候,村里定居着30多户国际友人。这些新村民都很有来头,大部分是所在行业的精英,还有不少国外的隐形富豪,北沟村因此被媒体称为"中国的比弗利山庄"。这些人起初是被慕田峪长城吸引,被瓦厂酒店和三卅民宿吸引,但最终是因为北沟村本身而留下。除了有中西合璧的民宿设施,美丽的田园风光、随意的生活状态、淳朴的民风民俗、习惯与外人相处的村民,更让外国人觉得特别轻松。在新型城镇化过程中的乡村社区营造,不只是维持美丽的环境,更重要的是培养社区成员对乡村事务的参与意识,共同打造幸福家园。叫社区营造也好,新农村建设也好,城乡一体化也好,打造乡村旅游也好,都是以市场主体和村集体为联合制片人,以乡村人文为布景,以山水田园为舞台,以体验和服务为场景，以居民与游客为演员，处处是场景，人人是演员，在宜居、宜游、宜业的乡村里，共同演一出鲜活生动的生活大戏。

（三）践行党员公约，完善村规民约，让村里的秩序规范起来

稳定的村级环境是村民安居乐业的坚强保障。近年来，北沟村一方面抓矛盾纠纷调处，努力把矛盾化解在萌芽状态；另一方面，不断丰富村民的业余文化生活，营造和谐宜居的村庄氛围。

一是健全完善治村"法典"。工作中，制定一套大家认可的规章制度，可以让干部群众的心凝聚起来。全面征求村民意见后，北沟村制定了《北沟村村规民约》，村规民约总计 22 大项、256 小项，内容包括私搭乱建、房屋出租、开发与征地管理等内容，基本涵盖了各项村务管理事项。

二是积极培育文明新风尚。2008 年，在村内开展传统文化学习教育活动，定期组织村民学习《弟子规》《三字经》《论语》《庄子》等传统经典，村民素质得到了有效提高。

三是践行党员公约，争做先锋模范。2016 年，为提升党员素质，树立党员先锋模范形象，在渤海镇党委的指导下，北沟村结合《中国共产党章程》、"两学一做"学习教育精神以及村实际发展需要拟定了《北沟村党员公约》，并要求每一位党员都签订了《党员公约》。在拟定《党员公约》的过程中，北沟村通过座谈的形式，征求每一位党员的意见建议，做到了集思广益，尽可能地凝聚广泛共识，着力形成最大公约数，画出最大同心圆。以《党员公约》为标尺，北沟村全体党员做到了进一步统一思想，更加严格地要求自己，支持村镇各项工作，履职尽责，为群众作出了表率，模范带头作用激发、汇聚起了推动工作的正能量。

（四）建立瓦厂学堂，提升村民素质，拓展资源

2022 年，北沟村开设了瓦厂学堂。瓦厂学堂主要针对村民、想在农村创业的创业者和想学"北沟模式"的村镇带头人或企业带头人，为学员提供深化理解、提升认知、拓宽视野和拓展资源的平台。瓦厂学堂主要提供

六个模块的课程：乡村建设规划、乡村文化建设、乡村党建开展、如何建设乡村文旅产业、乡村酒店运营管理、农产品品牌打造及传播，涉及商业创新、营销增长、组织管理、企业发展、未来乡村等内容。通过集中课堂学习、工作坊演练、闭门专题沙龙、导师指引、企业参访、成长伙伴结对交流等形式，学员可学习、理解并应用关于这六大模块的内容。

（五）智域平台助力乡村数字发展

2022年，北沟村开始探索智域平台的开发和建设。"数字乡村平台"是国家数字乡村建设战略目标要求把数字化运用到乡村经济发展中来，基于GIS时空大数据建设"'三农'标准体系＋数据中心＋指挥中心＋管理中心＋App＋公示网站"的内容，注重党建引领，全面支撑乡村振兴，建设与推进过程注重激发农业农村的主体性，推动实现乡村自我造血、转型升级，推动政府、乡村、企业等平台用户间形成共建、共享、共治的可持续发展依存关系。

延伸阅读

塑造品牌资产

品牌资产是一系列资产的集合，包括品牌知名度、品牌忠诚度、品牌体验（感知质量）和品牌联想。这一系列维度环环相扣，相互影响，脱离或者忽视了哪一个维度，对品牌资产都是很大的伤害。

品牌知名度分为认出品牌、回想品牌、首先想到品牌这三个阶段。较好的品牌知名度能够使消费者回想起品牌甚至首先购买同类物品或服务时首先想到该品牌。品牌知名度也是品牌联想的基础。

品牌忠诚度是品牌资产的核心，往往也是最难实现的和最容易被忽视的，忠诚的消费者可以降低营销成本，可以扩大品牌知名度，可以增加新消费者的信心，可以让企业有时间应对竞争对手的价格威胁。

品牌体验（感知质量）是消费者购买产品的理由，也是产品的差异点，是高价优势的前提，也是品牌扩展的基础。品牌体验可以增加消费者对品牌的信心，换言之，可以促进消费者对品牌保持忠诚度。感知质量是品牌回想和品牌联想的根源和基础。

品牌联想指消费者记忆中与品牌相联系的一切事物。做品牌就是感性与理性的结合，品牌联想可以帮助消费者对于品牌形成积极的态度和情感，为品牌扩展提供依据。

品牌资产的塑造不是一次性的工作，而是从整体规划设计、实际产品、综合运营管理、品牌传播、联名、新媒体和周边产品形成的闭环式的、长期的管理与运维，长期持续的管理是保证品牌资产持续积累升值的核心和必要。

数字化是新媒体时代的产物，它让品牌有机会快速聚集更多的消费者，传递更及时和大量的信息，并有机会直接产生转化。由于数字化和新媒体的产生，很多品牌往往追求一时的流量和转化，忘记了数字化和新媒体依然是品牌触点的延伸，同时也是品牌体验（感知质量）的载体，因此，将数字化和新媒体统一纳入品牌资产管理中是品牌构筑的长效必然，否则将会对品牌资产产生不必要甚至致命性的伤害和损失。

案例启示

乡村振兴的核心是把乡村建设成宜居、宜业、和美乡村，因而需要把高质量发展、高品质生活、高效能治理作为乡村振兴的发展导向，以打造功能完备、设施完善、富有特色的现代化乡村为目标，最终让农民就地过上现代文明生活。

（一）坚持党建引领，实现村民共富

村民共富是乡村振兴的经济目标，需要通过科学的设计和先进的运营带动，同时以清晰的模式和机制来保证。文明提升是乡村振兴的精神目标，文明治理和效能治理相辅相成，可以通过文旅融合、国际化体验和治理融合来实现。贰零四玖集团的"北沟模式＋三卅机制"通过党建引领，为可持续发展保驾护航，实现了提升治理、共同富裕。吸纳就业的可持续发展新型乡村模式，是全面解决传统乡村文旅的"孤岛效应"的利器，贰零四玖集团以"人＋场＋货"的思路，长期实践"全域资源共享"，使北沟模式成为乡村经济和文明全面振兴的标杆，成为乡村振兴的重大创新实践者。

（二）坚持业态融合，打破孤岛效应

业态融合是打破孤岛效应、实现整体提升的根本，需要通过专业运营来盘活资产实现。业态融合大背景下，传统形态与新业态"同台共演"，传统的景区游、生态游与乡村游、周边游等新兴旅游业态互相配合，相得益彰；"独唱"与"合唱"融合，文旅产业与相关产业加强融合，呈现出农文旅、工文旅、商文旅等多种文旅形式；当地居民与外来游客共创共享，主客一同体验夜间场景，共促夜间经济繁荣……

（三）坚持乡村整体科学规划，努力提升治理水平

通过对北沟村进行专业的整体规划，提升当地治理水平。整体规划应该是符合市场需求的，需要确保财务回报、土地升值和资产价值；需要通过创意将规划设施落地并与国际化水准持平甚至达到更高标准；开发方案需要有持续性，对自然环境和历史文化有敬畏之心，体恤当地社区和居民；同时方案必须是可落地的，在充分考虑资金和能力的基础上有明确的行动计划和执行方案。

（四）坚持建筑设计专业化、运营管理高效化

高质量的建筑作品是居民和游客文化体验、提升景区文明水平的有效保证，也是文旅体验的重要载体，可以形成标杆效应。因此，需要坚持专业的建筑设计；同时，需要高效的运营管理。景区建筑是人文感知的载

体，但是，再好的建筑，如果没有好的运营管理和服务，也只是没有灵魂的空壳，无法确保长久的生命力。

（五）坚持提升品牌意识，增强专业的品牌塑造能力

文化体验和人文感知是需要通过品牌塑造和管理来实现的，是以文带旅、以商促文的实现路径。品牌是文化体验和人文感知的价值载体，专业的品牌塑造能够将文化与体验资产固化，将有特点有差异化记忆点的品牌承诺落地，并延展到数字化领域触达消费者，最终将文化价值转化为品牌体验价值，实现价值转化的长尾效应和广度影响。

案例 4 "不用一粒化肥，不用一滴农药"

——自然农法未来数字农业示范园引领乡村振兴

案例概述

2023年，自然农法未来数字农业示范园（以下简称示范园）在北京市平谷区大华山镇诞生，这是一个由中央农综改专项资金支持的农村综合改革标准化试点示范项目。示范园占地100亩，承载着农业创新与改革的重大使命。示范园以成为全国自然农法示范研学中心为己任，充分应用了微妙军团[①]"不用一粒化肥，不用一滴农药"的核心技术创新成果，以及自然农法（以菌抑菌、以虫控虫、以草治草）的栽培模式。引人注目的是，示范园内还配备了先进的新一代装配式零能耗AI智能温室与微妙军团数字农业智慧管控系统。这些举措旨在实现未来科技农业技术集成示范样板的创建目标，为现代农业树立一个标杆。

示范园自创建以来，已经集成了32项中关村自主创新技术成果，并计划在未来对融合100多项现代高效农业技术集成的综合应用进行展示与推广。这种对创新的执着追求，不仅提升了农业的生产效率，更让农业发展得以走向更加宽广的道路。

示范园内经营业态丰富多样，包括有机蔬菜、非转育种、鱼菜共生、蘑菇方舱、"农光互补"、农业研学、开心农场等。这种多元化的经营策略，不仅满足了消费者多样化的需求，更为农业发展提供了新的可能性。通过"先看后吃，先质后量"的经营模式，示范园确保了每一位进入园区的客人都能品尝到品质第一的精品农产品。这些产品通过在首农食品、净土优选、中关村六姐妹等渠道发售，进一步拓宽了市场影响力。

示范园通过HICOOL 2022全球创业大赛的成功举办落地平谷，并荣

[①] 一家专注研发化肥农药替代品，提供自然农法一站式集成方案的公司。

获第三批"博士农场"评选认证。这不仅是对其农业创新实践的高度认可，更为其提供了更为广阔的发展平台。作为中国农民企业家联谊会实践基地、中关村生态乡村创新服务联盟示范基地，示范园得到了平谷区政府的大力支持，这无疑为其实现"打造农业中关村、服务平谷高大尚"的战略目标提供了坚实保障。

案例剖析

（一）好做法

1. 引进先进技术

示范园不仅引进了物联网技术、云计算与大数据、智能农业设备等先进技术，还不断进行技术更新和升级，使这些技术在农业生产中发挥出最大的效益。例如，通过物联网技术实现农业生产环境的实时监测和数据采集，结合云计算和大数据技术进行数据分析和处理，为农业生产提供更加精准的建议和指导。

2. 创新经营模式

示范园在经营模式上进行了创新，采用了"先看后吃"的经营模式。这种模式通过提供高品质的农产品，赢得了消费者的信任和市场的认可。示范园在经营业态上也进行了多元化布局，除了有机蔬菜、非转育种等常规农业业态外，还引入了鱼菜共生、蘑菇方舱等新型农业业态，提高了项目的综合效益。同时，示范园还通过开展农业研学等活动，为周边农民提供了学习和接受培训的机会，助力乡村振兴。

3. 注重生态环保

示范园以自然农法为核心的栽培模式，采用了以菌抑菌、以虫控虫、以草治草等环保措施，减少了化肥和农药的使用，保护了生态环境。此外，示范园还通过采用装配式零能耗 AI 智能温室等节能环保技术，降低了能源消耗和碳排放，实现了绿色发展。

自然农法种植关键技术一览表

科目	说　　明
棚舍消毒	火焰消毒＋自动环境控制系统
土壤消毒	量子水＋病毒清理
基础底肥	生物有机肥＋蚯蚓粪
土壤修复	益生菌＋间作套种
营养供给	全元素生物菌肥
病害控制	病虫害监测分析系统＋平衡营养＋抗病型叶面肥
虫害控制	病虫害监测分析系统＋叶面平衡营养＋生物天敌
草害控制	地埋式灌溉系统＋过道压草布
授粉方式	自然授粉＋雄蜂授粉
增效措施	昼夜温差管控系统＋生物富硒技术
催熟方式	蓝色反光＋自然成熟
烂果处理	酵素发酵还田利用
坚决不用	杀虫剂、杀菌剂、除草剂、激素、化学肥料、化学农药、转基因种子

4. 注重品牌建设

示范园通过参与全球创业大赛和获得有机认证、"博士农场"认证等途径，提高了品牌知名度和影响力；此外，示范园还通过与首农食品、净土优选等知名企业的合作，扩大了品牌的影响力和市场份额。这些措施不仅有助于提高示范园的经济效益，还为乡村振兴战略的实施提供了有力的支持。

（二）好经验

1. 加强科技创新引领

示范园的成功经验在于以科技创新为引领，不断引进和应用新技术、新模式，提高农业生产效率和农产品品质。在科技创新的引领下，示范园不仅实现了农业生产的数字化和智能化，还通过以自然农法为核心的栽培模式，实现了生态环保和高效生产的有机结合。这种科技创新的引领作用，为现代农业的发展提供了新的思路和方向。

2. 借助政策支持

示范园得到了政府的大力支持,包括中央农综改专项资金支持和地方政府的扶持。政策支持不仅为示范园提供了资金和资源上的保障,还为项目的顺利推进提供了政治和社会方面的支持。在政策的支持下,示范园得以快速发展壮大,为乡村振兴战略的实施提供助力。

3. 坚持市场导向

示范园注重市场需求和消费者需求,通过生产高品质的农产品,赢得了市场的认可和消费者的信任。在市场竞争日益激烈的情况下,示范园通过坚持市场导向实现了自身的快速发展,这种以市场为导向的经营策略,为其他农业企业提供了借鉴和启示。

4. 凝聚团队合力

示范园有一个高效的团队,成员各司其职,协作配合,为项目的成功实施提供了有力保障。在团队建设方面,示范园注重选拔优秀人才和加强团队培训,提高团队的整体素质和能力;同时,还通过建立有效的激励机制和合作模式,激发团队成员的积极性和创造力,实现团队的协同发展和成功。这种团队合力的经验对于其他农业企业和项目实施具有重要的借鉴意义。

5. 注重持续创新

在科技不断进步和市场需求不断变化的情况下,示范园紧跟时代步伐,持续进行科技创新和经营模式创新,推动农业的发展和进步。这种持续创新的精神和行动为其他农业企业和项目提供了榜样和引领。

(三)好成效

1. 提高农业生产效率,降低农业生产成本

示范园通过引进先进的农业技术和设备,实现了农业生产的自动化和精准化,提高了农业生产效率。生产效率的提高不仅降低了人力成本和资源浪费,还为农业生产提供了更加准确的数据支持和优化方案,进一步提高了农业生产的经济效益。

2. 提升农产品品质

示范园采用自然农法为核心的栽培模式和精品农产品经营模式，提高了农产品品质。这种高品质的农产品不仅满足了消费者的需求，还为示范园赢得了市场的认可和信任，进一步提高了其品牌价值和市场份额。

3. 促进乡村产业升级，增加农民收入

示范园的成功实践为乡村产业升级提供了可借鉴的经验，不仅推动了当地经济的快速发展，促进产业升级，还为周边农民提供了更多的就业机会和收入来源，进一步提高了农民的生活水平。

4. 推动农业创新发展

示范园的成功实践推动了农业科技创新和发展，为乡村经济发展提供了强有力的支撑。这种推动作用不仅体现在科技创新方面，还体现在经营模式、产业升级等方面，进一步推动了农业产业的全面创新和发展。

5. 带动周边地区发展

示范园的成功实践带动了周边地区农业产业的发展，为乡村产业升级和农民增收提供了更多机会。这种带动作用不仅体现在周边地区的发展上，还体现在对全国农业产业的引领和示范上，进一步推动了全国农业产业的高质量发展。

综上所述，"自然农法未来数字农业示范园"在科技创新、经营模式、品牌建设等方面取得了显著成效和成绩，为推动农业现代化和乡村振兴做出了积极贡献。

延伸阅读

自然农法简述

自然农法不是让农业回归原始自然状态，而是以自然为师，遵循自然规律，效法自然法则，科学地利用山水林田湖草自然生态系统，以可持续、物质循环、清洁生产、环境保护、农产品安全优质为导向的一种现代安全高效农业生产方法。

初级阶段自然农法主张运用自然生态系统平衡原理指导农业生产，按照"上医治未病"的本质要求，通过现代科学技术恢复土壤的力量，提高农作物对外界灾害的抵抗力与适应性，摒弃一切对土壤、作物、环境有伤害的化学合成品，充分重视土壤微生物的神奇作用，合理精准补充作物所必需的全面的营养，实现安全优质农产品的生产以及耕地质量的恢复与提升，又名"有为自然农法"。

高级阶段自然农法主张尊重自然、适应自然、顺应自然，以自然为师，充分挖掘土壤的伟力；主张不耕地、不除草、不施肥、不用药，激发源自基因的原始动力；主张相信种子的力量，重视土壤的生命与价值，又名"无为自然农法"。

案例启示

自然农法未来数字农业示范园的特点亮点主要表现在以下几个方面：

首先，示范园采用了以自然农法为核心的栽培模式。这种模式注重生态环保，不使用化肥和农药，而是利用自然界的微生物、植物等来达到防治病虫害、提高农产品品质的目的，同时保护了生态环境，实现了农业可持续发展。

其次，示范园采用了先进的新一代装配式零能耗 AI 智能温室与微妙军团数字农业智慧管控系统。这些技术手段的应用可以实现温室内环境的智能化调控，提高农作物的生长效率和品质，同时降低能源消耗和成本，实现农业现代化和智能化。

最后，示范园的经营业态丰富多样，包括有机蔬菜、非转育种、鱼菜共生、蘑菇方舱、"农光互补"、农业研学、开心农场等。这些业态的引入可以增加农业生产的多样性和趣味性，提高农业的经济效益和社会效益，同时为消费者提供更加多样化的农产品选择，满足消费者的多元化需求，推动农业产业升级和创新发展。

案例5　从"看天吃饭"走向"知天而作"
——中国气象局以气象科技引领内蒙古突泉绘出乡村振兴好"丰"景

案例概述

中国气象局定点帮扶的突泉县位于内蒙古自治区兴安盟，曾属大兴安岭南麓集中连片特困地区、国家扶贫开发工作重点县、内蒙古重点扶持的革命老区。全县乡村人口占比71%，第一产业产值比重37%以上，有耕地338万亩，建成高标准农田171万亩。作为国家超级产粮大县，突泉县的粮食产量稳定在24亿斤以上，在内蒙古自治区旗县中排名12位，占全区比重3%。

对于农业大县而言，乡村振兴的关键是农业现代化，农业现代化的关键是农业科技现代化。中国气象局党组深入学习贯彻习近平总书记关于脱贫攻坚和乡村振兴的重要指示精神，紧紧围绕突泉县农业为主导产业的实际，指导制定《助力突泉县全面提升乡村振兴气象保障服务能力建设工作方案（2022—2024年）》。充分发挥气象科技为农服务优势，实施"卫星慧眼行动""风云平安行动""守护丰产行动""气候赋能行动"四大行动，累计投入科技服务和防灾减灾能力建设经费2900余万元，实施农业气象现代化建设项目23个，转化落地科研成果11项，将卫星遥感、气象大数据、智慧平台、AI等先进技术纷纷应用于农业生产，为乡村振兴注入不竭动力。气象科技成果在突泉县落地生根，建成全国首个智能气象节水灌溉示范区、全国首个县级农业气象科研工作站、全国首个县级风云气象卫星遥感应用平台，突泉县在全国率先实现了县级人工影响天气安全智慧作业。突泉县农业生产逐步从"看天吃饭"走向"知天而作"。

在气象科技引领带动下，突泉县摘掉贫困帽子，获得全国脱贫攻坚组织创新奖、全国脱贫攻坚先进集体荣誉称号。粮食生产实现八连丰，主要经济指标增速位于兴安盟前列，农业农村现代化水平显著提高，农畜产品种植养殖加工销售全产业链基本形成，特色农产品品牌增值增效空间大大提升。多项农业气象科技服务成果从突泉县走向全国广大农村，气象科技帮扶模式被《人民日报》、《光明日报》、新华网等多个国家主流媒体多次宣传报道。"推广智能节水灌溉气象服务预报技术"被写入内蒙古自治区人民政府 2023 年一号文件，"突泉县高标准农田智能气象节水灌溉模式"被内蒙古自治区党委作为"智慧农业类"典型案例在全区推广。气象科技深耕乡村振兴的种子已经播撒到全国各地，展现一派好"丰"景。

案例剖析

（一）实施"风云平安行动"，夯实乡村振兴"基本盘"

中国气象局定点帮扶工作始终把"人民至上、生命至上"放在首位，组织国家、省、市、县四级气象部门联动，实施"风云平安行动"，守护农业生产安全和农民福祉安康。第一，筑牢防灾减灾第一道防线。全面升级突泉县气象观测预警能力，组织修订印发《突泉县气象灾害应急预案》，制订实施助力突泉县全面提升乡村振兴气象保障服务能力建设工作方案，建立气象防灾减灾重点单位制度、重大气象灾害预警"三个叫应"机制（即根据强降雨等级，以电话形式将预警信息点对点地通知至特定的县党政领导、乡镇党政领导和相关责任部门领导）、高等级气象预警信号"四停"（即停课、停工、停业、停运）机制、气象防灾减灾应急联动与信息共享机制，将气象防灾减灾纳入网格化管理，通过气象"哨兵"守护人民的生命财产和生产生活安全。第二，守住因灾返贫红线。联合国家乡村振兴局、自然资源部、应急管理部等部门，共同建立防范因灾返贫长效机制。组织防范气象灾害返贫预警分析研究，做好突泉县脱贫地区气象灾害风险区划和预测评估。开展"分作物、分灾种、分区域"的精细化农业气象灾害格点预报，及时发布倒春寒、晚霜冻落区、东北地区土壤化冻深度及低温等预报信息，把气象给农业造成的风险降到最低，牢牢守住不发生规模性返贫的底线。

（二）实施"守护丰产行动"，提供产业发展"助推器"

围绕粮食安全这一"国之大者"，中国气象局在推进乡村振兴中，结合突泉县以农业产业为主导的发展实际，组织实施"守护丰产行动"，把气象科技转化为增产增收的助推器。第一，因地制宜，分类施策。中国气象局以多年的气象数据为基础，研究主要农作物品种精细化农业气候区划，为调整优化农业种植结构、保护和利用黑土地资源提供科学依据。通过研发作物分布遥感技术，实现主粮作物发育期自动识别，开展作物长势监测、成熟收割期预报、产量预报、灾害评估，面向农机手开展"机收气象精细预警提示"服务，科学指导农事活动。实施农作物品种优选示范项目，遴选了适合本地气候和土壤条件的80多个优质品种，引进北京农林科学研究院鲜食玉米品种，经过试种，每亩收入达到3700元，是种植普通玉米的3倍，极大提高了农民收入。第二，专家扎根，精准指导。在突泉县成立全国首个县级农业气象科研工作站，聘任15位农业生态专家，开展主要农作物的多品种对比种植试验，引进转化最新农业气象科技成果。建设土壤检测分析实验室，由专业团队为脱贫户和监测户免费提供土质检测服务，加强科学种植技术指导。开展科技下乡，开办农民夜校，组织千乡万村科普行活动，让气象专家把科技讲座开到田间地头，为农民面对面答疑解惑，实地指导科学种植。加速气象科技成果转化，为农业插上科技创新的"金翅膀"，让越来越多的农民挑上农业现代化的"金扁担"。

（三）实施"卫星慧眼行动"，增添现代化发展"新动能"

坚持需求导向和效益导向，利用气象卫星遥感资源，组织实施"卫星慧眼行动"，打造精细化气象服务系统，以科技化和智能化气象服务推动农业农村现代化转型发展。第一，智慧气象打造智慧农业。在气象科技加持下，建成全国首个"气象＋高标准农田"智能节水灌溉示范区，为农户提供精细到地块的土壤湿度逐小时滚动监测和精细化灌溉量预测，让农民足不出户利用手机"一键灌溉"通过便捷的智慧平台，示范区内可节水59％、节肥43.75％、节药29％、节电38％，实现降本增产，助力耕地保苗5500株、粮食亩产700公斤以上。为设施农业量身定做直通式、针对性、智慧型小型气象监测设备，实时监测大棚内温湿度、光照等基本气象数据，通过"智慧园丁"系统实现农业种植大棚自动补光、通风、保温，保障产量提升和效益最大化。第二，科技服务点亮美好生活。研发的"风云地球—突泉版"提供定制化、高时效的卫星云图、天气监测和生态监测3大类15种产品，为农业、林草、生态环境、自然资源、交通、住建等多部门服务，在农作物分布、森林草原防火、秸秆禁烧、土壤墒情监测、生态环境质量评价、智慧城乡建设等工作中发挥了重要作用。以减灾气象、农业气象、城镇气象、旅游气象、新能源气象、生态气象六大领域为着力点的"气象＋"科技服务模式，让科技与农村生产生活深度融合，使广大农民过上更加美好的生活。

（四）实施"气候赋能行动"，打造绿色发展"新引擎"

气象部门贯彻落实"两山"理论，充分挖掘气候资源的经济价值、生态价值，实施"气候赋能行动"，利用气候资源趋利避害，赋能绿色发展，为守护北方重要生态安全屏障、建设国家重要能源和战略资源基地贡献力量。第一，唤醒绿水青山勃勃生机。气象部门挖掘生态旅游经济价值，开展旅游气象服务，在老头山自然风景区成功创建"中国天然氧吧"。开展特色农产品气候品质认证，持续多年对玉米、大豆、紫皮蒜等农产品进行气候品质评价。2023年，突泉县紫皮蒜被成功认证为"气候好产品"。第二，促进新能源产业高质量发展。气象部门印发《突泉县新能源气象服务专项工作方案》，开展风能太阳能资源和开发潜力精细化评估，建立风能太阳能发电气象条件预报和功率预报业务流程，与相关职能部门联合发布针对风电场、太阳能电站的逐日风能太阳能气象预报产品，为电网调度和风电场、太阳能电站提供高分辨率功率预报服务。气象服务始终坚持面向重大发展战略，提供气象科技深度服务和融入经济社会各行业各领域。

> **延伸阅读**

气象科技助力农业农村现代化

2023年，依托中央定点帮扶投入的资金、专家、技术，突泉县建成了高标准农田农业智能气象服务示范区。该示范区集气象防灾减灾、气候趋利避害、智能气象节水灌溉、农业气象科研实验、测土配肥服务于一体，是气象科技助力农业农村现代化的缩影。

（一）科学趋利避害，守护粮食安全

突泉县围绕高标准农田科学布局增雨防雹炮点，配置增雨火箭车2辆、火箭架3部、高炮17门，防护面积12万亩。2023年春季，突泉县与历年同期相比降水异常偏少，气象部门三级联动，首次跨区域开展增雨飞机立体交叉飞行作业，为突泉县增加16.2毫米降雨量。利用气象观测信息预报有利条件，及时缓解墒情、阻击雹灾，提高了粮食综合生产能力，确保平时产得出、供得足，极端情况下顶得上、靠得住。

（二）首创智能节水灌溉，拧紧农业"水龙头"

运用智能网格预报数据和农田水量平衡原理，基于农作物生育期需水规律，综合农户实际灌溉、机井参数等信息，得出未来10天适宜灌溉期和灌溉量的精准预报。手机端的节水灌溉气象预报服务系统自动推送基于位置的土壤墒情实况及灌溉决策信息，为农户提供精细化的干旱监测预报和科学的节水灌溉建议。智慧泵站管理中心可自动调控开关闸时间，实现定时、定量灌溉。该技术可实现玉米增产400斤/亩以上，节水25立方米/亩，增收550元/亩以上。截至目前，高标准农田累计推广面积达67.94万亩，手机端注册用户数达1.7万人。

（三）引入专家团队，打造科研"1+1+N"模式

突泉县建成全国首个县级农业气象科研工作站，聘任15位农业气象科技专家陆续开展高标准农田干旱与灌溉量网格预报技术研究及应用示范、大兴安岭南麓玉米霜冻风险预警技术研究及应用两项科研创新项目，持续进行春禾优选品种对比、水稻农业气象指标和气象优选玉米品种推广三项试验，对县域内不同种植作物开展气象研究。在此基础上，以农业气象科研工作站为基础（1站），联合农业技术推广中心（1中心），重点打造N个农业气象技术示范基地（现已建成紫皮蒜种植基地、气象节水灌溉示范基地），实现技术"引进—转化—推广—应用"。

（四）科学配方施肥，促进绿色发展

气象部门把土壤检测分析实验室建在田间地头，由专业技术人员根据土壤状况，开展测土配方和精准施肥，"让作物缺什么元素就补充什么元素，需要多少就补多少。"通过测土配方和精准施肥，可减少化肥用量，提高作物产量和抗病性，有效改良土壤、提高农产品品质。测土配方施肥的耕地同比减少使用20%的肥料，增产15%以上。

案例启示

农业生产受天气气候影响巨大，数据显示，气象灾害每年可造成粮食减产10%～20%，因此，农业生产对更加精细、精准的气象服务需求迫切。从"看天吃饭"到"知天而作"，转变的背后是气象科技为乡村振兴作出的巨大贡献。在中央国家机关定点帮扶工作中，气象部门坚决扛起政治责任，胸怀"国之大者"，实施"藏粮于地、藏粮于技"战略，以气象

科技服务贯穿农业生产全过程，以气象科技赋能积极回应人民群众对美好生活的需求，把气象高质量发展深度融入定点帮扶县的经济社会发展，全力保障粮食安全和农业强国建设，不但牢牢守住了"中国饭碗"，也牢牢稳住了农民的"金饭碗"。气象科技助力乡村振兴的成功实践告诉我们：

（一）让科研项目在田野中生根是科技助力乡村振兴的前提

科技引领乡村振兴首要的是打通研产脱节的痛点。中国气象局把科技资源与农业农村农民的需求精准对接，针对农业农村现代化发展的瓶颈科学发现问题、确定科研课题，研发农村产业发展急需的科技成果，攻克农业现代化建设的难关，增强了科技创新的针对性和实效性，有效破解了科研和生产"两张皮"的现象，为乡村振兴提供了高质量科研供给。

（二）让科技人才在泥土中发芽是科技助力乡村振兴的基础

要实现农业农村现代化，关键靠科技人才。中国气象局牢固树立"人才是第一资源"的理念，坚持引育结合，让更多的科技人才扎根乡野，成为乡村振兴的生力军。通过组建专家服务团、建立科研工作站、搭建科创联合体、支持科研项目和科学试验等多种机制，把科技人才从城市请到农业生产一线，把实验室从象牙塔搬到田间地头，鼓励科研工作者去炕头问问题、到地头找课题，从生产实践中寻找创新思路，在农村沃土中获得成长，为乡村振兴提供源源不断的人才动力。

（三）让科研成果在大地上开花是科技助力乡村振兴的关键

打通科研成果推广应用路径是实现科技兴农助农的最后一公里。科技成果转化不能只停留在数据上的突破和理论上的创新，关键是要让农民能用、会用、爱用。新成果从试验、示范到推广，要坚持以实践检验、用收成说话，多听听群众意见，多看看市场反馈，力求流程易操作、成本能控制、经济效益好，如此才能被群众自发地接受和运用。把"科技下乡""农民夜校"作为科技知识普及和新技术推广的大课堂，培养懂科技、用科技的新农人,让更多农民成为农村现代化的实践者和宣传者,同时对周围农民产生良好的示范带动效应,让农业科研成果绽放出绚丽幸福花。

从金光灿灿的粮田到硕果累累的大棚,从绿水青山到和美乡村,气象帮扶不断增强科技供给硬实力、提升科技服务软实力,为乡村振兴插上腾飞的翅膀,让广大农村以生产安全、生活富裕、生态良好的崭新面貌,在高质量发展的赛道上绘就丰收图景、书写美丽篇章。

案例6　稀土转光膜为赣南设施农业插上科技"翅膀"
——中国科学院赣江创新研究院联合北京大学等科研单位为乡村振兴提供技术保障

案例概述

稀土转光膜是中国科学院赣江创新研究院联合北京大学等科研单位合作开发的功能性农用薄膜，具有优良的光调控能力和耐候性能。利用稀土元素特殊的电子态结构，稀土转光膜可将太阳光中不能被植物吸收的紫外光部分转化为可见光，有效地提高植物对光的利用率，增强光合作用，促进作物早熟增产并改善果实品质。

该项目首先在江西省赣州市赣县区储潭镇进行了螺丝椒、西红柿和茄子的春季扣棚应用示范，之后进一步运用至黄瓜、贝贝南瓜、葡萄、西瓜等各种作物中，结果显示，使用稀土转光膜后，各种作物比同期采用普通农膜的大棚亩产增产10%~20%，部分作物提前7~10天成熟，显著缩短了种植周期，赢得了市场先机。

目前，稀土转光膜已在赣州市赣县区、大余县、兴国县、信丰县、宁都县、于都县等地初步应用推广，覆盖面积接近500亩，涉及果蔬品种超过20种。经测算，使用稀土转光膜后，不同果蔬品种单作物平均单季亩产效益增加明显，部分附加值高的品种每亩增收可达5000元，稀土转光膜得到了广大种植户和种植企业的一致认可。

江西省规划全省蔬菜设施基地要达到150万亩，如果其中100万亩采用稀土转光膜，预计每年可增收3亿~5亿元。稀土转光膜可以有效助力设施农业/种植业转型升级，为江西打造农业强省、实现农作物增产增收提供有力的技术保障，为乡村振兴打下坚实的科技基础。

案例 6　稀土转光膜为赣南设施农业插上科技"翅膀"

案例剖析

（一）坚持应用导向，因地制宜

稀土转光膜是把稀土发光材料添加到塑料薄膜中形成的一种功能膜。通过前期联合技术研发，已经获得了高效稳定、户外耐候性强的稀土转光膜样品。传统设施蔬菜大棚种植集中在山东等北方省份，而南方由于温度优势，早期一直是露地蔬菜占据种植主流。随着设施蔬菜大棚在赣州地区的发展，塑料薄膜的使用给赣州的蔬菜种植带来了本质的变化。特别是从天气上来说，赣州大部分地区在早春和秋冬季会有连绵的阴雨天，导致植物从开花到坐果期间缺乏足够的光照，造成无果或减产，而阴雨天紫外线仍然丰富，通过稀土转光膜的使用，可以在阴雨天将紫外光部分转化为可见光，有效补充植物在阴雨天的光照，满足其正常生长的需要。

（二）开拓试点示范，成果验证

稀土转光膜项目团队负责人作为江西省科技特派员，对接赣州国家农业科技园区下属的赣县区麂峰富硒农旅投资开发有限公司，为赣县区各果蔬种植基地开展稀土转光膜应用示范提供技术支持。团队克服新冠疫情影响，首先在赣县区储潭镇白涧蔬菜基地进行了稀土转光膜春季扣棚试验，棚内试种了螺丝椒、茄子和西红柿。通过试验对比，采用稀土转光膜比采用普通农膜增产约 10%～20%，维 C 等典型营养成分增加约 10%。为进一步扩大试验范围，项目团队将扣棚试验的品种从普通大宗蔬菜扩展到了附加值更高的果蔬品种，包括甜瓜、樱桃番茄、哈密瓜、草莓等，种植结果显示，稀土转光膜对于果实甜度的提升有明显作用。为更好地测算稀土转光膜对大面积种植经济效益的提升作用，2021 年底，稀土转光膜在赣县区的布膜扩大到 80 亩，2022 年进一步扩大了覆盖面。目前，稀土转光膜在赣县区的推广应用已超过 180 亩。通过大面积种植的试验对比，在即使遭遇连续低温阴雨极端天气的情况下，采用稀土转光膜的大棚的黄瓜、苦瓜、丝瓜等各种农作物仍然获得了比同期普通膜大棚亩产至少增产10%的效果，更为有利的是，在稀土转光膜的作用下，部分农作物提前7～10天成熟，显著缩短了种植周期，赢得了市场先机。

（三）加强成果转化，辐射推广

通过项目实施，稀土转光膜在赣县区的示范应用取得了显著成效，并辐射推广到大余县、兴国县、信丰县、宁都县、于都县等更多革命老区，其中，在大余县示范推广面积超过220亩，在兴国县进一步拓展到特色芦笋的种植。目前，稀土转光膜在赣南地区应用推广面积接近500亩，所涉及的果蔬品种超过20种——从传统的大宗蔬菜到高附加值的甜瓜、西瓜、草莓、葡萄、蓝莓等水果，经济效益显著，不同果蔬品种单作物平均单季亩产效益增加500～5000元，得到了种植户和农业企业主的广泛认可。

（四）强化科普宣传，知识惠农

稀土转光膜这一功能性塑料薄膜在设施农业领域是较新的科技产品，尤其在最近几年刚开始大面积建立蔬菜大棚的南方地区，普通农户对于功能性塑料薄膜的认识还很有限。项目团队从示范扣棚试验开始，经常下到各乡镇进行现场数据收集，并与种植户讨论实际使用情况，重点针对当地农户延长农膜使用寿命的要求专门开展户外老化测试实验，以保证稀土转光膜在实际应用中的可靠性。同时，赣县区十分注重菜农的技术培训，组建了一支专业化服务团队，常年蹲守全区各乡镇大棚蔬菜种植基地。项目团队与服务团队共同申请了中央引导地方科技发展资金项目（助力乡村振兴项目），并借助其进行技术培训和咨询指导的机会，给各乡镇政府和种植户进行科普，宣传稀土转光膜的基本原理和作用，展示其实际效果，让稀土转光膜这一新的科技产品在基层管理部门和种植户心中留下深刻的印象。

（五）借助政府引导，科技赋能

由于设施农业/种植业经营周期较长，如果单靠分散农户自行进行经

案例 6　稀土转光膜为赣南设施农业插上科技"翅膀"

营,很难在短期内获利。项目团队充分利用赣州市各级政府在设施大棚种植中的各种引导政策,结合政府推行的模式,主要尝试了两种模式推广稀土转光膜的大面积应用:一是大余县帮扶模式。根据大余县当地设施大棚建设进展的需求,将稀土转光膜的推广应用同增量大棚建设和存量大棚换膜计划紧密结合起来,由当地乡镇或设施大棚种植户提出用膜需求,并结合当地特色果蔬种植需求,由种植户支付普通膜费,项目团队所在单位以科研项目形式提供换膜所需的差额补贴,以实现稀土转光膜的应用;二是赣县区初步推广模式。根据 2021 年扣棚试验的效果和 2022 年初步推广应用的结果,赣县区以政府引导的模式,主管部门农业农村局/蔬菜办等出台相关政策文件,对于新建设施蔬菜大棚使用稀土转光膜进行补贴,全面促进更大规模的稀土转光膜的推广应用。

延伸阅读

增产增收助推更大面积设施大棚插上科技"翅膀"

任何一项科技创新成果的应用,必然伴随一定的成本增加。农业作为第一产业,周期长、利润薄,因此,普通农户对于成本的投入更为敏感,并对风险的抵抗能力较弱。稀土转光膜示范应用初期,普通农户都是持观望态度,从认识到逐步接受需要一个过程,特别是需要用实际数据来证明稀土转光膜的效果。

按照目前在赣县区的实际示范和初步推广计算,改用稀土转光膜后,每亩价格增加 500 元左右(含税和运费,根据不同地区运费会有变化),如果面积能达到万亩规模,每亩增加的成本可减少约 1/3(每亩增加成本约 300 元)。根据实际种植结果,对于普通大宗蔬菜,以螺丝椒为例,采用稀土转光膜后,一季(4 个月)亩产增收约 400~600 元,一年两季或一个生产季长茬亩产增加收入约 800~1200 元(大宗蔬菜价格随市场和天气变化较大,该数值按照中位数偏下统计)。贝贝南瓜一季(4 个月)亩产增加收入 550～600 元，西瓜一季（3 个月）亩产增加收入 350～400 元，再加上一个短茬种植，合理安排种植品种后，一个转光膜大棚年亩产增收 1200～1400 元。阳光玫瑰葡萄一年一季长茬种植每亩的收入增加 4500～5500 元（批发价格与出产葡萄的等级有关）。由此可以看出，使用稀土转光膜后，一茬种植结束就可以收回增加的成本，第二茬种植就能获得明显收益。

稀土转光膜在赣南地区设施农业中从应用示范到辐射推广，走过了不到 3 年的时间，正好契合了赣州市现有存量大棚换膜和增量新建大棚用膜的关键时间节点。当前，已经有种植大户通过使用稀土转光膜实现了增产增收。

案例启示

（一）稀土转光膜是设施农业增产增收的一项重要技术保障

我国地处大陆性季风气候带，适宜发展设施农业。国务院发布的《乡村振兴战略规划（2018—2022 年）》中明确指出要提升农业装备水平，农用薄膜的广泛使用对于发展设施农业意义重大。大力发展转光薄膜这类重要的高端功能薄膜是有效促进我国农业转型升级的重要途径之一，同时能为我国尽快实现农作物增产增收提供有力的技术保障。

（二）稀土转光膜对赣南地区的设施农业可起到"雪中送炭"作用

传统设施蔬菜大棚种植集中在山东等北方省份，北方光照相对充足，大棚主要起保温作用，加上种植技术水平较高，大棚产值很高，因此，在北方采用稀土转光膜的增产增收效果属于"锦上添花"。在赣州大部分地区，早春和秋冬季连绵的阴雨天给植物生长带来很大影响，即使有设施大棚的保护，仍因缺乏太阳光照影响植物生长，特别是在植物开花到坐果的关键时期，缺乏足够的光照会导致无果或减产，给种植户带来损失。采用稀土转光膜后,可以在关键时期保证农作物的必需光照,保障其正常生长,从保护种植户收益的角度而言可谓"雪中送炭"——增产一成多、早熟七天余,提质内外兼具、增收令人鼓舞。

(三)稀土转光膜科技含量高但形式相对简单,普通农户容易接受

通常情况下,含稀土的材料都被老百姓认为是高科技产品,尤其是稀土材料在军工和国防等领域的应用,尽显其高精尖的特质。其实,稀土材料在民用领域也能大显身手。以稀土转光膜为例,在不影响普通塑料薄膜性能的情况下,加入稀土材料就能够实现转光的功能。对普通农户而言,使用类似产品,采用常规操作,就能获得增产增收的明显效果,而且无须额外的维护成本,这是其最容易被接受的地方。在设施农业领域,科技性能与应用便捷达到最佳的平衡点,是决定一项科技产品是否具有推广潜力的重要因素之一。

(四)稀土转光膜可成为政府对农民科技赋能、促进乡村振兴的有效手段之一

如何调动农户的积极性参与到乡村振兴的家国大业中,是各级政府农业农村工作的重点。稀土转光膜的应用,已经开始从政府引导免费示范逐渐向种植大户主动寻求使用转变。赣县区稀土转光膜的示范作用明显,在赣县区农业农村局和赣州国家农业科技园区管委会的大力支持下,到2022年底,稀土转光膜已经实现示范加推广超过180亩。截至2022年底,赣州市已经发展了超过26万亩设施蔬菜大棚,如果各级政府能够利用稀土转光膜的应用为设施农业种植户带去更多的实惠,肯定能够调动其种植的积极性,促进赣州在作为粤港澳大湾区"菜篮子"供应基地方面发挥更大的作用。

(五)稀土转光膜有大面积推广的巨大潜力

我国自在农业生产上大力推进"种子、生物、温室、绿色"四大工程

以来，采用的塑料温室在全球占比95%。据《2020中国农村统计年鉴》数据，2019年，我国农膜年使用量为240.8万吨，农膜行业市场规模超过500亿元/年，占世界首位。而功能膜比重不足40%，高端功能膜占比低于5%，同期国外则达到80%以上。所以，在设施农业领域，稀土转光膜在我国有很宽广的应用市场。而且以赣南地区为代表的南方地区，设施大棚的建设才刚起步，要在大棚种植过程中减少不利天气的影响，稀土转光膜的应用是重要的保障手段之一。

案例 7　科技专家助力乡村振兴提质增效

——中央编办建设内蒙古乌兰察布化德县中央单位定点帮扶专家团

案例概述

党的二十大报告指出："加快建设农业强国，扎实推动乡村产业、人才、文化、生态、组织振兴……强化农业科技和装备支撑。"① 科学技术是助推乡村振兴的第一动力，是促进高质量发展的重要保障。为强化科技人才对推动县乡产业发展、人才振兴的支撑作用，中国机构编制网（以下简称中央编办）定点帮扶团队协调中国科学院，选派专家成立内蒙古自治区乌兰察布市化德县中央单位定点帮扶专家团，为化德县农业、工业、旅游业等问诊把脉、建言献策，持续扶智助农，实现发展提质增效。

近年来，化德县大力实施创新驱动发展战略，科技对经济社会发展的支撑作用明显增强，化德县土豆、燕麦等作物种植技术大大提升，肉羊养殖更为科学高效，农业产业效益增长明显。但受限于自然条件等实际情况，化德县仍然在种植业作物结构调整、水资源保护和旅游资源发掘利用等方面面临各种难题，亟待更进一步的专业化指导。

2023 年，中央编办定点帮扶前方党小组结合前期调研了解的情况，提出丰富建强定点帮扶专家团队的帮扶工作设想，在中央编办、化德县委、县政府的大力支持下，中央编办牵头联络中国科学院，初步聘请来自中国科学院西北生态环境资源研究院和中国科学院地理科学与资源研究所等有关专家，成立化德县中央单位定点帮扶专家团。

2023 年 9 月，专家团成员到化德县开展调研，重点考察补龙湾村羊

---

① 习近平：《高举中国特色社会主义伟大旗帜　为全面建设社会主义现代化国家而团结奋斗——在中国共产党第二十次全国代表大会上的报告》，人民出版社 2022 年版，第 31 页。

场、酸菜厂等集体经济和种植业发展情况，了解卜拉乌素村乡村旅游产业发展情况，对民主村便民服务工作和养殖业企业进行调研，赴秋灵沟原北京军区守备第一师师部原址感悟"干枝梅"精神，调研红色教育基地建设。专家团结合调研了解的实际情况提出了建设性、针对性的意见建议。在专家团的指导下，化德县因地制宜发展农业、畜牧业，并在优化种植作物品类、肉羊养殖改进育种育肥、深度挖掘乡村旅游资源等方面不断得到科技的助力，农业产业质量稳步提升，乡村振兴工作扎实推进。

案例剖析

（一）经验做法

1. 专家团专业覆盖面广，综合多向发力促发展

化德县中央单位定点帮扶专家团有关专家的研究方向涵盖了草原生态学、干旱区土壤学与农作物高效栽培技术、沙漠化防治和沙区生态水文学、草食动物分子生态学、区域发展和旅游区建设等，能够针对种植业、养殖业、旅游业等多方面产业发展给出专业化意见。同时，专家中有4位专家来自中国科学院西北生态环境资源研究院，他们长期工作生活在西北地区，到访过内蒙古自治区大部分的盟市，对化德县与西北地区自然环境和条件较为了解。其中，李玉霖同志目前挂职内蒙古自治区兴安盟库伦旗副旗长，了解熟悉乡村振兴相关政策，并且具有丰富的帮扶工作经验。结合上述优势，专家团能够更为精准地把握化德县发展的"脉象"，更切合实际、切中要害地给出建议。

2. 建立长效沟通联络机制，线上线下勤"取经"

化德县中央单位定点帮扶专家团构建线上线下相结合的沟通联络机制，支持化德县在工作层面随时请教，及时"取经"。一是建立专家团通讯录、信息库。明确每位专家的研究方向，收集其主要著作论文，并将相关信息分享给化德县政府相关部门及各乡镇，以便针对特定问题能够直接定位对口专家进行咨询。二是设置专职联络员居中联络。联络员由中央编办基层挂职锻炼干部担任，全程参与专家团组建工作，一方面与各位专家建立起紧密联系，另一方面对接化德县乡村振兴相关单位，收集县域待咨询的问题，统一联络专家请教。三是不定期邀请专家实地考察指导。除日常知识性问题由联络员线上咨询外，对于土壤检测、试验田建设等技术性问题，在合适的时机邀请专家实地来访进行培训指导。

3. 与国家科技特派团协作共建、优势互补

化德县作为国家乡村振兴重点帮扶县，同时受到国家科技特派团的专家帮扶，两个专家团队相辅相成、优势互补，协力助推化德县乡村振兴。中央单位定点帮扶专家团从更为综合、全面、多样化的角度提供专业知识指导，而国家科技特派团则更多地提供现场培训指导和技术性支持，侧重于在马铃薯、小麦、燕麦种植等具体领域进行指导。因此，两个专家团队在功能设置上基本实现了互补，同时中央单位定点帮扶专家团利用宝贵的现场调研机会，同县乡村振兴局、文化和旅游局、农牧和科技局相关负责同志开展座谈培训，加强对其的实地指导。

（二）现实成效

1. 建设种植业品种优化试验田

在化德县中央单位定点帮扶专家团的指导下，中央编办定点帮扶村补龙湾村谋划调整全村的农作物种植格局，以"做给村民看，带着村民干"的思路先行试验示范，充分利用现有村集体土地资源，结合中央编办帮扶力量，建设中央编办定点帮扶农业种植试验田，开辟40~50亩试验土地，根据专家团建议，选取贝贝南瓜、籽南瓜等少水耐寒耐旱的新品种予以种植示范。对收成效果好、市场价格稳定、适合推广的作物，鼓励部分有意愿的种植大户推广种植。试验田建设有助于探索在水资源和土壤肥力有限的条件下的高经济效益种植业发展，对全县农业发展起到一定示范作用。

2. 拓展乡村旅游发展思路

在化德县中央单位定点帮扶专家团的指导下，化德县卜拉乌素村充分发挥当地自然条件优势，优化了乡村旅游建设规划，开发登山观景、山水相依的乡村旅游项目；发掘村庄文化旅游资源，讲好村史故事；围绕村名含义——"有泉水的地方"，打造独特草原水乡名片；丰富乡村旅游服务，协调资金改善住宿条件，为游客提供蒙古族特色餐饮和自助烧烤等舌尖上的美好体验。在化德县整体旅游资源较为匮乏的情况下，专业化的科学指导发挥了"点石成金"的效果，助力打开化德乡村旅游新局面。

3. 助力提高乡村振兴工作管理水平

化德县中央单位定点帮扶专家团在调研考察期间和日常咨询的过程中，帮助化德县乡村振兴局等单位研判乡村振兴建设项目的科学性、可行性，为乡村文旅事业发展规划的制定建言献策，不仅从具体产业方面提供帮助，还在县域宏观乡村振兴事业层面给予支持，切实提高了化德县乡村振兴相关工作的管理水平。

延伸阅读

国家科技特派团化德团帮扶情况简介

2022年，中共中央组织部会同农业农村部、科技部、教育部、国务院国有资产监督管理委员会、国家乡村振兴局，联合向全国160个乡村振兴重点帮扶县以"一县一团"方式选派科技特派团。2022年以来，化德县作为国家乡村振兴重点帮扶县，在科技领域受到了国家科技特派团和"组团式"帮扶团队的重点帮扶，国家科技特派团化德团共22人。主要成效如下：

一是充实特派员人员力量。从现有农技人员中选派30名人才充实到特派团中，积极开展技术服务、推广和攻关工作，已累计开展下乡帮扶92人次，对接服务产业14个、经营主体23个。二是开展技术培训。累计开展小麦、燕麦、牧草、肉羊等产业线上线下技术培训11场442人次，结对帮带本土科技人员42人，指导应用新品种新技术102个。三是开展试验示范。因地制宜，试验小麦、马铃薯、牧草种植面积 100 亩，示范品种 58 个，示范面积 1400 亩。建立种植养殖基地 6 个，在饲养管理技术、高丹草种植加工利用技术方面，解决 10 余项技术难题。多次与国家科技特派团化德团 20 名专家对接，召开产业技术服务培训会、工作计划研讨视频会，研究发展思路。四是进行战略合作。由科技特派团团长尹玉和代表乌兰察布市农林科学研究所与化德县华宸再生资源科技有限公司举行院地战略合作签约仪式，深入探索生物有机肥料的研发与应用和马铃薯、糖菜等专用复合肥的研发。

案例启示

总体而言，中央单位定点帮扶专家团的建立，是充分发挥中央机关帮扶力量，调动科技人才资源，为乡村振兴重点帮扶县带来科学技术帮扶的切实举措。专家团既抓大也抓小，既兼顾乡村振兴相关工作的宏观政策，又着眼种植、养殖、乡村旅游等具体产业实践，对乡村振兴的促进既直接又深远。同时，中央单位定点帮扶专家团也是对国家科技特派团特色帮扶工作的有机补充，二者优势互补，共促振兴。

（一）注重科学技术的实践转化

中央单位定点帮扶专家团所提供的建议和意见，能够通过建设试验田等举措，第一时间在乡村振兴发展实践中得到践行和落实，并且见到实效。这充分说明，专家人才所提供的科学技术帮扶，需要在实践中转化为乡村振兴的实际助推力，同时也需要在实践中，进一步发展和深化科学认识、完善技术能力。

（二）注重做好沟通联络

考虑到专家学者与当地干部可能出现方言不通、专业词汇表述不一致等方面的不便，并且双方之间并不熟识，贸然直接联络可能对专家造成困扰，中央单位定点帮扶专家团在日常联络中采取了设置专职联络员的运作方式。该方式充分发挥中央机关基层挂职锻炼选调生高学历、"两边熟"的优势，高效有序做好信息中转传递工作，同时服务好专家与县乡单位。

（三）专家指导要"接地气"

在聘请专家学者进行科技帮扶指导时，一方面，要选取对当地情况了解、有相关工作经验的专家，这样更容易开展工作，减少熟悉适应的沟通成本；另一方面，也要在开展工作的过程中，带领专家深入基层，走近群众和真实的情况，不怕"露怯"，让专家们能够基于事实精准施策。

下一步，中央编办定点帮扶前方党小组将进一步推动化德县与中央单位定点帮扶专家团的交流合作，共同推动更多科技支撑项目落实落地，深化科技助力乡村振兴举措，共建更富足、更具活力的美好化德。

案例 8　筑巢引凤聚人才　科技小站促振兴

——山西吕梁方山县北京理工大学科技人才工作站
助力乡村产业提质升级

案例概述

山西省吕梁市方山县北京理工大学科技人才工作站（以下简称科技人才工作站）是由北京理工大学发起成立并由挂职第一书记担任法定代表人、方山县人民政府大力支持的专业服务于方山县企业科技水平提升的组织（民办非企业）。科技人才工作站于 2020 年 6 月成立，地点设在山西庞泉重型机械制造有限公司。科技人才工作站充分利用北京理工大学的教育资源、科研实力和人才优势，结合方山县的产业特色和发展方向，集科技帮扶、成果转化、人才培养、企业孵化为一体，探索建立"高校—政府—企业"在科技创新和人才培养方面的合作机制。

科技人才工作站的建设得到了学校领导的高度重视与大力支持，在深化产业帮扶、科技帮扶、教育帮扶的进程中，一批来自材料学院、自动化学院、信息与电子学院、数学与统计学院、机械与车辆学院、生命学院、设计与艺术学院、网络安全学院、管理与经济学院的驻站专家，立足方山县产业建设规划，发挥学校优势，在教育、人才和文化建设等方面持续发力，以科技力量支持乡村产业提质升级，反哺学校"双一流"建设，在不断提升定点帮扶工作实效中助力吕梁市地方经济社会发展。2021 年，北京理工大学"科技小站"科研团队荣获"奉献吕梁，服务六新"优秀团队奋进奖。2022 年，原工作站站长鲍锐荣获吕梁市"乡村振兴十佳科技工作者"称号。

案例剖析

（一）加强科技创新转化

依托科技人才工作站，北京理工大学鼓励学校科研人才服务地方企业创新，搭建高校与企业的沟通纽带，有效解决高校科研成果应用和企业实际需求对接"最后一公里"难题。科技人才工作站成立以来，累计 150 余名科技专家长期驻站工作，帮助企业解决实际问题，实现技术突破；23 个组的 270 多名学生在实践一线写下了学术论文；帮助企业完成技术革新，开展大型设备防腐抗冲击防护层优化改进等 11 项创新项目，进行产学研合作（联合实验室、中试基地）项目 3 个，覆盖金属表面处理、可靠性、装备制造、农业机械、铝材料、生物科技等领域。

科技人才工作站牵头北京理工大学与山西庞泉重型机械制造有限公司合作成立"山西省智能无人综采联合实验室"，被吕梁市委、市政府授予"吕梁市优秀创新平台"，被山西省工信厅评为"工业和信息化领域产学研创新平台（培育）"。北京理工大学和山西庞泉重型机械制造有限公司联合成立北理工（方山）重型特种机械材料及成型实验室，推动山西庞泉重型机械制造有限公司进行技术升级，成功申报了"给予环焊熔覆工艺对活塞杆二缸表面进行修补的方法""一种液压支架表面局部损伤修复的方法""一种对工件表面双向冷却的环焊冷却系统""一种可进出循环的缩缸装置及油缸缸筒修复工艺"等多种专利，打破了县域内企业专利为"零"的局面，同时提升了企业的生产效率，其中，"环焊—电镀复合修复"工艺在企业 2020 年第一季度的推广应用中，得到了广大用户的认可，为企业一季度新增营业收入 630 万元；"岩棉制备用离心辊表面强化延寿"等科技成果在方山县转化成企业生产力。此外，科技人才工作站协助山西鸿盛农业科技有限公司申报认定为山西省 2022 年第一批高新技术企业。

（二）打造教育振兴品牌

科技人才工作站推进北京理工大学暑期学校标准化建设，打造教育振兴品牌。优化"方山北理工暑期学校"的课程体系与运行机制，完善暑期学校各环节标准化建设，将"方山北理工暑期学校"打造为大学生暑期实习实训基地，组织支教团队同时开展社会实践活动。2023年，方山县选派了76位初中生、38位高中生及6名带队教师赴京参加北京理工大学全国中小学生研学实践教育基地2023年方山暑期夏令营、北理工山西省优秀高中生2023年暑期夏令营、青少年高校科学营北京理工大学徐特立科学营等活动，聆听知名院士、教授的学术讲座，参观科研场馆，极大地拓宽了学生眼界，开阔了学生视野。7月底，120余位师生齐聚方山县中等职业学校，开展"方山北理工暑期学校"支教活动，为当地学生带来了别样的暑期教育生活。同期，学校完成北京理工大学第25届研究生支教团名单选拔工作，8名研究生支教团成员于7月入驻方山县职中开展工作。此外，北京理工大学一年一度的暑期学生骨干培训班也落户方山县，近80名学生干部在暑期齐聚方山，共同感悟吕梁精神。

（三）建立多元培训体系

深化北京理工大学马克思主义学院、机关党委等部门与方山县委组织部、县委党校的合作，邀请校内外专家学者采用线上授课的方式对当地党政主要干部开展培训，与方山县委党校协作，持续开展"方山县基层干部能力提升工程"，采用"送课上门＋实践调研＋脱岗培训"的方式，分类实施党政主要干部、基层干部能力提升工程，提升干部依法执政、科学决策的能力。2023年5月24日，方山县委中心组学习（扩大）会暨"领导干部综合能力提升"专题报告会召开，特邀北京理工大学马克思主义学院党委书记、博士、教授刘存福亲自授课，县级领导、乡镇领导班子、党委政府工作部门和群团组织领导班子成员、读书班学员共260人参加培训。7月10日，方山县举办学习贯彻习近平新时代中国特色社会主义思想暨党的二十大精神专题读书班，邀请北京理工大学祝烈煌、刘左元等教授为科级干部读书班作专题讲座。7月14日，网络空间安全学院党委书记祝烈煌教授在中国共产党方山县委员会党校带来《区块链赋能网络强国、数字中国战略》专题党课，惠及方山县百余名干部。11月11日，方山县年轻干部能力提升"铁肩计划"第一期培训班正式开班，北京理工大学机械与车辆学院党委书记刘检华教授讲授，以"智能制造助力企业转型升级"为题，开阔了60名优秀年轻干部对以科技创新推动高质量发展的认识视野。

（四）助力文化产业振兴

一是通过举办活动扩大方山县的影响力。2023年2月，北京理工大学和方山县委宣传部联合组织开展"天下廉吏第一"于成龙廉政主题文化创意大赛，面向全社会征集作品，共收回13所院校的162份作品和2个工作室的2份作品，经大赛评审委员会专家进行评选，产生入围作品55份，评出一等奖1名，二等奖2名，三等奖3名，优秀奖16名。大赛组将文创大赛优秀作品装订成册，并在影剧院举办主题展览，建立文创展厅。二是因地制宜促进方山文旅产业发展。2023年5月，北京理工大学设计学院师生赴方山县委党校进行考察调研，对县委党校整体规划进行设计。2023年6月，北京理工大学设计学院博士设计团队深度参与旅游重点村设计，为张家塔、庄上村、前东旺坪村、田园综合体等地提供优质设计方案。2023年7月，北京理工大学知艺书院师生赴方山县就乡村特色产业、人文自然景观进行调研，了解产业需求，总结方山特色元素，为产业进行设计规划。2023年上半年，学校在方山县影剧院策划举办北理工设计赋能乡村振兴的展览，记录了近年来设计学院实践团全方位深入挖掘、创作、展示方山文化形成的一批批优秀的设计成果。

（五）扩充优势教育资源

科技人才工作站大力为方山县引入兄弟院校和北理工校友企业资源，扩充方山县的教育资源。引入山西华兴科软职业教育研究院为方山县职业中学发展进行专业规划和指导；结合方山县的发展规划，帮助方山县职业中学成功申报方山县文旅＋电商产教融合平台载体和实训基地；山西省经贸学校结对帮扶方山县职业中学工作站正式挂牌成立；与山西通用航空职业技术学院、山西金融职业学院联合实施"三二分段"式培养模式，为学生升学就业和成长成才拓宽通道，推动方山县职业中学教育质量提升。2023年面向23所中小学免费开放"明德云讲堂"在线教育智库资源，以"线上大咖课程"和"线下品质论坛"相融合的形式，为小初高学校提供多维、系统、立体的师训精品课程，赋能教师专业成长，助力学校办好人民满意的教育。

延伸阅读

发挥专业优势，帮扶点面结合，赋能乡村振兴

科技人才工作站积极发挥学校专业优势，使帮扶工作做到点面结合，将科技力量带入基层工作，赋能乡村振兴的发展。

依托学校文化、科技资源优势，为胡堡村争取到2022年山西省数字乡村示范村建设项目。该项目一期600万元资金已到位（省财政拨款300万元，县级配套资金300万元），工程已于2022年底完工。主要包括了胡堡村二三维数据的建设与采集、三维数字乡村云平台开发、掌上乡村系统以及相关硬件资源的配套设备（35套智慧路灯、4套应急广播、49个摄像头＋云监控平台、森林防火预警、垃圾清运监测、数字化展厅、老年人智能手环等），最终构建了包括乡村党建、乡村政务、村务管理、矛盾纠纷、电子商务、乡村旅游、劳务输出、乡村教育、乡村医疗、乡村文化、垃圾清运、污水处理、农村改厕、疫情防控、森林防火、乡村出行等20个方面的功能模块，实现了胡堡村数字化统一管理，为领导提供了决策支持，同时优化了工作流程，提高了工作效率。2023年，数字乡村建设资金追加投入600万元，在2022年一期基础建设的基础上，进一步加强数字乡村的智慧建设，重在实现智慧农业一个亮点，突破污水监测、垃圾治理、厕所革命三个难点，做到甜糯玉米生长环境动态监测分析、污水及时监测与治理、垃圾合理回收与分类，以及保障公厕卫生环境与智能化，打造文明、

美丽、智能的乡村文化，提升居民幸福感。

另外，由科技人才工作站牵头，引进北京理工大学集成电路与电子学院卫星遥感技术，为胡堡村安装消息气象站，为农作物生长提供气象监测服务；引进集成电路与电子学院研发的"0"碳智能植物生长机，应用无土栽培、节水浇灌等技术，配合温度、湿度、光照、通风等智能化自动控制系统，实现各类蔬菜全年无间断种植；依托信息与电子学院自主研发的太阳能采暖智能云控系统，胡堡村村委会成功安装上了太阳能光热采暖设备。整套系统自动化集成度高，可为550平方米办公区域提供采暖，非办公时间日产4吨60℃热水，让胡堡村村民一年四季都能用上免费热水。

案例启示

北京理工大学认真落实定点帮扶工作要求，立足自身特色优势，瞄准巩固拓展脱贫攻坚成果同乡村振兴有效衔接的工作任务，着力在教育、科技、人才等方面构建定点帮扶长效机制，提升乡村振兴软实力。而科技人才工作站的建立，就是充分发挥了其桥梁和纽带的作用，将学校与基层帮扶工作相连接，通过科技赋能和人才支撑全面推进乡村振兴。通过课题引导、学生参与、制度激励等措施有计划地引导历届学生想点子、谋方向、定课题、献学识，在乡村振兴的大业中激发师生的创新热情，实现产学研可持续发展、地方与高校双赢。

一花独放不是春，百花齐放春满园。将科技人才工作站在方山县帮扶工作上所取得的成功经验推广到其他地区进行学习借鉴，主要包括以下路径：

第一，统筹协同推进定点帮扶，凝聚工作合力。探索校院地协同帮扶模式，学校统筹协调对口帮扶方山县的各项工作，各部门及院系分别制订对口帮扶工作方案，细化分解工作任务，将帮扶工作成效作为各单位年度考核重要指标，确保各项举措落地见效。建立校院地联席会议制度和日常联系协调机制，统筹推进投入更多资源。

案例8　筑巢引凤聚人才　科技小站促振兴

第二，加强多方联动，汇聚工作合力。进一步加强与山西省的省校共建工作，将学校的科研优势与山西省的产业资源优势有效结合，积极吸引乡村振兴项目落地方山县。进一步发动全校师生、校友的力量，整合学校各部门、企事业单位的资源，动员社会力量，共同开展帮扶工作。

第三，发挥学校优势，优化长效机制。北京理工大学将针对方山县乡村振兴的实际需要，进一步整合帮扶力量，细化帮扶举措，加大帮扶力度，发挥学校教育、科技、人才优势，为方山县经济社会发展提供智力支持和技术支撑。注重在助力方山县乡村振兴的关键环节发力，立足现有工作条件，加强沟通对接，助力方山县建立乡村振兴长效机制，切实增强方山县各项事业发展的内生动力。

案例 9　正清之道　三乌良方

——中国工程院专家团队引领云南曲靖会泽县中医药产业发展助力乡村振兴

案例概述

气候高寒冷凉，良药应运而生。云南省曲靖市会泽县地处乌蒙山主峰地段，境内山高谷深，沟壑纵横，属于典型的南温带季风气候，夏无酷暑、冬季寒冷，境内大多属于高寒冷凉山区，所以患风寒湿痹证者多见，甚至有患者因受困于此病而丧失劳动力。生长在会泽极寒地区而药性大辛大热的川乌、草乌及何首乌等药即为大自然馈赠的治疗此疾的良药。为了更好地适应当地的气候特征，守护人们的身体健康，勤劳智慧的会泽人民就地取材，用川乌、草乌、何首乌等药材通过特殊的技艺熬制成驱寒良药"加味三乌胶"。

历史文化厚重，独具地域特色。据《会泽卫生志》记载：中成药"三乌胶"为本县特产。民国初年，用草乌、川乌、何首乌熬制"三乌汤"，即能除寒湿、强筋骨，初期只是县蚕桑学校王维周等少量熬制，仅供患病亲友服用，后又制成膏状，名"三乌膏"；1938 年，医师公会王相谷熬"三乌汤"，服用范围逐渐扩大，采取预约出售的方法。由于疗效稳定显著，"三乌汤"在会泽县民间煎服已广泛流传，即便无病，它也有防病健体的作用，因此每入冬季，民间便有炖服"三乌汤"的习俗，且经久不衰。鉴于煎服或炖服"三乌汤"较费时和麻烦，加之如果煎炖不好有服后中毒的危险，会泽县老中医、万元堂第六代传承人、会泽县中医医院创院元老之一的雷体仁在前人成果的基础上精心研究重新组方，改革工艺，变汤剂为胶剂，改制出"三乌胶"。"三乌胶"具有"三乌汤"的全部功效，由于它疗效确切，服用方便，很快就名扬四海。1957 年 3 月，雷体仁主持的万元堂、溯源堂、广锡昌、寿春堂等会泽地区六家老字号中药店成立会泽县公私合营联合中西医院，也就是会泽县中医医院前身，"三乌胶"制作技艺得以传承，并发展延续至今。

引强援相助，发展会泽中医药产业。2023年5月31日，中国工程院协调引入的风湿疼痛特色诊疗中心在云南省曲靖市会泽县中医医院挂牌成立。诊疗中心以中国工程院院士、广东省中医院教授、中医内科学专家刘良等专家团队为核心，在会泽县对风湿疼痛病诊疗进行指导、科研及新药研发。广东省中医院对口帮扶会泽县卫健事业建设风湿疼痛特色诊疗中心、刘良院士团队指导帮助会泽中医药事业发展。

引入正清风湿与疼痛三联序贯疗法。正清风湿与疼痛三联序贯疗法是一种将局部用药与全身整体给药相结合的系统性综合治疗方法，采用国内首创的中药缓释制剂——正清风痛宁缓释片、国内首创的中药注射液——正清风痛宁注射液进行治疗。该方法可广泛应用于治疗类风湿性关节炎、骨性关节炎、强直性脊柱炎、腰椎间盘突出、骨质增生及颈肩腰腿痛等多种慢性疼痛类疾病，具有给药方式独特、局部药物浓度高、安全性好、疗效肯定等优势，并能改善预后。

案例剖析

刘良院士强调会泽县中医药产业发展必须遵循务虚—务实—落实的做事规律，不打无准备的仗，要主动寻求发展机遇，通过统筹协调、资源共享，推动会泽县中医药产业发展。

（一）搭建研究平台

谋划建立中药材种植、量产、检测、使用平台，统筹专家资源，针对会泽县气候、土质条件，以草乌、川乌、何首乌为突破口，开发"乌蒙"系列药材，逐步实现会泽县中药材规范化、标准化的种植及加工，建立试验平台，将"毒性"药材标准化，让老百姓放心使用。

根据会泽县域内种植条件及现种植的道地药材，找寻合适的载体，对照标准进行量产，对含量进行检测，加大外销贸易量，逐步实现规范化种植。以会泽县中医医院风湿疼痛特色诊疗中心为辐射点，把会泽县中医医院风湿疼痛特色诊疗中心纳入平台建设，进行拓展。

（二）创新帮扶方式

广东省中医院业务量较大，派驻专家到会泽县中医医院驻点帮扶存在困难，可采用"派出去"的方式，即会泽县中医医院选派业务骨干、学科带头人到广东省中医院进行进修学习，以开阔眼界，提高专业水平。会泽县中医医院组织全体中层以上干部分批次到对口支援医院广东省中医院进行轮训学习。

（三）推进人才培养

针对会泽县中医医院院内制剂科研能力薄弱、科研人员人才队伍不强的现状，会泽县选派科研人员到广东省中医院制剂中心进行跟班学习，提升研发能力及科研立项能力。主要学习内容有：院内制剂研究开发；项目选题、立项、申报；如何设计、收集、整理临床数据；如何高效跟踪、回访制剂临床疗效；专利申报；院内中药制剂注册申报研究（祛瘀丸、接骨丸、壮骨丸）；院内制剂工艺研究；薄层鉴别；显微鉴别；含量测定；微生物检测；重金属、农残检测；长期毒性、急性毒性试验研究等。

延伸阅读

风湿与疼痛三联序贯疗法

风湿与疼痛三联序贯疗法为国家中医药管理局推广项目，于 2016 年获得湖南省科学技术进步二等奖。该疗法所用主打药物为正清风痛宁，于 2012 年获国家科学技术进步二等奖。

三联序贯疗法是指口服、定点介入、透皮给药三种疗法的有机结合。

口服主要是维持稳定有效的血药浓度，解决慢性炎症病理过程中组织增生的问题，对全身免疫系统处于激活状态的患者尤其重要。定点介入解决靶点及原发点的无菌性炎症、松解粘连，调节力学平衡，具有组织损伤小、无神经毒性、痛苦轻微和疗效确切的特点。透皮给药解决局部及浅筋膜的无菌性炎症，具有舒适、有效、安全、操作简便、易复制的特点。

该疗法适应证较多，如风湿免疫系统类疾病：类风湿性关节炎、强直性脊柱炎等（优势病种）；脊柱、骨、关节类疾病：颈椎病、腰椎间盘突出、骨关节炎、滑膜炎、股骨头坏死（1—2期）等；软组织类疾病：急性腰扭伤、慢性腰肌劳损、肩袖损伤、肩周炎、网球肘、滑囊炎、筋膜炎等；其他疾病：带状疱疹及后遗神经痛、痛风性关节炎、面神经炎等。

云南省曲靖市会泽县中医医院依托风湿疼痛特色诊疗中心平台优势，继续做大做强会泽三乌产业，打造会泽中医药全产业链的高地。抓好中医药"一法一办法"（即《中华人民共和国中医药法》《云南省中医药条例》）的贯彻实施，立足会泽中医药资源禀赋优势，加大中医药人才培养力度，突破中医药关键技术瓶颈，推动中医药传承发展、守正创新。

案例启示

第一，丰富的历史积淀和历代会泽中医人的传承创新，让加味三乌胶制作技艺从医药层面上升到精神文化层面。会泽县加味三乌胶配方及制作技艺历经民国初年至今已100余载。百余年来，丰富的历史积淀和历代会泽中医人的传承创新，让加味三乌胶制作技艺从医药层面上升到了文化层面，成为人类智慧的宝贵结晶和全社会共同的精神财富，体现了中华优秀传统文化，符合社会主义核心价值观，对增强中华民族的文化认同、铸牢中华民族共同体意识、促进社会和谐和可持续发展有积极作用。

第二，在高寒山区建立完整药材种植基地，通过土地流转，使农民就地打工，为乡村振兴注入产业发展活力。会泽三乌产业不但可以通过临床实践为山区群众的生命健康保驾护航，还可以在矿山镇、大海乡等海拔

2350米以上的高寒山区建立完整的草乌、川乌等加味三乌胶药材种植基地，通过土地流转，使农民就地打工，为乡村振兴注入产业发展活力，推动脱贫攻坚与乡村振兴有效衔接。

第三，通过科技创新赋能林下中药材产业发展，进一步带动山区群众脱贫致富。针对会泽县山区贫困发生面积大、产业基础薄弱，但林地和药材资源丰富，适宜发展林下中药材产业带动山区群众脱贫致富的现状，会泽县开展林下中药材种植新模式研究，形成技术规程；建立基于有机认证、区块链和人工智能等新技术的全程追溯保真体系、基于仪器分析技术的产地溯源和农药、重金属等有害物质检测体系、基于互联网和物联网的市场营销体系；建立林下中药材全产业链与质量追溯体系、互联网和物联网深度对接的新型产业模式，实现生产、加工、营销一体化；构建针对山区群众的林下中药材新型职业农民培训模式；在深度贫困的地区建立林下中药材科技扶贫新模式示范区，为乡村振兴提供产业支撑。

案例10 "县域统筹、整村运营、即时分账"

——工业和信息化部定点帮扶支持河南洛阳汝阳县数字化乡村运营

案例概述

汝阳县位于河南省洛阳市东南部，是中国历史名酒——杜康酒的发祥地，史称"酒祖之乡"。近年来，汝阳县在"三农"领域做了扎实的基础工作。一是建立村集体经济合作社，提高村集体资产经营的灵活性，明确村民的各项权益。二是开展农村人居环境整治，提升农村地区的软硬件基础条件。三是加强村干部队伍建设，培养懂经营的乡村"领路人"，通过组织举办乡村振兴论坛等方式，带动更多村庄参与乡村运营。四是深入村中百姓走访调研，听取建议，凝聚起村民的思想共识。

基于以上条件，汝阳县以乡村为基点，依托工业和信息化部定点帮扶支持，积极探索"村民自发组织与数字化整村运营"发展模式，建立以"县域统筹、整村运营、即时分账"为核心的数字乡村运营平台，通过数字化将分散的农村资源、资产、人才等要素重新串联起来，有效引导和激发了农民参与的积极性和主动性，破解了乡村发展过程中村民积极性不高、主动性不强和对村级组织信任度不够的难题。依托"乡村振兴理事会＋村股份经济合作社＋乡村合伙人"模式组织村民、引进市场经营主体，建立村集体、市场主体、村民之间的利益联结机制和信任机制，重塑生产关系，激发群众参与乡村振兴的积极性，有效促进村集体经济发展和群众持续稳定增收，走出了一条共同富裕的道路。围绕"活化村庄资源，唤醒乡村沉睡资产"的数字化乡村运营，已经在汝阳乡村振兴工作中显现出蓬勃的生命力。目前，运营起步较早的东保村、登山村已招募12个乡村合伙人，122名群众参与入股，共运营15个项目，实现收益83万元，其中，村集体收益34万元，村民股东收益12.7万元。

《河南日报》等省级媒体多次宣传报道汝阳县案例，介绍汝阳县案例模式的《县域数字化乡村运营的汝阳模式研究报告（2023年）》蓝皮书在2023年世界互联网大会乌镇峰会数字化绿色化协同转型发展论坛发布。

案例剖析

为推进全县数字化乡村运营，汝阳县在统筹乡村现有资源的基础上，基于利益联结机制，充分激发村民的内生动力，重点围绕平台、组织、机制等方面采取一系列创新举措，探索出一套以"平台＋组织＋机制"为核心，以"数字赋能、集体统筹、村民参与、共同富裕"为特征的县域数字化乡村运营的"汝阳模式"。

（一）核心要点一：搭建数字化乡村运营平台

传统的入股分红要到年底才算账，而且透明度不高，村民对运营收入、分红额度等往往存在疑问。为解决乡村运营透明化和村民信任的问题，破解"干部干、群众看""群众参与积极性低"的难题，汝阳县与乡村运营服务商合作搭建了数字化乡村运营平台，每个项目的收入通过消费者扫二维码支付后进入村集体合作社账户，根据村民所入股项目的约定比例，每笔收入分红即时进入村民账户，如此建立起村集体、村民、市场主体之间的利益联结机制，重塑了"以农民为主体、乡村自运营"的生产关系。

（二）核心要点二：成立乡村振兴理事会

为解决数字化整村运营的统筹规划与发动各方力量的问题，实现党建统领乡村运营统筹发展，汝阳县积极探索乡村自运营模式，在各村设立了以大学生、乡贤、退休干部等为主体的自组织体系（即乡村振兴理事会）。乡村振兴理事会承担整村运营的统筹协调和规划设计工作，充分发挥村党员干部和乡贤能人的引领带头作用，发动和引导村民积极参与乡村运营，助力培养本土运营人才，有效解决了乡村运营缺少统筹组织和管理机构的问题。同时，依托乡村振兴理事会，积极引入外部力量与优秀人才参与乡村运营，动员乡贤、本地大学生等对本地有感情的能人返乡支援家乡发展，吸引致力于乡村振兴的企业家和社会组织下乡创业，通过人才回流带动资本回流、乡村产业兴旺，进而汇聚各方资源，发挥各方优势，合力共促乡村振兴。

（三）核心要点三：创新"村股份经济合作社＋乡村合伙人"机制

为优先保障村民收益，有效解决利益再分配的问题，汝阳县创新农村产业经营组织制度和收益分配机制，以发展农村股份制经济合作组织为抓手，采用"1＋N"运行模式，即各村以股份经济合作社作为全资或控股股东成立村投公司，下设不同的项目部门，把政府和村集体前期投入的基础设施作价入股，并优先让村民入股。村集体、乡村合伙人、农户根据三方各自贡献，约定营业额分成比例，基本分配方式包括流量依赖模式、技能偏好模式、风险共担模式三种。整个合作机制不完全按照资本投入比例进行利益分配，而是通过机制手段将政府投资收益权让渡给村民，依托利益联结激发各方参与乡村运营的动力。

流量依赖模式	技能偏好模式	风险共担模式
示例：劳动实践教育	示例：乡厨	示例：乡宿
村集体 39% / 村民股东 4% / 乡村合伙人 57%	村集体 8% / 村民 92%	村集体 30% / 村民 50% / 乡宿管家 20%
场地、教室餐饮、服务 / 25位村民入股10万元购买设备 / 流量、师资课程开发	投资30% 宣传推广 统一管理 / 投资70% 提供房屋 自主运营	投资60% 宣传推广 统一管理 / 投资40% 房屋 水电费 / 布草洗涤 卫生打扫

汝阳县数字化乡村运营收入分配模式案例

在成立村投公司的基础上，汝阳县利用"乡村合伙人"模式，实行产业合伙化运营。企业家、创业者等具有"三农"情怀，能够带动村民致富的群体可通过投资、技术服务、招商等形式合伙加入村投公司，成为资金合伙人、技术合伙人、运营合伙人。按照市场化的运营模式，每一个项目都通过招募方式确定乡村合伙人，乡村合伙人负责项目运营，经营风险由合伙人承担，避免了社会资本直接与农户打交道，便于村集体统筹管理和盘活闲置资源。

数字化乡村运营在具体落地过程中秉持充分尊重农民的主体作用的理念，以"党政领导、村民主体、市场协同、统筹资源、建章立制、壮大集体"为宗旨，坚持"乡村振兴为农民而兴、乡村建设为农民而建"的工作要求，充分发挥村级组织和村民的积极性和主动性，让村民唱主角，主要做法可以总结为以下三个方面：

一是深入村中百姓，强化调研与宣讲。数字化乡村运营在汝阳县落地的第一步是进行深入调研，运营团队通过查阅资料、实地考察、村民访谈、召开座谈会等方式获取村庄的资源资产类信息，了解村庄各方面的基本情况，听取村民对村庄发展的建议与期待，收集村民对开展数字化乡村运营的疑问。同时，团队还会根据村民的反馈，用村民听得懂的语言及时讲解数字化乡村运营的操作要点，描绘乡村运营的美好发展前景，逐步凝聚起全体村民对于开展数字化乡村运营的思想共识。

二是以小项目起步，带领村民全程参与。运营团队根据村庄的资源禀赋特点，寻找容易启动、投资额度相对较小的运营项目，让大部分村民都能参与其中。通过召开村民代表会、全体村民代表会，团队围绕项目的可行性和"即时分账"的分钱机制与村民进行民主协商，分析项目的运营方案和投资风险，并最终定下各方都同意的投资比例、分成比例、分钱形式，让村集体、村民、乡村合伙人做到全程参与、心中有底。在这种模式下，项目经营的收益关乎村民切身利益，因此，村民会主动参与维护村容村貌和活动秩序，自发对项目的运营进行监督管理，并且对参与项目的经营策略、后续的项目开发建言献策，充分实现了村民自主参与，彰显了村民的主体地位。

三是提升自治水平，增强村集体的凝聚力。汝阳县与西安市乡村发展公益慈善基金会合作开展嘉种计划·村民自组织与数字化整村运营示范项目，通过村民自组织的培养、发展，有效提升乡村的治理与运营能力，动员和组织村民参与公益活动，实现自我服务。例如，东保村在寒暑假定期举行大学生座谈会，组织在校大学生成立志愿者队伍，协助本村数字化乡村运营进行宣传推广、线上运营等工作。这些凝聚村庄集体民心的有效方式，让更多村民参与到村庄建设和乡村运营中。

延伸阅读

乡村运营的发展历史、问题与误区

（一）乡村运营的发展历史

追溯乡村运营的发展历程，乡村运营的最早雏形应归于村级农家乐，形成时间大约在2002年前后。2012年前后，出现了以乡村旅游、休闲农业为新形态的乡村运营雏形，其中，以乡村旅游为抓手的全域旅游模式为各地乡村注入了新的发展理念；同时，在社会主义新农村建设的政策鼓励下，各地出现了一批以地方政府和下乡资本为主导的乡村旅游目的地和度假村开发项目。在这一时期，乡村运营的概念不断酝酿并被提出，不同地区、不同形式的运营有相应的不同叫法，比如贵州黔南州的"经营乡村"、浙江临安的"村落景区运营"等。近年来，以"盘活乡村资产，促进乡村发展"为核心理念的乡村运营概念在国内逐步形成统一认识，成为乡村振兴领域的热点话题。

（二）国内乡村运营的问题与误区

政府主导为主，农民参与不足。地方政府主导的乡村运营项目，其规划、建设、运营一般由政府或引进的运营商主导，村民多是作为配角，主动参与的途径和积极性不足，此外，项目在外部投入停止后经常陷入无法持续运营的局面。特别是一些主题活动型乡村运营项目，一般通过租赁乡村土地、承包经营等方式进行开发，村民大多无法直接参与，也没有与村集体、村民形成长效的利益联结机制，制约着乡村运营的进一步发展。

依赖外部力量，忽视本地资源。当前，很多地方都是通过政府购买企业服务来建设和运营美丽乡村项目。但是，这些外来企业往往对当地缺乏了解，与当地村民之间很难建立密切的联系。实际上，本地的大学生、退休干部、企业家、能贤人士有眼界、有资源，对乡村怀有深切感情，渴望在乡村舞台上成就人生的另一种价值。依靠他们挖掘村庄资源，梳理村庄需求，盘活内部资源，链接外部资源，有助于实现健康且具有生命力的乡村运营。

重视大屏展示，轻视数据赋能。近年来，随着数字乡村建设的推进，各地往往将数字化大屏幕当作建设的核心和重点。为了建设一个功能强大的"数字化驾驶舱"，往往投入几百万元，叠加自然资源、治理信息等多个图层，实现数据汇集、事件处置等功能。而这些侧重展示功能的大屏在建成后，并没有为乡村产业发展带来多少助力。数字乡村建设的深层意义绝非竖起一块大屏来展示自己的家底，更关键的是要通过数据赋能产业发展、实现共同富裕。

案例启示

（一）汝阳数字化乡村运营模式具有两大鲜明特征

一是"即时分账"数字化平台破解了信任难题，有效激发了农民参与乡村运营的积极性和主动性。汝阳的数字化乡村运营实践从投资少、村民参与度高的小项目入手，基于去中心化区块链技术的分账机制，改变了年底分红的传统方式，实现运营收入按照事先约定比例即时分配给参与村民，破解了村民积极性不高、主动性不强和对村集体组织、市场运营主体的不信任问题，农民参与乡村运营的热情被极大地调动了起来。

二是"整县运营"的县域数字化乡村运营理念，实现了全县乡村资源资产的统筹协调和市场联动。汝阳县的发展模式不是打造几个"明星村""样板村"，而是整合县域乡村资源资产，以村为单位集中纳入"即时分账"的县域数字化乡村运营平台，在这一理念下，全县220个行政村（社区）充分挖掘各自特色，分批逐次有序启动数字化乡村运营。8个前期启动运营的村庄，已经形成互补联动的良好局面。

（二）汝阳数字化乡村运营模式的经验价值

汝阳县推进全域数字化乡村运营的探索与经验，为中西部地区乃至全国的农村综合性改革、乡村振兴和城乡融合发展蹚出了一条新路径，其可学习借鉴的经验价值主要体现在以下三个方面：

一是有效强化了村"两委"在乡村发展中的动员和组织作用。利用"当时看得到，后期能检索，村民能明白，干部得清白"的数字化乡村运营即时分账平台，激活了村"两委"作为联结市场主体和参与村民之间的神经中枢的作用。村"两委"在各村民小组与全体村民中的领导力获得了极大提升，对村民的动员力和组织力得到了极大增强，党在基层的执政基础得到了进一步巩固，村级组织的治理能力得到了强化。

二是有效促进了城乡融合发展过程中的要素双向有序流动。过去，缺乏信任机制影响人财物等要素向乡村流动，同时，乡村流向城市的主要是基本劳动力、初级农产品等低附加值要素，资源性资产要素无法有效流动。汝阳县依托数字化乡村运营模式，建立起了各方守约的信任机制，畅通了城市资源向乡村流动的途径，优化了农村产业结构，提升了乡村各类要素的市场价值和竞争力。

三是有效重塑了乡村现代化进程中不同主体之间的生产关系。借助数字化的技术力量，创新"村股份经济合作社＋乡村合伙人"机制，构建起不同主体间的协作与利益分配机制，让单个乡村运营项目的市场主体、村级组织、村民形成集体合力，将不同乡村运营项目和不同的村庄编织成一个特色鲜明、彼此联动的有机网络，初步实现了对新时代农村社会生产关系的改革与重塑。

案例 11 "智慧果园"点亮乡村振兴

——海关总署为河南鲁山蔡庄村酥梨种植注入科技力量

案例概述

河南省平顶山市鲁山县董周乡蔡庄村曾经是一片贫瘠荒芜的碎石土坡，因种不出粮食，长久以来摘不掉"贫困村"的帽子。2002 年，蔡庄村党支部书记段瑞强从郑州果树研究所引进了红香酥、圆黄等多个酥梨品种，带领蔡庄村群众开始大规模种植酥梨。截至 2020 年，蔡庄村在 2.9 平方千米的土地上，种植酥梨 3500 亩，户均种植约 10 亩，顺利实现脱贫。

2021 年 9 月，海关总署驻鲁山县帮扶工作组将蔡庄村作为新一轮定点帮扶村。在全面推进乡村振兴新征程上，海关驻村工作队和蔡庄村民手牵手、心连心，针对村内酥梨散户种植模式管理粗放、树势衰弱、果品质量下降、产业发展面临瓶颈等问题，推进酥梨产业数字化建设，建成包含智能灌溉、高压弥雾、智慧监测等系统，综合现代化、绿色化、集约化等为一体的"智慧果园"，为酥梨种植注入科技的力量，为鲁山县 10 万亩梨园科学化种植、高质量发展保驾护航。

蔡庄村以"智慧果园"为切入口，村内定期邀请果树种植专家和种梨能人在村内的"酥梨学堂"开展技术培训，为群众传经送宝。依托"智慧果园"所产的优质梨果，蔡庄村注册了酥梨品牌"梨享蔡庄"和高端品牌"鲁山九颗梨"，吸引众多大型果商来村采购。优质梨果的畅销，使昔日的"南飞雁"们纷纷回乡创业，村内年轻人抱团打造了蔡庄电商集群，建设起了酥梨分拣中心、品控中心和农村电商基地，乘着线上集约化销售的东风，顺势将鲁山其他特色农产品销售至全国各地，将增值收益更多地留在农村。以"智慧果园"为引领，蔡庄村还建起了酥梨文化礼堂，对内传承酥梨文化，对外宣传梨果品质，立足酥梨产业高质量发展和优美生态环境，每年都举办梨花节，在以"智慧果园"为起点的彩虹观光路上跑起了乡村马拉松。探索"村集体控股＋社会资金引导＋村民旅游合作社"的开发经营模式，开发村域旅游核心区"梨享欢乐谷"，带动周边乡村民宿、农家乐的发展，创造直接就业岗位20个，每年吸引来蔡庄游览观光、赏花品梨的游客超20万人次，成功推进农旅融合，将"美丽风景"转化为"美丽经济"。蔡庄村集体先后成立鲁山县梨享谷旅游服务有限公司和鲁山县梨享谷农业开发有限公司，形成两翼并进的发展格局，集体经济年收入达到38万元，村民年人均可支配收入1.81万元。

有山有水，有梨有礼，一个党建强、产业兴、生态优、农民富、乡风好的蔡庄村正阔步走在宜居宜业和美乡村的新征程上。2023年，蔡庄村被评为河南省首批"五星"党支部村、河南省乡村康养旅游示范村、河南省人居环境集中整治先进村。

案例剖析

海关总署驻鲁山县帮扶工作组通过对于蔡庄村"智慧果园"的建设，以点带面助力乡村振兴，主要是做好了以下方面：

（一）以科技增硬核，跑出转型升级"高速度"

民以食为天，农为食之源。海关总署驻鲁山县帮扶工作组紧跟国家政策部署，出资建设综合现代化、数字化、绿色化等为一体的蔡庄村"智慧果园"。果园综合集成智能灌溉、弥雾系统、监测系统，使"面朝黄土背朝天"的传统农业进化为兼备信息化、智能化的新型农业模式，使单兵作战、散收散卖的单户种植模式进化为握指成拳、集约发展的集体种植模式，在农业振兴康庄大道上阔步向前。

2022年中央一号文件提出，"开展农业品种培优、品质提升、品牌打造和标准化生产提升行动"[①]。蔡庄村"智慧果园"的建设以"三品一标"

[①] 《中共中央 国务院关于做好二〇二二年全面推进乡村振兴重点工作的意见》，人民出版社2022年版，第11页。

为重要抓手,在近30个梨品种中优选出最适宜本地生长的红香酥梨品种进行第一批果园建设,开展高接换种、培育优新品种,品种优质率达95%以上,从源头上为酥梨品质保驾护航。

品质是农产品高质量发展的"定盘星"。蔡庄村"智慧果园"集聚生产机械化、水肥智能化和防控绿色化,使其酥梨产品质量持续向上向善稳步提升。在生产机械化方面,果园配置多功能剪枝机、旋耕机、除草机等一批新式机具;在水肥智能化方面,果园建设智能水肥一体化灌溉系统和气象、墒情、监控等智慧监测系统,可根据梨树在不同季节的需水、需肥规律和土壤水分监测信息,精准供给水肥及养分,满足果树优质生长需求;在防控绿色化方面,以生物防治、生态控制、物理防治、高效低风险农药等绿色防治技术为导向,建设全自动高压弥雾喷药系统,实现梨树生产安全、产品质量安全和生态环境安全的有机统一。

品牌是产业高质高效发展的"压舱石"。在现代化种植、技术资源集聚下,通过精心打造"梨享蔡庄"和"鲁山九颗梨"精品酥梨品牌,从品牌创建、果品营销、线上售卖等方面来实现酥梨产业迭代升级。"鲁山九颗梨"精品酥梨品牌的9个品种都蕴藏着鲁山历史文化故事,让消费者在品尝美味梨果的同时感受鲁山文化魅力。蔡庄村以"智慧果园"建设为起点,努力把酥梨产业的规模优势转化为品种优势、品质优势、品牌优势。

(二)以创新激推广,激活经济发展"一池水"

蔡庄村"智慧果园"承担着先行者、探路者的使命,正以星星之火之势,燎燃整个鲁山县,以"小切口"推动产业"大变化"。借助海关总署驻鲁山县帮扶工作组的帮助,蔡庄村将传统果园打造成为亩产值均提升2000元的高经济效益、现代化果园,有效解决农业提质增效问题。以此为契机,蔡庄村集体与邻村合资成立了农业开发公司,按照优势互补、合作共赢的原则,激活了现代化种植抱团发展的内生动力。与此同时,蔡庄村开设"酥梨学堂",邀请种梨能人、专家开展"酥梨种植技术进乡村""智慧果园操作示范"等种植技术交流活动,以技术赋能酥梨产业发展。通过示范试验、宣讲培训，"智慧果园"带动周边几十家种植户因地制宜开展酥梨种植技术应用，周边产区的种植户对现代化种植技术的认识和重视程度明显提高。

（三）以建设促共享，描绘共同富裕"新图景"

"一台手机即可轻松完成 30 亩果园管理，每亩节约人工约 600 元。"一位果农一边拿着手机，一边向观光客分享着现代化种植的便利。通过大屏数字化园区展示、监控中心等信息化建设的应用，农户可以更好地管理果园。现在，这里不仅是生产果园，还是观光旅游好去处。梨园小火车的汽笛声响起，沿着果园轨道在梨林中穿梭，乘客们一边品尝新鲜采摘的酥梨，一边学习酥梨相关知识，感受"一树梨花落晚风"的美丽风光。以"智慧果园"为起点的彩虹观光路全长 2400 米，道旁梨树郁郁葱葱，在梨花节时举办的彩虹路马拉松，吸引 800 余名长跑爱好者参加，有数十万人观看活动实时直播，并同步带动村民宿、农家乐的发展。

（四）以发展聚人才，打造群贤毕至"梦工厂"

如今的蔡庄村插上了"智慧果园"这双经济腾飞的翅膀，已由昔日的"乱石岭"变成名副其实的"花果山"，满坡的梨树更成为实实在在的"摇钱树"。看到村里的梨产业日益兴旺，许多昔日的"南飞雁"纷纷回乡创业。借此良机，海关总署驻鲁山县帮扶工作组探索打造乡村电商集群，形成龙头引领、聚集群、延链条模式，将电商特色农产品从蔡庄酥梨延展至鲁山冬桃、蒲公英茶等其他农特产品进行四季售卖，把增值收益更多地留在农村。基于电商集群资源集聚、信息共享的优势，帮扶工作组定期开展创业帮扶指导和网红交流大会、电商发展概况讲解等交流学习活动，吸引周边能人来此开展合作、共同创业，形成了创业带就业的倍增效应，为农村发展注入了新活力。

（五）以振兴燃"振心"，共筑精神文明"新高地"

"怀山之水，必有其源。"蔡庄村"智慧果园"的建设与高品质梨果的售卖吸引了大量前来学习交流的种植"土专家"、收购梨果的水果客商以及共商未来果园发展的科技公司人才等。蔡庄村乘此东风,在果园边建设了"蔡庄村酥梨文化礼堂",以千年酥梨文化浸润文明乡风,讲述蔡庄村如何在党建引领、政策扶持、思维转变、科技助力、资源共享下从碎石荒坡到梨果飘香的发展历程。目前已开展"梨文化宣讲进礼堂"活动800余人次,持续焕发乡村文明新气象。

延伸阅读

智慧农业为何是未来农业的发展趋势

智慧农业是集大数据、移动互联网、物联网、云计算为一体的一种高效、优质、低耗的精准生产模式。依托部署在农业生产现场的各种传感节点和无线通信网络实现农业生产环境的智能感知、智能预警、智能决策,为农业生产提供精准化种植、可视化管理、智能化决策。

"智能监控"助力"知天而作"。分布在现代化农业示范园里的高清摄像头可随时随地查看各区域农作物的长势和状态;传感器设备可以实时监测环境温度、湿度、光照强度、土壤墒情等参数,实现农作物墒情、苗情、虫情、灾情的四情监测,做到科学研制、提早防治,农民足不出户,就能在手机和电脑上监管作物从生长到采摘的全过程。

"智能机械"实现"一键农事"。科技赋能智慧农业,使大部分农事可"一键操作",实现降本增效、节能节肥、减少农残、优化调度。园内设高压弥雾喷药系统,借助压力系统可将农药以水雾形态无死角精准喷洒到农作物表面。地下有水肥管道精准灌溉系统,根据农作物培育周期、需水需肥特点,均匀、定时、定量地将水肥输送到每一棵果树根部。相比传统施肥打药方式,智慧农业受雨雪等不利自然天气影响较小,同时能更有效地防控病虫害。

"智能系统"节省长期成本。智慧农业系统在管理成本控制上具有

"三个省"的特点：一是省人工，请人更少，一年节省劳动力超80%；二是省肥料，用药更精准，避免近70%的农药浪费；三是省时间，农事更简单，一天的活一两个小时就能干完。

智慧农业作为现代信息技术与农业深度融合的新兴领域，已成为推动乡村振兴和农业现代化发展的重要动力。发展智慧农业不仅是农业技术升级迭代的必由之路，更是我国资源性、生态性产业实现要素、技术、产品等可控的关键一环，无疑会成为未来农业的发展趋势。

案例启示

（一）智慧农业是保障国家粮食安全的新举措

民以食为天。吃饭问题不仅事关人类生存，也是国家稳定和社会发展的永恒主题。解决吃饭问题，根本出路在科技。智慧农业通过精准化种植、可视化管理、智能化决策，能大幅度提升农产品的产量和质量，真正将"藏粮于地、藏粮于技"落到实处。此外，通过农产品和食品追溯系统，可实现农产品和食品质量跟踪、溯源和可视数字化管理，对农产品从田间到餐桌、从生产到销售全过程实行智能监控，保证了人们"舌尖上的安全"。

（二）智慧农业是激活产业的新引擎

产业振兴是乡村振兴的重要基础。智慧农业通过精细化和高效化的作业水平，有利于农业转型升级。生产方面，智能化管理节约了人力成本，优化了种养流程，提高了产品质量；经营方面，智慧农业不受时空限制，间接促成了农产品产供销一体化的经营模式，使农业的品牌化意识不断加强；服务方面，智慧农业的发展解决了农业信息"最后一公里"服务难的问题，大大提高了决策管理水平。最后，智慧农业可带动产业链延伸，推动观光、休闲、认养、民宿、餐饮、土特产挖掘等业态的开发，提升农业全产业链的价值。

（三）智慧农业是带来人才机遇的新赛道

人才振兴是乡村振兴的重要支撑，智慧农业将现代化技术、理念应用于传统产业，间接通过学习资源共享为人才振兴带来机遇。在大数据背景下，智慧农业与"互联网＋专家"模式的配合，可以实现远程信息分析和技术异地指导，在提高工作效率的同时缓解乡村自身人才短缺问题。此外，智慧农业促进农业生产者向管理者转型，一批专业化高素质农民可通过数字化技术和信息资源的共享，成长为乡村振兴的"新农人"

（四）智慧农业是夯实生态基础的新路径

生态振兴是美丽乡村建设的重要内容。智慧农业通过改善生态环境、推动农业绿色发展为生态振兴打下基础。技术层面，智慧农业通过高精度感知设备实时监测水、大气、土壤等环境参数，还能借助智能设备检测农药残留等是否符合绿色产品标准。管理层面，智慧农业能够在充分考虑精细化生产、节水灌溉、废弃物利用等方面的基础上，引导农户进行科学种植，促进水土资源高效利用的同时兼顾农业生态保护修复，为乡村生态振兴打好基础。

（五）智慧农业是带动农民脱贫致富的新平台

乡村振兴的最终目标是实现农业强、农村美、农民富。智慧农业通过科学技术与农业结合指导农民种植养殖，能够改变靠天吃饭和散乱无序的低效状态，带动农民脱贫致富。一方面，智慧农业可以依托不同地域的自然禀赋，量身定制专业化、接地气的特色产业，带动"一村一品、一镇一业"的发展；另一方面，智慧农业推动了农业生产的集约化、规模化、全程可追溯化与虚拟可视化，极大降低了农业生产中环境因素和人为因素的不确定性，有效帮助农民降低生产成本，保障农民长期稳定增收。

案例 12 "教育＋科技＋人才＋电商"四轮驱动
——教育部定点帮扶打造河北青龙满族自治县乡村振兴新模式

案例概述

教育部深入贯彻落实习近平总书记关于全面推进乡村振兴和深入开展定点帮扶的重要指示精神，积极发挥教育系统资源优势，结合定点帮扶县（河北省秦皇岛市青龙满族自治县）的产业特点，创新思路举措，探索"教育＋科技＋电商＋人才"四轮驱动特色发展模式，破解县域产业科技含量不高、专业人才紧缺、产品知名度低销售难等难题。通过开展校企校地合作、教育培训、一线指导，大幅提升产品科技含量；加强产品研发，促进专利、科研成果转化，提高产品附加值，延伸产业链；通过引入电商平台，大力培养发现发展电商人才，打通终端销售物流通道，提高农产品品牌知名度，全力打造青龙特色产品品牌——"满意青龙"区域公用品牌标识；培育林果、杂粮、食用菌、中药材、畜牧五大产业龙头企业，建设冷库基地，解决农业季节性供应问题，建立共享机制，大幅提高农民收入；坚持顶层设计、系统规划，坚持建平台、建机制，坚持高起点、高标准，推动青龙走出独具特色的山区乡村振兴之路。

案例剖析

（一）开展教育科技帮扶，产学研结合，校地企对接

1. 组织高校开展产学研合作，校地企对接

教育部开展教育科技帮扶，提升青龙特色产业内生发展能力。聚焦青龙铁矿、电缆、板栗、苹果、杂粮、中草药等特色产业，组织实施"百校进青"帮扶工程，引导清华大学、中国农业大学、北京科技大学、华北电

力大学、江南大学等高校发挥科研优势，强化服务地方职责，与青龙县企业加强产学研对接，通过开展技术指导、签订战略合作协议、建立产品研发基地、设立科技小院、建设科技示范园区等方式开展校地合作。

近年来，教育部在农业领域帮助青龙开发 8 项重点新技术，其中，"板栗树郁闭园的改造方法"新技术在青龙推广面积达 30 余万亩，累计增产增效 1 亿元以上。在工业领域向青龙转让 9 项专利、科研成果，其中，华北电力大学转让的 2 项科研成果为企业节约成本 200 余万元；苏州大学转让的 1 项发明专利为企业增收 500 多万元。2023 年底之前，已有 25 所高校与县内企业建立紧密合作关系，为全县 292 家科技型中小企业开展创新活动提供了有力支撑。

2. 支持县域产业设立科研创新平台

教育部协调有关高校与县内企业共建省级创新联盟 1 家、省部级研发机构 1 家、市级研发平台 5 家。特别是根据青龙板栗种植面积广、覆盖农户数量多的特点，坚持把板栗产业作为帮助青龙老百姓增收致富的支柱产业，批准河北科技师范学院成立板栗产业技术教育部工程研究中心，在青龙设立试验站，围绕种质资源、品种选育、高效栽培、病虫防控、贮藏加工等开展研发并提供工程化技术成果，增强了青龙板栗产业的可持续发展能力。中心研发并集成的板栗轻简高效优质栽培关键技术体系，实现节本增效 20% 以上；在青龙县五指山村建立的燕秋新品种示范园，产量比一般品种增加 30% 以上。

3. 以产品研发延伸产业链条

针对青龙特色产业以提供初级农产品为主、农产品附加值低、市场竞争力不强的短板，教育部支持高校对相关特色农产品的营养成分、功能成分、活性物质等进行测试分析并开发新产品，推动全县特色农产品精深加工，实现上下游有机衔接，从而延长农业产业链、提升价值链，增强企业竞争力。例如，有关高校和青龙县企业合作研发的板栗糕点、安梨汁、中药生物系列饮品等相继投入市场，有效提升了企业的加工转化增值能力。

（二）开展电商物流帮扶，助力青龙特色农产品走出深山

1. 帮助引进阿里巴巴等电商资源

教育部高度重视电商在推销农副产品、帮助群众增收致富、推动乡村振兴方面的作用，牵线搭桥推动互联网电商平台加大对青龙的支持力度。协调阿里巴巴向青龙派出乡村振兴特派员，帮助指导全县电商经济发展，推动阿里巴巴（青龙）客服中心落地，为青龙带来 300 个电商客服就业岗位；搭建青龙原产地商品官方旗舰店，帮助青龙板栗进入各大销售平台；推动阿里巴巴与青龙签订"盒马县"协议，促进青龙农产品生产标准化和供应链标准化。

2. 为青龙电商经济发展提供品牌支撑

教育部联系浙江大学中国农村发展研究院农业品牌专家，指导青龙强化品牌意识，理顺农产品品牌建设思路。协调阿里巴巴为青龙设计区域公共品牌标识，在社会上引起积极反响，为青龙电商经济发展带来了新机遇。重点支持"青龙板栗"品牌宣传推介，组织县内企业参加电商年货节、线上选品会、直播推荐等。帮助青龙板栗等农特产品走进央视财经直播间，扩大了青龙的对外知名度，提升了青龙农产品的品牌影响力。

3. 带动全县农户掀起电商热潮

教育部携手阿里巴巴引导全县各乡镇大力发展电商经济，对合作社、农户等进行电商知识培训，孵化电商从业者 399 人，指导其开设网络店铺，并帮助举办全县电商直播大赛，促进全县电商产业蓬勃发展。搞电商，在青龙已蔚然成风，也让老百姓有了奔头，越来越多的农户通过直播带货走上致富之路。在教育部的帮扶支持下，2022 年，青龙被评为河北省数字生态"十强县"，全县实现农村网络零售额 18.7 亿元，比 2020 年增长 35.5%；全县农村居民人均可支配收入增速达 8.6%，创近年来新高。

（三）开展人才帮扶，强化青龙特色产业智力支持

1. 通过职业教育培养本土人才

围绕县域经济发展需要，教育部指导青龙职教中心开设农业机械使用

与维护、农村电气技术、果蔬花卉生产技术、电子商务等专业，为县域产业发展培养一大批实用型技术技能人才。引导青龙职教中心加强新型职业农民培训，制定以板栗种植技术为主，以苹果、核桃和养殖技术为补充的培养方案，对农民进行职业技能培训，切实把职业教育培训延伸到农民中间、延伸到田间地头。近年来，青龙职教中心累计组织培训20万人次。

2. 引导发挥高校退休专家的智力优势

创新人才柔性引进方式，在深入调研的基础上实施"银龄专家"计划，组织燕山大学、河北科技师范学院、东北大学秦皇岛分校、东北石油大学秦皇岛校区四所驻秦高校的60位退休专家，为青龙特色农业等领域的119项需求提供对口帮扶指导。及时梳理青龙经济社会发展需求，不断完善驻秦高校银龄专家信息库和县域银龄岗位需求信息库并实时进行动态匹配，为青龙产业发展打造一支经验丰富、精力充沛、甘于奉献的银龄专家队伍。

3. 支持河北科技师范学院向青龙选派科技特派员

结合河北科技师范学院农学专业优势和青龙特色产业需求，协调河北科技师范学院选派科技特派员深入田间地头，开展从技术研发到品牌建设的全产业链科技服务和惠农培训，对青龙特色产业的传统种植技术进行改造升级。选派科技特派员的方式打通了农业科技成果转化的"最后一公里"，满足了青龙广大农户和农业企业对技术的迫切需求。自2004年派出首批科技特派员以来，河北科技师范学院已有698名科技特派员走进青龙，服务范围覆盖全县24个乡镇，树立了高校科技创新人才服务乡村振兴的样板。

在"教育＋科技＋电商＋人才"四轮驱动下，近年来青龙乡村振兴得到长足发展，走出了富有青龙特色的新型产业振兴道路。

延伸阅读

青龙的文化振兴、生态振兴与组织振兴

2021年4月29日，中华人民共和国第十三届全国人民代表大会常务

委员会第二十八次会议通过《中华人民共和国乡村振兴促进法》，该法指出，全面实施乡村振兴战略，开展促进乡村产业振兴、人才振兴、文化振兴、生态振兴、组织振兴，推进城乡融合发展等活动。

除了前面介绍的产业振兴和人才振兴，青龙的乡村振兴还包括文化振兴、生态振兴、组织振兴。

一是推进乡村文明建设，着力推动乡村学校环境治理。协调中国教育发展基金会对6所乡村学校进行污水处理设施改造和旱厕改造，对5所学校进行取暖改造，帮助打造宜居宜教宜学的乡村育人环境。

二是把生态振兴作为助力青龙乡村振兴的支撑，坚持"绿水青山就是金山银山"理念，助力青龙走生产发展、生活富裕、生态良好的文明发展道路，不断改善生态环境和人居条件，大力发展乡村绿色经济。

三是把组织振兴作为助力青龙乡村振兴的保障，坚持以党建促乡村振兴，助力青龙打造坚强的农村基层党组织。联系东北大学秦皇岛分校在龙潭村成立"大思政课"实践教学基地，促进校地协同育人，深化青龙红色文化育人成效，逐步打造接地气、冒热气、聚人气的思政课堂新形态，努力把龙潭村建设成为大学生思想政治教育的重要阵地，打造成培育时代新人的生动课堂。支持燕山大学文法学院硕士研究生第二党支部与龙潭村党支部结为共建单位，双方按照"党建引领、结对共建、赋能村居、聚力发展"的原则，先后以理论宣讲、调查研究、定点帮扶、志愿服务、思政教育为主要内容开展相关活动，推动高校人才教育等资源与基层治理、推动乡村振兴良性互动。

案例启示

（一）充分发挥高校的人才优势和科技优势

高校是人才高地和创新高地，在人才培养、科学研究、社会服务等方面具有相当大的优势。教育部在帮扶青龙的过程中，注重协调有关高校与青龙开展校地合作，引导高校对青龙开展人才帮扶和科技帮扶，助力青龙解决人才引进难、企业创新能力弱等现实困难，为青龙全面推进乡村振兴注入活力。

（二）充分发挥职业教育在人才振兴中的作用

职业教育肩负着培养多样化人才、传承技术技能、促进就业创业的重要职责。教育部高度重视职业教育在培养乡村振兴本土人才方面的作用，引导青龙职教中心结合县域产业发展需求设置相关专业，并积极开展新型职业农民培训，帮助青龙打造留得住、用得上、有情怀的本土人才队伍。

（三）充分发挥社会力量在帮扶中的作用

社会力量是助力乡村振兴的不可或缺的重要主体。教育部积极协调各类社会力量，携手推动青龙乡村振兴，特别是争取中国乡村发展基金会等公益组织帮助青龙改善办学条件，协调阿里巴巴帮助青龙大力发展电商经济等，为青龙教育事业发展和全面推进乡村振兴汇聚起强大力量。

（四）充分发挥政府的主导作用

青龙成立由县委、县政府主要领导任组长，县政府常务副职任常务副组长，职能部门主要负责同志、24个乡镇主要负责人为成员的"三级书记"抓电商工作领导小组，先后制定三级书记抓电商、国家级电子商务进农村示范县工程、三级物流体系建设等实施方案5个，统筹推进全县电商产业发展，举全县之力促进民更富、县更强，为全面建设社会主义现代化国家增光添彩。

案例 13　科技小院开鲜花　助农路上结硕果

——江西永丰蔬菜科技小院助力乡村振兴

案例概述

2016年5月30日，中共中央总书记、国家主席、中央军委主席习近平在全国科技创新大会、中国科学院第十八次院士大会和中国工程院第十三次院士大会、中国科学技术协会第九次全国代表大会上提出，广大科技工作者要把论文写在祖国的大地上，把科技成果应用在实现现代化的伟大事业中。2022年，江西永丰蔬菜科技小院经中国农村专业技术协会（以下简称中国农技协）批准设立，依托江西农业大学专家人才资源，以科技创新助力乡村振兴。

江西省吉安市永丰县是"一代文宗"欧阳修的故里，山清水秀、土地肥沃、空气清新。优良的生态环境造就了永丰县"生态蔬菜之乡"的美誉。这里是全国首批无公害蔬菜示范基地、全国绿色食品原料（蔬菜）标准化生产基地、国家农产品质量安全县、全国农业优势特色产业集群——江西富硒蔬菜产业集群重点县。永丰县蔬菜种植规模达16.6万亩，产量35万吨，产值20亿元，成为农业首位产业。历经40多年的积累和沉淀，永丰县孕育了一批独具特色、品质优良的土特产——永丰辣椒、永丰空心菜、永丰扁萝卜、永丰淮山、永丰香芹、永丰百合6个全国名特优新农产品销往上海、广东、浙江、福建等省区市，受到全国人民的喜爱。为持续发展好蔬菜富民产业，2022年在省市科协的指导下，经中国农技协批准，永丰县依托江西农业大学专家技术人才，利用该县蔬菜基地和场地，成立了以蔬菜种质资源保护和繁育推广运用为目的的"蔬菜科技小院"。

2023年1月4日，《人民日报》头版对永丰蔬菜科技小院进行了报道，2月7日，江西省委常委梁桂到永丰蔬菜科技小院进行调研后，肯定了科技小院的工作。2月15日，江西省农业农村厅对永丰县蔬菜科技小院建设等蔬菜产业发展工作发了专门表扬信。9月14日，中国农技协科技小院现场观摩会在永丰蔬菜科技小院举办，国内各省市共100余名农业产业专家现场观摩了科技小院和佐盛"粤港澳"大湾区菜篮子供应基地，详细了解了蔬菜科技小院的运作模式和应用情况，对小院发挥科技赋能产业、科技助力乡村振兴示范带动能力给予充分肯定。

案例剖析

（一）开辟科技助力乡村振兴新路径

蔬菜科技小院发挥纽带和平台承载的作用，打造了"依托单位＋科技小院＋龙头企业＋村集体＋职业菜农"五方共赢发展新路径。依托单位提供蔬菜种苗，科技小院专家技术团队负责产业发展中全产业链的技术指导，龙头企业负责产后的收购和销售，村集体负责土地流转和职业菜农的管理，职业菜农参与产业发展。科技小院以强龙头、建基地、推创新、育菜农、兴质量、树品牌、促加工、延链条为目标，把特色品种做成优势产业，把小品种做成大产业，走出一条"永丰特色"蔬菜强县之路。通过这一模式，树强了一批蔬菜企业，建立了一批示范基地，培训了一批职业菜农，开拓了一批专业市场，破解了"谁来种、怎么种、销哪里"的问题。通过科技小院这一平台，培育了杜晓伟、吴知君、罗义平等一大批"80后""90后"甚至"00后"新型职业菜农，他们独立经营百亩以上的基地，成为永丰县农业产业可持续发展主力军。

（二）创新农技推广新模式

2023年5月，习近平总书记在给中国农业大学科技小院师生回信中写道："希望同学们志存高远、脚踏实地，把课堂学习和乡村实践紧密结合起来，厚植爱农情怀，练就兴农本领，在乡村振兴的大舞台上建功立业，为加快推进农业农村现代化、全面建设社会主义现代化国家贡献青春力量。"① 永丰蔬菜科技小院正是这一讲话的生动写照。通过加强与江西农业大学师生专家团队合作，永丰县引进和推广新技术，开展蔬菜技术攻关，破解蔬菜生产难题，指导蔬菜生产，打通科研与生产"最后一公里"。一方面，小院专家团队针对永丰县蔬菜产业发展提出引进新品种、改良传统品种、调整产业结构、克服连作障碍等多项发展措施，免费为农民提供技术指导和培训，解决产业发展中的各环节问题；另一方面，小院将农业人才培养的课堂延伸到田间地头，借助田间课堂、地头座谈等形式提升农业技术水平，同时整合信息资源，通过"三统二分"（即统一标准、统一规则、统一建设，分乡管理、分户经营）建立30多个职业菜农示范基地，培育了200多名高素质职业菜农，为该县蔬菜产业发展注入新生力量。现在，小院研究生可以在这里常住，跟农业一线人员同吃、同住、同劳动，零距离、零时差、零门槛、零费用地为农业一线服务，为乡村振兴，为农业现代化做出贡献。

（三）加快科研和科技成果转化

在省、市、县科协的指导下，江西农业大学的师生以大棚为试验田，把论文写在田地里，开展了地方优良品种保护，利用这一举措进行提纯复壮、高效栽培研究、标准制定、品牌化建设，制定9项技术标准，主持制定的省级地方标准《春提早薤菜—秋延后辣椒大棚栽培技术规程》成为江西省农业主推技术，参与的《赣丰系列辣椒新品种选育与新技术示范推广》获全国农牧渔业丰收奖二等奖。

（四）专家留下金点子

科技小院技术团队首席专家——江西农业大学吴才君教授带领研究生团

---

① 《厚植爱国情怀练就兴农本领　在乡村振兴的大舞台上建功立业》，江西共青团，http://www.jxyouth.org.cn/art/2023/5/4/art_56132_4447257.html。

队入驻小院，开展科研活动，把科技研究从实验室搬到了田间地头，搬到了村屯农家。扬州大学园艺园林学院教授、浙江农林大学园艺科学学院教授徐凯认为，科技小院是一个很好的平台，专家可以利用科技小院把现代化农业先进技术零公里地传授给农民。在专家团队的帮扶下，水肥一体化、绿色防控、有机肥替代化肥、基质无土育苗等新技术在全县得到推广和普及。

（五）以点带面促进新发展

永丰县通过科技小院的设立，培育本地种养人才，强化自身造血功能，激发自身发展内动力。借助"书记领航—科技小院""争当吉先锋、保障菜篮丰"项目，通过"专家＋党员＋农技人员＋带动户"的技术服务方式，开展农村党员创业致富带头人培训、新时代赣鄱乡村好青年现代农业技术培训会等，每年培训1000余人次。一系列培训活动的开展，使科技小院成为广大菜农的"大课堂""知识仓"，在培训学习中，更多的农户在小院开展辣椒株选、空心菜优选扦插、扁萝卜隔离提纯、本地葫仔果选等一系列科学种植试验，并通过示范推广在各自基地进行水肥一体化、绿色防控、有机肥替代化肥、基质育苗等科学试种。在不断学习中，许多当地农户成长为懂技术、善管理、会经营的新型职业菜农，带动了全县农业产业高质量发展。

延伸阅读

永丰：产业兴旺，乡村振兴底气足[*]

走进江西省吉安市永丰县佐盛农业生产基地（以下简称佐盛农业），整齐排列的设施蔬菜大棚内生机盎然，辣椒、黄瓜、西红柿、茄子等蔬菜长势喜人，农民们正忙着采摘、分拣、打包、装车。

---

[*]《【吉安】永丰：产业兴旺，乡村振兴底气足》，江西省人民政府，http://www.jiangxi.gov.cn/art/2022/12/2/art_15845_4272603.html。

"基地依托智慧农业平台精准管理,种植的蔬菜全年不断档,实现全程绿色化、标准化,年产值5000多万元。"佐盛农业总经理杜晓伟说道:"我们有现代化农业基地600多亩,采取'龙头企业+新型职业菜农'模式,吸纳了周边150多户农户参与劳务、入股分红。"

佐盛农业的繁忙景象只是永丰农业产业蓬勃发展的一个缩影。坑田辣椒、藤田大蒜、佐龙扁萝卜、瑶田淮山……走进永丰县蔬菜科技小院,在蔬菜种质资源保护和繁育中心,就能见到100余个江西本土蔬菜品种原种,其中30余个是永丰优势品种,分别以县里主产区所属乡镇名字标注,透着浓浓的乡土味。

蔬菜产业,是永丰的特色富民产业。为做好蔬菜种质资源保护工作,永丰建立了江西首家县级蔬菜种质资源保护和繁育中心,并依托江西农业大学、省农科院等高校及科研机构,摸清本县蔬菜种质资源底数,开展蔬菜新品种新技术引进及集约化育苗等工作,促进蔬菜产业扩面提质。"2022年底前,我们已搜集并保护180余份江西本土优良蔬菜种质资源材料。下一步,还将在全县21个涉农乡镇搜集刀豆、苤蓝、荸荠等近乎消失的传统蔬菜及野生蔬菜原种。"永丰县蔬菜产业发展中心主任江志新介绍。

2022年底前,永丰蔬菜的蔬菜种植面积达15万亩,总产量34万吨,年产值达20亿元,培育了一批独具地方特色、效益明显、规模种植的优势品种,并形成"一村一品"区域特色分布。

近年来,永丰县不断升级农业产业扶持政策,持续深化村干部与能人带头领办、村党员主动参与、村民自愿参与、脱贫群众统筹参与的"一领办三参与"模式,深入实施特色产业覆盖稳增行动,因地制宜发展有机蔬菜、特色中药材、高产油茶、精品果业等"4+N"特色富民产业。2022年,永丰县新增蔬菜面积1.5万亩。2022年底前,永丰县有发挥联农带农作用的经营主体531个,村级扶持产业基地156个,全县特色农业产业面积达85万亩、年产值35亿元,成为永丰乡村振兴的主引擎。

为让优质农产品变为特色商品,永丰县积极探索"电子商务+农田餐桌"模式,加大农产品品牌建设、宣传和推介力度,建立农产品上行运营中心，构建"乡村—市场—企业"互联互通产销网络，君埠莲子、灵华山白茶……各种永丰农产品端上外地餐桌，一桌桌"永丰饭"香飘四海。

产业发展起来，农民的日子越过越红火，这样的实践正在各地上演。放眼广袤乡村，陕西延安的小苹果成为致富果，河南正阳的小花生成为"金豆豆"……一个个特色产业"茁壮成长"，让乡村振兴的底气更足！

案例启示

（一）推动科技助力乡村振兴必须深入践行"以人民为中心"的发展理念

永丰县委、县政府为了该县蔬菜产业发展殚精竭虑，带领相关部门人员南下北上，学习取经，为菜农增收、为提供优质安全的农产品四处奔走，并在省市相关领导和部门的指导和支持下，建设了蔬菜科技小院，既培训了菜农又为科研教学提供了基地，既培养壮大了队伍又使菜农增收提效。

（二）推动科技助力乡村振兴必须加快推动农业产业高质量发展

长期以来，永丰县蔬菜产业规模小，布局分散不合理，缺乏统一规划管理，产销脱节，品种单一，适应性差，创新能力弱，技术推广滞后，研发投入少，科研成果转化不顺畅，土壤改良效果不佳，病虫害防治依赖农药……蔬菜科技小院的成立，引进高校研究团队，同时和龙头企业合作，在科研投入、销售信息等方面都得到了加强，有力地促进了该县蔬菜产业的高质量发展。

（三）推动科技助力乡村振兴必须坚持以"绿色食品"为质量发展方向

近年来，江西永丰蔬菜科技小院搜集永丰本土蔬菜种质资源 180 余份，通过进行品种提纯复壮、高效栽培研究、标准制定、品牌化建设、加工利用等，使培育的永丰辣椒、空心菜、淮山、扁萝卜、百合等本土品种成为全县蔬菜主栽和优势品种，7个特色产品入选全国名特优新农产品名录。江西永丰蔬菜科技小院坚持以"绿色食品"为质量发展方向，推动打造粤港澳大湾区"菜篮子"生产基地10个、省级现代农业全产业链标准化基地2个，有效扩大了永丰蔬菜的影响力。同时，开展"头雁引航雏鹰振飞"行动，引导永叔府、绿百合、维莱营健等农业龙头企业开展辣椒、扁萝卜、百合等特色蔬菜深加工，开发百合桃酥、果蔬汁等多个新蔬菜产品，进一步提升产品附加值。

（四）推动科技助力乡村振兴必须构建互联互通的产销网络

要充分发挥"互联网+"的优势，着力构建线上与线下相结合、产销精准对接的农产品出村进城机制。尽快完善信息共享机制，运用大数据加强对农产品市场需求及供给等形势的研判，强化产销对接信息引导，缓解产销对接过程中存在的信息不对称问题。建立县、乡、村三级农产品网络销售服务体系，积极开拓线上线下市场，畅通微循环，推动实现农产品产销精准对接、稳定衔接。

案例 14　红了产业　富了乡亲

——湖北红安以科技引领打造"1＋5"特色农业产业体系

案例概述

红安，原名黄安，位于湖北东北部、大别山南麓、鄂豫两省交界处。为了中国人民的自由和解放，红安人民在这块红色的土地上抛头颅，洒热血，牺牲了 14 万英雄儿女，诞生了董必武、李先念两位国家主席和陈锡联、韩先楚、秦基伟等 223 位将军，红安因此成为举世闻名的"中国第一将军县"。

在革命战争年代，贫苦的红安人民用他们唯一拿得出的主要粮食——红苕来迎、送解放军。"红安苕"和井冈山的"红米饭""南瓜汤"齐名，滋养了无数英雄儿女，铸就了"一要三不要"（要革命，不要钱、不要家、不要命）、"一图两不图"［图奉献（原为"图贡献"）、不图名、不图利］的红安精神。

红安县重点打造以红安苕产业为主导，以花生、茶叶、油茶、蔬菜、中药材为支撑的"1＋5"特色农业产业体系，大力推动品质提升、品牌创建，着力做大做强"红安苕"品牌。"红安苕"拿到了全国第一个甘薯类地理标志保护产品认证。红苕为喜温、耐旱、耐瘠薄的蔓生性草本植物，抗逆性强，适应性广，高产稳产，且营养丰富，用途广泛，在食用型、菜用型、饮料型、色素型、兼用型以及饲料加工型等方面都有着不错的发展前景。革命年代里，红安苕是革命苕、救命苕，乡村振兴中，红安苕是健康苕、致富苕。

红安县瑞沣种植养殖专业合作社位于杏花乡龙潭寺村，成立于 2015 年，先后流转土地 2000 多亩，是一家主要从事红安苕、食用菌种植及加工的综合性生态农业开发企业。由于长期种植，红薯存在品种退化，易染病毒害等问题，造成产量低下、形状不佳。通过多方调研与考察，加之近三年与华中农业大学合作，合作社对红安苕原始品种进行组培脱毒处理并多次试验，先后攻克红苕脱毒种苗繁育、双行高垄高产栽培、双薯和菜薯轮作、"一年两季"技术攻关等20余项高产高效技术，初步打造了红安苕良种培育、高效栽培、保鲜储藏、加工销售全链条产业科技示范园。红安县生产的红安苕、食用菌已取得绿色食品认证，为红安特色产业可持续发展提供了强大的智力支持和技术保障，红安县也先后获批创建红薯科技小院、湖北省星创天地、湖北省特色产业科普基地、湖北省乡村振兴科创基地，并建立专家工作站和科技特派员工作站。

合作社长期以来坚持服务"三农"，充分发挥基地的科普示范效应和技术优势，着重在农业人才培养、实用性科学研究和科技成果推广三个方面发力，创新与农户一起在发展中做研究和进行成果应用的科技创新思路，开拓了多元主体、多方联动、多措并举的社会服务新模式，创建了面向特色农业产业绿色发展的知农爱农新型人才培养新体系，并取得了较好成效。基地负责人姚峰荣获全国脱贫攻坚先进个人、湖北省优秀党务工作者、湖北省劳动模范、黄冈市"最美科技工作者"、"荆楚楷模·最美退役军人"等荣誉，瑞沣红薯科技小院被评为湖北省最美科技小院，其成功经验先后被中央电视台、中国科技报、湖北电视台等全国各大媒体广泛宣传推荐。

案例剖析

（一）科创转化，高位嫁接，切实推进科技创新与产业融合

一是克难题。针对红安苕因长期种植和无性繁殖而导致的产量降低和商品率低的问题，2020年，合作社引进华中农业大学蔡兴奎教授组建博士团队，为红安苕新品种、新技术试验示范及推广应用提供技术支撑，探索实施由企业出题、由高校出技术和出人才的合作模式。依托"红安苕脱毒中心"开展技术攻关，为红安苕开展"身份"登记，先后脱毒紫檀红等13

个甘薯品种，年繁育脱毒种苗达1亿株，从源头为红安特色产业发展提供优质种苗服务，实现了专业品种种苗批量生产。紫檀红、姜牌红、骑龙红等红安苕传统品种脱毒后，平均亩产5000多斤，较脱毒前产量翻番，商品薯率由原来的20%提升至70%以上。累计推广种植2.5万亩，平均每亩增产增收1000元，农民直接增收2500万元。

二是促转化。技术是确保企业长远发展的根基。科普基地先后引进及创新红苕高产高效技术20余项，开展了脱毒种苗繁育、平栽多节栽培、双行高垄高产栽培、双薯和菜薯轮作高效栽培等优高模式栽培技术的试验示范，成功推广双薯轮作（红薯和马铃薯）、薯菜轮作（红薯和蔬菜）以及"一年两季红薯"等技术。针对红安气候土壤特性，高效套种技术年亩产实现红苕平均增产16.8%，增效33.2%，增收21.3%，每亩收入达到1.5万元左右，提升了农民的收益。科普基地在武汉工程大学胡国元教授的指导下，一方面开展食用菌菌柄应用的技术实验研发，2023年底已进入中试阶段，已有厂家达成合作意向；一方面实验利用秸秆等进行食用菌种植，如香菇、大球盖菇、草菇等，并通过回收废弃菌棒、菌渣生产有机肥，以此改良土壤，提高土地的肥力和地力。

三是柔培育。2022年，华中农业大学二级教授、长江学者特聘教授匡汉晖在瑞沣成立专家工作站，为产业发展提供科技支撑。科普基地聘请了国家甘薯产业体系加工研究室首位科学家钮福祥教授为顾问，在蔡兴奎和夏军辉两位常驻教授指导下，科技小院累计入驻4名研究生，6名本科生，逐步形成政产学研用紧密结合的"科技小院"平台模式，推动高校人才资源优势向基层延伸，助力乡村振兴。

（二）科技赋能，高标服务，切实推进志愿服务与人才融合

一是党建引领。基地牵头4个村220多名党员成立了红安县杏花乡乡村振兴联合党委，针对农户需求进行不同形式的技术普及，为农民学习新技术提供组织保障。

二是志愿服务。组建一支由蔡兴奎、夏军辉等专家教授、科技小院学

生、省级科技特派员和各乡镇农业技术员组成的科技志愿者服务队，通过田间党校、夜间培训等形式，对生产过程中痛点、难点进行技术攻关、技术培训；对于没有时间参加线下培训的农户，通过红苕专题片、短视频、科普传单等形式，把技术送到农户的手上，实现了专家与农民零距离、科研与生产零距离、育人与用人零距离，打通了农业技术推广应用的"最后一公里"。

三是赋能培育。近年来，红安县瑞沣特色产业科普基地累计开展农业技术培训、技术交流、技术观摩120余场次，累计培训种植农户7200余人次，录制农业技术短视频12期，累计播放量达1.1万人次，线上直播惠及5万余人次。通过传帮带，培养红安"土专家""田秀才"21人，2名大专院校本科毕业生返乡在科技小院专业从事红苕种苗脱毒扩繁及技术推广工作。人才培育为乡村振兴扩充了优秀的后备人才，成功把实验室的研究成果转化成农民田间丰收的硕果，把课堂知识转变成助农增产的科技效能。

（三）创新创业，高效运行，切实推进产业链与三产融合

一是融链强链。为做大做强特色农业，向一二三产融合要效益，红安县不断打造特色品牌，建设农产品加工生产线，成立扶贫生产车间，让42名脱贫户进厂就业打工，同时收购村民滞销农产品，生产"瑞沣农福"注册商标品牌系列农产品20余种，年产值达到2000余万元，其中，香菇系列、红薯系列产品获得绿色产品认证，有效提升了产品质量、品牌影响力和市场竞争力。

二是推链延链。为拓宽农产品销售渠道，红安县开拓网上销售渠道，推动"瑞沣农福"系列农产品进驻832平台、公益中国、淘宝、抖音、拼多多、微信小程序等各大型电商平台，将传统的线下采购转变为高效的线上下单线下配送模式，打通产供销流通环节，形成"小农户"与"大市场"的精准对接，畅通销售渠道。2022年，全年销售额已达到1600万元。

延伸阅读

坚持以科技兴农为导向

用好小收益,惠及大民生。红安县瑞沣种植养殖专业合作社坚持致富不忘乡亲,聚焦"红安苕"品牌打造、技术攻关和产业带动,完善联农带农机制,形成"培育一个企业、壮大一个产业、致富一方乡亲"的新格局。2022年,红安县按照党组织建在产业链上、人才育在产业链上、党员干部聚在产业链上、群众富在产业链上的"四链"模式,依托合作社成立全县首个乡村振兴联合党委,先后流转龙潭寺周边村组土地共计2000余亩,统一种植、统一管理、统一销售,带动龙潭寺村及周边10个村集体平均增收10万元,推出红薯热干面、红薯刀削面、红薯蛋卷、红薯干、红薯片、红薯粉等产品,延伸产业链条,有效带动农户"家门口"就业,实现产业得发展、农户得实惠、集体得收入的"三赢"效果。昔日的"红军粮"变成了今朝的"致富果"。

建好小基地,赋能大前景。合作社坚持以科技兴农为导向,先后投资1300万元组建红安苕组培脱毒中心、全自动生产线和养菌大棚共20座,配套建设生态果蔬大棚、百亩油菜花海、红安苕种苗研学中心,深入开展"培育新青年,建功新农村"活动,先后引进华中农业大学蔡兴奎、匡汉晖教授团队,创办红安县红薯科技小院,成立专家工作站。入驻4名研究生,6名本科生,培养红安"土专家""田秀才"21人,完成高效栽培技术、红薯马铃薯双薯轮作等技术攻关10余项。先后脱毒紫檀红等13个甘薯品种,年繁育脱毒种苗达1亿株,经过脱毒培育后的红薯,不仅能增产30%以上,种植户每亩可增收2000元左右,实现了品种培优、品质提升,成功把实验室的研究成果转化成农民田间丰收的硕果,把课堂知识转变成助农增产的科技效能。为市场主体提供订单品种改良服务。根据不同种类红苕食品加工原材料需求,点对点地开展品种选育和种苗组培,先后培育龙薯9号、紫檀红等新品种13个,为红安苕全产业链发展提供优质原材料支撑。

案例启示

红安县将持续开展多种形式的科普活动和农业科学技术培训,请专家教授、专业技术人员实地教学,利用科学技术服务农业、培育新型职业农民建设新农村,真正让种植养殖户的操作技能得到提升,实现农业增产农民增收。

(一)加快基础设施建设,提升软、硬件设施

加快农业农村现代化、推动农业向现代特色农业迈进,是全面推进乡村振兴、实现共同富裕的必由之路。进一步加快基地基础设施建设进度,提升基地建设项目软、硬件设施,在特色产业化发展中将起到积极的带动作用。

(二)加大种植技术培训力度,加强种植技术和种苗推广

农民只有掌握了最新农业的种植技术,才能更好地进行农业生产。由于一些农民对新事物的接受能力比较差,加上一些地区的信息交流不通畅,导致农民不能及时接受新技术。此外,随着经济的发展,传统的农业发展模式已经不能适应时代的发展需要,这也制约了农业新技术推广的效率。因此,在实际工作中,新型农业种植技术推广工作并不简单,必须加大对农民的培训力度。比如,加强香菇种植技术和脱毒红薯种苗的推广,加大标准化种植技术的培训力度,侧重在红薯的种苗选育、栽种方法、田间管理等方面进行培训等。

(三)加强科普宣传、品牌推广和日常管理

充分利用各类科技场馆、科普基地等阵地,组织科技人员广泛开展科普展览、青少年科技教育等群众喜闻乐见的宣教活动,吸引群众普遍参与、亲身体验，在潜移默化中掌握科普知识。加强科普活动的示范推广、信息推广、品牌推广和日常管理。进一步加大科普宣传力度，坚持组织技术培训、技术讲座和现场指导，把基地打造成科普资讯中心，及时为农户解决生产生活中的技术性问题。

（四）加强一二三产融合，积极构建线上线下销售网络

合作社要加强一二三产融合，建设农产品加工生产线；成立扶贫车间，给脱贫户提供就业岗位；充分利用互联网，通过市场运作，整合社会资源，积极构建线上线下相结合的销售网络，真正做到为广大农民服务，让群众满意；充分发挥科普示范基地的示范引领作用。

（五）加强对特色产业科普基地建设的指导、监督，建立科普推广长效机制

将绿色产业和红色文化结合，发展农文旅项目，加强对特色产业科普基地建设的指导、监督，并制订科普与实践融合发展的中长期规划和年度计划，与大中小学联合开展产学研活动，建设民宿、爱心食堂等。建立"科普＋旅游""科普＋研学""科普＋美丽乡村建设""科普＋文明实践中心建设"的科普推广长效机制，有效提升农民的科普素质，增强农民科技致富的本领，助力实施乡村振兴战略。

案例 15　打造农业科技链党建

——山东聊城"杜立芝党代表工作室"助力乡村振兴

案例概述

习近平总书记在党的十九大报告中强调，要"培养造就一支懂农业、爱农村、爱农民的'三农'工作队伍"[①]。当前，全国各地大力实施乡村振兴战略，农村面临着缺人手、少人才、留不住人等问题。山东省聊城市高唐县以发挥党的十八大、十九大、二十大代表杜立芝的示范带动作用为着力点，以建设"杜立芝党代表工作室"为平台，以聚农业技术合力为抓手，以县、镇、村三级服务网络为支撑，打造形成了一支90余人的"力量植于农村、情感融于农民、智慧献于农业"的县、镇、村三级服务团队，建立起热线值班、现场咨询、下乡指导等制度，积极主动联系服务群众，形成了为农服务的长效机制。

杜立芝，女，1964年出生，中共党员，现任聊城市高唐县农业农村局主任科员，高级农艺师，高唐县"杜立芝党代表工作室"主要负责同志，山东省第十届党代表，党的十八大、十九大代表，全国十二大妇女代表大会代表。参加工作36年以来，杜立芝始终坚守在"三农"工作第一线，不忘初心，牢记使命，默默奉献，走遍了全县621个行政村，每年接听热线电话6000余个，撰写技术日记380余万字，培训农民达5000余人次，帮助百姓解决技术难题2万余个，为百姓挽回经济损失2000余万元，增加经济效益4000余万元，累计为种植户引进国内先进的种植管理技术50多项，发表科普论文30余篇，其中，自主研发的"大拱棚高效栽培模式"获得聊城市科学技术成果三等奖。杜立芝先后荣获山东省政府三等功一次、二等

[①] 习近平：《决胜全面建成小康社会 夺取新时代中国特色社会主义伟大胜利——在中国共产党第十九次全国代表大会上的报告》，人民出版社2017年版，第32页。

功一次，先后被评为全国农技推广先进个人、全国"最美基层干部"、全国三八红旗手、全国妇女创先争优先进个人，山东省"富民兴鲁"劳动奖章获得者、山东省优秀共产党员、山东省榜样人物、山东省"最美奋斗者"。

"杜立芝党代表工作室"先后被评为"全国巾帼文明岗"、山东省三八红旗集体、山东省抗击台风抢险救灾先进集体、山东省"抗疫榜样"基层党组织。2020年，时任省委书记刘家义调研工作室，对工作室的经验做法给予充分肯定，省委组织部、市委组织部以文件形式将其在全省、全市进行推广。2021年，"杜立芝党代表工作室"的经验做法得到了山东省人民办公厅的表扬通报，被编入《山东省组织工作教学案例》。

案例剖析

（一）建场所，打造团队为民服务"主平台"

为发挥党的十八大、十九大、二十大代表、农技专家杜立芝的示范带动作用，高唐县于2018年建立了"杜立芝党代表工作室"，工作室占地300平方米，场所虽不大，但便民、实用；配置虽不全，但专业、到位。工作室设置有现场咨询室、热线电话接听室、科普阅览室、检验检测室、培训室、现场教学区等功能科室，以丰富翔实的图文、视频资料为群众提供全方位的农业科技服务，是现代化的"庄稼医院"和农业科普教育阵地，为团队为民服务建立了固定的"家"。工作室实施农业科技精准志愿服务项目，建立了服务热线、专家课堂、网格化管理、面对面传授等一系列精准服务机制，同时派出700余名服务志愿者及时解决群众在农业生产中遇到的各类难题。

（二）选人才，打造团队为民服务"智囊团"

为解决以往单个技术人员精力有限、技术单一、服务不全的问题，高唐县从县农口部门中级职称以上人员、镇（街）农技人员中筛选出政治素质高、技术过硬、服务意识强的90多名人员，组建了以农技专家杜立芝为首席专家的农业科技服务团队，涉及水产、林果、蔬菜、中草药等专业。团队成员以"力量置于农村、情感融于农民、智慧献于农业"为己任，奔赴田间地头，为群众提供农业技术服务。为了提高团队成员服务农业生产的能力和水平，不断加强其学习农业新技术的主动性，提升团队成员的业务素养水平，服务团队每月召开团队例会，开展实践知识大比武，观摩团队帮包种植基地，进行现场观摩培训。2022年春季推广的晚茬小麦镇压技术，每亩增产80～100斤，增产效果明显。另外，服务团队跟踪推广的花生（大豆）、玉米带状种植模式、地膜覆盖技术等，也促进了粮食丰产丰收。2022年，粮食总产13.4亿斤，实现了二十连丰。

（三）建网络，打造团队为民服务"主阵地"

通过党建引领、组建团队、延伸触角等措施，高唐县逐步构建起横到边、纵到底的服务网。高唐县在各镇（街）设立杜立芝党代表工作站，在各村建立村级联络点，构建起"县建室—镇建站—村建点"的三级服务网络。三级服务网络的建设，将服务的触角延伸到田间地头，实现了为民服务的"零距离"。截至2023年12月，全县共建有县级工作室1处，镇（街）工作站18处，设立村级联络点746处，1000余名三级网络服务人员带动培养"土专家""田秀才"6200余人，为乡村振兴提供了技术力量，确保了全方位、立体化服务。按照县建室、镇建站、村建点的布局要求，高唐县完善县、镇、村三级服务网络，实现技术服务全覆盖、为人民服务零距离。县级"杜立芝党代表工作室"以服务全县所有农民群众，特别是以服务社会化服务组织为目标，提供全方位服务；镇级党代表工作站负责本镇范围内的农业技术指导，同时培训村级"土专家""田秀才"；村级联络点主要以村里的党代表、支部书记现场服务群众为主要工作方式。三级服务联动，有效推动了高唐县特色富民产业的发展，真正实现了绿色发展、高质高效。

（四）重管理，打造团队为民服务"四季风"

为加强队伍管理，以杜立芝为首席专家的农业科技服务团队建立热线值班、现场咨询制度，近 100 名技术人员轮流值班，随时解答百姓疑难。建立下乡服务制度，实行团队成员分包产业负责制。根据群众需求，团队成员帮包镇（街），及时下乡进行技术指导，团队技术骨干"揭榜挂帅"，帮包 32 个党支部领办合作社产业基地，从技术、政策、销售等不同方面提供专业化、精细化帮包服务。建立培训制度，每月对团队成员开展一次集中培训，定期派人赴高校学习先进技术、先进经验，并邀请高校专家教授来高唐进行现场培训。通过专家讲解、成员交流，提高了团队成员的服务能力，形成了为民服务的长效机制，使服务不再是"一阵风"，而成为全年不停的"四季风"。工作室主动对接高等院校，与其建立合作关系，学习高等院校在智慧农业、数字农业等方面的先进经验；高等院校在优质专用小麦产业链发展、乡村特色产业发展、"吨半粮"示范县创建、高标准农田建设、锦鲤养殖等方面对工作室给予重点技术指导，同时提供先进的品种、技术以及适应新的种植模式的农业机械装备，比如水肥一体化（滴灌、喷灌等），适应大豆和玉米带状种植的播种机、收割机、自走式喷雾机、机械化移苗机以及智能化的农业机械等。截至 2023 年底，"杜立芝党代表工作室"推广农业新技术 60 多项，服务农户 10 万余户，指导农业生产基地 30 万亩，挽回经济损失 7000 余万元，为农民增收 9000 余万元，助推锦鲤产业实现产值 9 亿元，助推"高唐栝楼"获国家地理标志认证，形成 1 万余亩的规模化种植基地，亩均增收 1000 余元。

（五）强服务，打造团队为民服务"直通车"

"杜立芝党代表工作室"的团队成员以群众反映问题、工作室收集问题为导向，通过"线上＋线下"的服务方式全力帮助百姓解决技术难题。"线上"服务包括设立 24 小时服务热线（0635—3612316），开通"村村通"大喇叭，联合高唐县融媒体中心根据农时录制《专家播报》栏目，开设抖音、微信官方账号。目前《专家播报》栏目已累计录制 302 期，通过新媒体账号共发布视频 371 个，传播覆盖面达 266 万余人次；"线下"服务包括在田间地头、蔬菜大棚进行手把手指导，召开镇、村级现场培训会，赶科技大集、发放技术明白纸等。通过"线上＋线下"的服务方式，工作室为农户提供 24 小时全时空、全方位的技术指导服务，实现了技术服务全覆盖、为民服务零距离。通过服务热线、微信群、《专家播报》、抖音视频、赶科技大集、村级"马扎课堂"培训、面对面现场指导等多种服务方式，工作室服务团队为群众解决技术难题 3 万余个，开展各级培训 700 余次，现场指导近万人次，推广各项农业新技术 60 多项次，引进农作物新品种 40 多个，发放明白纸 40 余万份，帮包 32 个党支部领办合作社，指导家庭农场、种粮大户 100 余个，推广新型种植模式 7 个，增加经济效益 7000 多万元，得到全县老百姓的一致好评。2022 年，清平镇花生、玉米带状种植达到 2000 多亩，主要推广模式是三行玉米、六行花生。花生采用膜下滴灌，主要推广起垄覆膜单粒播种技术。玉米也使用滴灌水肥一体化，重点推广播后苗前除草种肥同播技术等。经山东省农科院专业团队亲自测产，花生每亩收获 179 公斤，玉米每亩收获 580 公斤；此外，花生秧和玉米秸秆按一定比例混收也是优质饲料，这样又增加了一部分收入，与单纯种玉米相比，每亩增加收入 800～1000 元，这种种植方式还减少了氮肥投入，保护了耕地。

延伸阅读

打造党群沟通服务"主平台"

2017 年 11 月，"杜立芝党代表工作室"开始筹建。12 月，成立工作室建设推进工作领导小组，出台了《中共高唐县委办公室印发〈关于推进"杜立芝党代表工作室"建设的实施方案〉的通知》。

2018 年 1 月，按照筹建与运行同步的思路，高唐县从县农口部门高级职称以上人员、乡镇农技人员中进行筛选，选出政治素质高、技术过硬、服务意识强的40多名人员，组建了杜立芝党代表工作室县级农业科技服务团队。

2018年11月，"杜立芝党代表工作室"正式揭牌运行，重点围绕"建议直通、意见直言、服务直达、党建直抓"，打造党群沟通服务的"主平台"。

2019年5月，为进一步扩大服务覆盖面，高唐县在各镇（街）建设了杜立芝党代表工作站，在各村建立了村级联络点，将服务触角延伸到田间地头、百姓身边，构建了"县建室—镇建站—村建点"的三级服务网络。

2020年1月1日，省委原书记刘家义对工作室做法给予了肯定。《山东组工信息》（2020年第一期）刊登文章《高唐县设立"杜立芝党代表工作室"探索党代表履职常态化》。

2020年1月，高唐县出台《中共高唐县委关于充分发挥"两代表一委员"作用密切联系服务群众、助推高唐发展的指导意见》，坚持党委统筹，融合"两代表一委员"，因地制宜，对现有工作室（站）规范提升，合理组建"两代表一委员"工作室（站），整合资源、发挥合力。

2020年3月，聊城市出台《中共聊城市委办公室印发〈关于推广建立党代表工作室搭建为民服务新载体的指导意见〉的通知》，推广"杜立芝党代表工作室"的典型做法。

2020年8月25日，省委原书记刘家义在《今日信息》上就探索发挥工作室作用签批意见。10月22日，省委组织部印发《关于在全省探索建立党代表工作室的指导意见》，在全省以文件形式推广"杜立芝党代表工作室"的典型做法。

2022年，"杜立芝党代表工作室"为民服务经验做法获时任山东省委书记李干杰批示肯定。

案例启示

"杜立芝党代表工作室"围绕农业发展，锻造出一支高素质的农业科技服务队伍，为乡村产业振兴提供了强有力的农业科技人才保障，带给我们以下重要启示：

第一，选好团队带头人。优秀的团队带头人是科技服务团队的核心，更是科技服务团队建设成功的关键。"杜立芝党代表工作室"以党的十八大、十九大、二十大代表、农技专家杜立芝作为团队带头人，带领团队成员团结协作、刻苦攻关，在农业战线上创造出显著的成绩。

第二，搭建平台做支撑。在县建立杜立芝党代表工作室，在镇（街）建立工作站，在村建设工作站点，形成了以"杜立芝党代表工作室"为坐标原点，以镇（街）为服务节点，以村（居）为联络端点的服务框架，实现了服务全覆盖。

第三，"导师制"帮带培养业务骨干。工作室以杜立芝、研究员王洪峰为首席农业专家，探索"导师制"帮带培养机制，优先选择信念坚定、能吃苦、有能力的业务骨干为帮带对象，确定示范项目实践练，明确任务规范做，以身作则示范引，典型培树辐射推，缩短业务骨干的成长周期。

第四，"传帮带"培育新型职业农民。实施新型职业农民培育、职业经理人培育等工程，把田间地头作为乡土人才培训"主课堂"，把高新技术、新品种应用作为培训"主教材"，在开展服务的过程中壮大乡土人才队伍。通过外出学习、邀请授课、现场授课等方式，强化乡土人才队伍的素质，实现理论知识和实践应用的紧密衔接。通过在一线培训人、培训一线的人、开展常态化培训，使每个村至少有三名以上的"土专家""田秀才"，将"杜立芝党代表工作室"打造成"土专家"、"田秀才"、新农人的人才孵化基地。

第五，技术人才既要"引进来"，也要"走出去"。筑巢引凤，在工作室搭建返乡创业基地，吸引能人回村、乡贤回归，为返乡创业的农技人才提供创业帮扶、技能培训等优惠措施。通过走出去到高等学府进行培训提升、邀请国家省知名专家进行专题培训、与聊城市乡村实用人才培训学院建立合作关系等多举措，精准培育"土专家"、"田秀才"、新农人。

案例16　着力构建"1＋2＋3"数字乡村服务体系

——中国光大银行以科技创新助力乡村振兴

案例概述

中国光大集团坚持金融工作的政治性、人民性，认真贯彻落实中央金融工作会议和2023年中央一号文件精神，发挥旗下光大银行金融服务业务优势，按照中央网信办等五部门联合印发的《2023年数字乡村发展工作要点》，积极做好科技金融、绿色金融、普惠金融、养老金融、数字金融五篇大文章，将光大所能与乡村发展的需求和痛点相结合，为县域乡村居民提供高效便捷的普惠金融服务和数字乡村服务。光大银行积极构建"1＋2＋3"数字乡村服务体系，即以"服务'三农'，科技赋能助力乡村振兴"为主旨，以推动乡村"便民惠民＋产业发展"为双轮驱动，通过"光大云缴费""光大购精彩""光大智慧乡村"三大平台，开展金融帮扶、消费帮扶、产业帮扶、数智帮扶等，提升数字金融服务乡村振兴的深度和广度。

"光大云缴费"深耕便民缴费产业，整合国内各类缴费项目、缴费渠道与支付结算功能，推进缴费服务向县域、乡村纵深拓展。打造"社保云缴费"专属小程序，解决县域乡村居民医疗、养老保险缴费问题，拓展与各级各地政府平台连接，推进各类政务缴费多元畅达，与各类乡村服务机构开展合作，使数字化便民服务惠及更多人民群众。2020年，光大银行荣获中国人民银行科技发展奖一等奖、中国银行业最佳社会责任实践案例奖等。"光大购精彩"积极发挥电商平台优势，提供"三免"（即免服务费、免佣金、免推广费）优惠政策，将乡村地区的特色农产品上线到平台，并通过新媒体进行传播，同时向涉农企业提供生产经营销售全流程服务，激发企业的内在动力，帮助29个省215个县扩大农产品销售规模、创收稳收、带动产业发展。2021年，光大银行入选"第三届中国优秀扶贫案例"；

2023 年，再次入选"'乡村振兴在行动'全国创新案例"等。"光大智慧乡村"平台围绕乡村生产经营场景及日常生活场景，整合引入光大集团乡村振兴优势产品，打造数字乡村生态场景综合服务平台，一站式满足乡村地区关于提升产业发展、金融服务进乡、促进城乡交流、便捷村民管理等方面的诉求。

通过多年的实践探索，光大银行走出了一条数字与便民、网络与产业、智慧与农业互促共进的发展道路，以科技创新的"活水"浇灌乡村发展，体现了国有金融企业的担当和使命，是用新金融行动落实新发展理念的生动写照，也为其他机构助力乡村振兴提供了经验借鉴。

案例剖析

（一）科技创新赋能便民缴费服务，打造开放平台，塑造"云上乡村"

青海省黄南藏族自治州泽库县平均海拔 3700 米，是最纯正的藏区之一。每年 6 月到 7 月，高原草场开始返青，牧民们赶着牛羊来到牧场。每年的城乡居民医保和养老保险缴纳工作，也从这个时节开始。往年此时，牧民需要骑摩托车去镇里办理缴费业务，往返奔波不便。自 2022 年起，"光大云缴费"服务推广到了泽库县，当地牧民们可通过多种渠道在线缴纳社保、医保。足不出户的社保线上缴费方式让牧民们感受到了数字服务带来的便捷，有效地扩大了便民服务的范围与规模，对提升社会保险公共服务水平具有重要意义。

这是"光大云缴费"服务县域乡村的一个缩影。依托线上线下渠道优势和专业金融科技服务能力，"光大云缴费"不断加大在县、乡及以下地区推广开放式缴费服务的力度，推动城乡公共服务便利化，通过构建开放化、数字化、智能化的便民金融科技服务生态体系，使服务触达居民生活、企业生产和政务服务等民之所盼的方方面面。

（二）数字赋能加强生态输出，银政企同携手，共建"数字乡村"

数字乡村、数字政府是数字中国建设的重要组成部分。近年来，光大银行积极助力发展高效协同的数字政务，通过数字赋能，加快推进政务服务"掌上办""一次办"，让数据多跑路，群众少跑腿。光大银行通过云缴费业务，将乡村振兴服务融入各级各地政府，通过与各级各地官方政务平台连接，助力政府提升普惠性、基础性服务能力，深入推进财政非税、社保、交通等各类政务缴费多元畅达，完成地方财政非税代收服务、全国个人社保代收服务多省级地区覆盖，主动融入一体化政务服务平台建设。

其中，"社保云缴费"专属微信服务小程序，以小、快、灵为特色，帮助县域乡村居民突破时间空间限制，实现城乡居民医疗保险和养老保险费用的线上自主缴纳，大幅提升了缴费效率和使用体验。为更好地服务藏区群众，2023年，光大银行和青海省税务局合作，在青海省推出藏语版社保云缴费服务小程序，后续将扩展至甘肃、西藏等藏族用户集中的省区，线上化率的极大提高为当地群众提供了便利和保障。目前，"光大云缴费"服务已输出至国家政务服务平台和各省、市级政务服务平台80余家；"社保云缴费"服务覆盖全国30个省（自治区、直辖市），累计服务用户2.2亿人。

（三）数字运营赋能农村电子商务，推动农产品上行，建设"精彩乡村"

作为光大银行自营消费场景平台和助农帮扶平台，2016年起，"光大购精彩"积极开展电商帮扶工作。围绕农特产品产销对接、农村消费升级、商城入驻政策和营销支持，光大银行向乡村地区推行电商合作"三免"优惠政策；同时补贴营销费用开展各类营销活动，帮助乡村企业纾困解难、提升销量，如"光大丰收购物节""消费帮扶 金秋行动""只此青绿 明前新茶"等。

在帮助更多助农商品上线平台的基础上，"光大购精彩"不断创新推广模式，通过打造助农专馆、举办展销会、开展直播带货、联合外部机构开展联合帮扶等举措，提升消费帮扶力度。2020年初，光大银行创新开展助农直播活动，成为金融业首批开展助农直播的企业之一。为了帮助企业减轻经营负担，减免在外部互联网直播平台上的高昂费用，光大银行建设了自有的"光银直播"平台，光大员工、挂职干部纷纷上阵当主播。近年来，光大银行组织开展了数十场"乡村振兴光银行"系列助农直播活动，以流量促销量，带动农产品销售。截至2023年10月末，"光大购精彩"共帮助包括光大集团定点帮扶县在内的29个省215个县的264家乡村企业上线1256款农产品，累计销售农产品258万件，销售额1.7亿元。

（四）产业数字化赋能乡村企业发展，夯实产业基础，构建"共富乡村"

为打通农产品从地头出来的"最初一公里"和到消费者手上的"最后一公里"，将原来的"输血"帮扶转变为"造血"帮扶，光大银行通过"光大购精彩"持续帮助乡村企业提升内生发展动力，主动适应市场，形成市场化运营模式。

在企业日常经营方面，"光大购精彩"从包装设计、品牌打造、营销宣传、物流发货、售后跟踪等方面提供全流程服务。为帮助乡村企业培养电商人才，光大银行组织开展了近百场电商及新媒体专题培训，通过线上视频的方式重点向助农商户培训商品上线、电商运营、后台操作、微信及短视频推广、风险防范等内容，助力乡村企业进行数字化转型。

在特色品牌打造方面，"光大购精彩"推出"发县精彩"系列活动以推广各县特色产品，如"沿着茶马古道 探寻美食特产""飞入白鹤之乡 遍尝五谷芬芳""干果的天花板就在这座南疆县城"等。协助各县塑造"一县一品"农产品特色品牌，帮扶并树立"新田米大姐""湘西古丈茶""十堰橄榄油""云南鲜花饼""甘肃羊肚菌""新疆巴旦木"等助农帮扶典型案例和品牌，带动当地电商产业、茶产业、富硒产业、干果产业、养殖业等多产业上下游协同发展，助力乡村经济发展。

（五）科技赋能深耕乡村治理，搭建"金融+生活"综合服务体系，打造"智慧乡村"

为顺应数字乡村和智慧农业的发展趋势，提升乡村治理数字化水平和村民生活幸福感，光大银行整合集团产融资源优势和银行科技优势，建设上线"光大智慧乡村"平台，打造融合内外生态场景、聚合多元化服务的数字乡村生态场景综合服务平台。围绕乡村生产经营场景及日常生活场景，平台目前可提供乡村便民缴费（解决乡村地区缴费难题）、农村电子商务（解决农产品销售找路子难题）、普惠金融服务（满足涉农企业贷款服务需求）、乡村振兴信用卡（满足乡村下沉市场信用卡办卡需求）、线上远程医疗（帮助解决村民看病难、买药难问题）、时时农业资讯（满足乡村地区农业信息需求）等多类型专项服务。推广过程中，光大银行更加深入地了解了基层的实际需求，收集村民反馈，未来将进一步扩展"光大智慧乡村"平台建设，如增加智慧政务村务、招商引资信息撮合、人才引进劳务输出双向交流、村民积分兑换、乡村特色旅游等数字乡村服务，聚焦民生服务痛点，解决乡村发展难点，契合县乡政府关注点。

延伸阅读

整合资源，多措并举，光大集团全力助力乡村振兴

中国光大集团定点帮扶湖南省新化、新田、古丈三个县以来，把综合金融、特色实业优势与帮扶县资源禀赋结合起来，打出"产业+金融+民生+党建"帮扶组合拳。从 2017 年中央单位定点帮扶工作成效考核以来，光大集团连续六年被评为"好"等次。2021 年 2 月，集团扶贫工作办公室、驻新化县帮扶工作队被授予"全国脱贫攻坚先进集体"荣誉称号。在巩固拓展脱贫攻坚成果、接续推进乡村振兴的新阶段，光大集团抢抓乡村振兴战略历史机遇，积极探索既商业可持续又赋能乡村振兴的光大业务模式。

光大集团整合自身资源，压实各企业帮扶责任，多措并举，落实有力，组织开展了一系列真帮实扶行动。通过深入定点帮扶地区调研，因地制宜协助当地制订帮扶方案，帮助建设了光大环境垃圾焚烧发电厂、中青旅山水酒店等一批"大件儿"；推动银行在帮扶县建设分支网点，实现光大金融服务全覆盖，助力定点帮扶地区小微企业发展；在帮扶县援建204个乡村远程医疗点，搭建乡村远程医疗服务系统，缓解因病致贫、因病返贫难题。光大在定点帮扶县援建的乡村远程诊疗项目先后获评国家卫健委"互联网＋医疗健康"创新应用十佳案例、"我为群众办实事民生示范工程"案例。

2023年，光大集团统筹各直管企业认真贯彻落实中央定点帮扶工作部署，多措并举加大资源投入，支持服务湖南新化、新田、古丈三个定点帮扶县巩固拓展脱贫攻坚成果。其中，公益捐赠合计2594.45万元，消费帮扶特色农产品4137万元。光大集团相关企业积极拓展属地业务，其中，光大银行贷款投放2.94亿元；光大环境新增投入2587万元建设新化垃圾发电项目配套填埋场；中青旅帮助引入产业资金1070万元，为景区策划引流2.5万余人次。公益帮扶方面，光大证券持续实施"保险＋期货"公益项目，保额合计1553万元；光大信托在新化县开展人工耳蜗及助听器适配项目，捐资80万元救助患者157人次；光大保险通过"光大E健康"平台为三县村医和村民提供防疫培训。

案例启示

（一）党建引领，以战略发展方法论推动乡村振兴工作落地部署

作为金融央企，光大集团坚定践行为民服务的目标宗旨，把乡村振兴工作纳入集团战略规划中，引导广大党员干部把关注点投向乡村，把发展重点关联乡村，把产品服务惠及乡村，发挥金融和实业特色优势，努力为推动乡村振兴、促进共同富裕做出更大贡献。光大银行积极响应国家乡村振兴战略和集团部署，从农民、农业、农村三大服务层面和科技、平台、产品、推广四个维度，规划了数字乡村工作的行动路径和重点领域。构建了"1＋2＋3"数字乡村服务体系，助力乡村振兴工作明晰功能定位、找准研究领域、厘清发展方向、创新平台模式、加快推进转化。

（二）科技赋能，以金融科技打出特色牌，夯实乡村振兴发展基础

科技是农业发展的重要驱动力，乡村振兴离不开科技赋能支撑，而金融科技力量的不断投入也是支撑"1＋2＋3"体系建设的基础。光大银行坚持从互联网思维出发，创新开放理念，构建起敏捷的响应机制和灵活的运营模式，通过自主研发平台深化科技应用，为乡村振兴插上科技的翅膀。平台围绕便民缴费、居民生活等重点民生领域，构建缴费开放平台、收费托管平台、移动应用平台，实现金融级数据库的分布式集群部署，不断拓展产品和优化服务，为各渠道合作伙伴提供强有力的系统保障；同时秉承开放心态，持续输出自身的服务和技术，提升公共服务的信息化水平，为更广泛的人民群众提供领先的数字化便捷服务。"光大购精彩"围绕特色农产品出村进城、企业生产经营销售流程，采用"前店后厂"的销售及运营模式，搭建了分布式微服务架构集群，通过使用轻量级平台服务实现多元化渠道布放，利用矩阵式流量帮助企业拓展销售渠道，提高特色农产品的销售数量、品牌声量。

（三）创新驱动，以开放理念激发乡村发展内生动力

伴随着工业化和城镇化进程，多年来，社会资源、人口等经济发展要素不断向城市聚集，乡村发展内生动力减弱，而内生动力的培养是乡村振兴的关键。光大银行坚持以人民为中心的发展理念，贯彻"乡村建设是为农民而建，必须真正把好事办好、把实事办实"。"光大云缴费"通过稳定高效地把缴费项目、支付渠道、收费系统有机联动，打破了以往金融服务中普遍存在的信息孤岛，盘活了整体服务市场，最终实现了行业上下游的

信息共享、服务共享、资源共享，从而大大降低了各方运营成本，全面提升了便民服务的效率和水平。"光大购精彩"全方位帮助乡村企业出谋划策，为企业提供日常生产经营销售的咨询服务，组织开展"助农触网"系列电商及新媒体培训，通过"电商＋融资"为乡村企业解决供应链融资难题，推进乡村地区传统农业在"生产→经营→销售→再生产"过程中的数字化转型，形成内生发展与外源发展相联动的发展格局。

案例17 为蔬菜产业插上腾飞"翅膀"

——湖南娄底桥头河镇以科技创新助力乡村振兴

案例概述

我国是人口大国,人多地少的矛盾一直是我国现代化进程中一个带有全局性、战略性的重大问题。中低产田土壤质量提升与农田安全利用不仅是缓解我国人地矛盾的重要措施,也是实现土地资源可持续利用和乡村振兴的有效途径。针对中低产农田低种植、低产量、低收入的"三低"问题,湖南省娄底市以绿色、靶向、精准为核心,从微生物菌肥与生物碳复合体的角度来净化土壤,提升土壤质量。

娄底市涟源市桥头河镇是湖南省(蔬菜)特色小镇、国家级农业产业示范强镇。涟源市四季分明,以桥头河镇为区域中心的周边五个乡镇自然条件优越,土壤肥沃,水质优良,所产蔬菜鲜嫩多汁,富含硒元素。该区域的蔬菜种植历史已有300多年,以桥头河萝卜为代表的蔬菜享誉省内外,当地流传"桥头河萝卜不放油,筷子夹起两头流"。1995年,桥头河镇被评为"湖南省十大蔬菜基地",2002年被评为"放心菜生产示范区",2004年被评为"万亩无公害蔬菜基地"。桥头河蔬菜基地被评为"中国优秀蔬菜生产商"、国家级蔬菜标准示范园,还先后获得省级现代农业产业园、省级蔬菜特色产业园、省绿色食品示范基地、省种植业精细化生产示范基地等40余项荣誉。目前,桥头河蔬菜品牌是湖南省著名商标、湖南省"一县一特"优秀农产品品牌,"桥头河萝卜"还通过国家地理标志证明商标认定。

桥头河镇依托科研团队,围绕四方面进行重点研发:第一,进行微生物菌肥的研发。针对中低产农田的土壤性质,科研团队以土壤减肥增效为作用途径,精准筛选具有降低重金属形态和提升土壤质量的功能微生物菌种,并对其进行优化组合形成功能菌群(降解重金属菌群、保肥增效菌群和植物促生菌群）。第二，进行生物碳复合体的研发。科研团队以农业废弃物等为主要原材料，开展生物碳复合体等关键技术和产品的研发。第三，微生物菌肥和生物碳复合体的优化集成。通过比较分析功能菌剂和生物碳复合体的投放量、投放时期等对土壤质量的提升效果、对作物的促生作用及作物累积农田重金属的程度等的影响，开发集成高效颗粒微生物菌剂和生物碳复合体关键技术。第四，为桥头河蔬菜基地规划升级提供技术支持，立足桥头河蔬菜基地的产业特色，促进蔬菜基地创建行业品牌。基地以发展生态、绿色、环保农业为目标，秉承桥头河百年蔬菜种植的历史传统，利用桥头河优质的富硒土壤、优良的气候环境、优越的区位条件，大力发展无公害蔬菜。基地共种植30个富硒蔬菜品种，其中11个品种通过无公害农产品认证，8个品种通过中国绿色食品认证。积极创建蔬菜品牌，"肖老爷""桥头河""水源村"三个商标被评定为湖南省著名商标。

案例剖析

（一）围绕农业产业发展，打造科技服务团队

桥头河镇现有专业种菜村15个，专业菜地27930亩，示范基地3500亩，高标准育苗中心10000平方米，蔬菜大棚110个；核心产区年产各类时令蔬菜6万吨，主要品种有萝卜、白菜、辣椒、豆角、花菜、四季豆、茄子等20余个，有肖老爷食品、桥头河合作社、邬辣妈农业、丰乐园农业等17家规模企业和基地集聚成群。近年来，地方各级党委政府以蔬菜立镇，将蔬菜产业融合发展作为推进区域乡村振兴战略的主导产业来抓。

围绕地方农业产业发展需求，湖南人文科技学院联合相关龙头企业，组建土壤修复及蔬菜高效栽培科技创新团队，团队获得湖南省教育厅科技创新团队立项，成员承担国家自然科学基金面上项目2项、青年基金2项，湖南省重点研发项目2项，团队成员均具有博士学位，其中，芙蓉学者1人，121创新人才培养工程第三层次人才1人。

（二）依托重点项目，开展科技攻关

科技创新团队结合主持的湖南省重点研发项目《基于微生物菌肥与生物碳复合体提升矿区中低产农田土壤质量的研究与应用》《南瓜优基因资源创制及育种技术研究与应用》，湖南省高新技术产业科技创新引领计划《农业水土环境重金属削减与安全生产关键技术集成及应用》等项目，精准筛选具有降低重金属形态和提升土壤质量的功能微生物菌种，进行优化组合形成功能菌群；优化集成中低产农田土壤重金属消减和土壤质量提升技术体系，并开展大面积示范。

（三）聚焦成果应用，助力产业发展

桥头河镇筛选出具有重金属低积累的作物品种15个，筛选出具有提升土壤质量的微生物40余株，在矿山与农田高效修复及综合治理的研发、农田重金属削减与安全生产关键技术集成及应用、基于微生物菌肥与生物碳复合体提升矿区中低产农田土壤质量的研究与示范等方面取得了较好的成绩。技术和产品可以大幅提升土壤质量，增加作物产量5%～10%，技术方面操作简单，仅需直接将产品加入农田即可，无须其他环节。通过大田实验和试验示范基地建设，有效推动了地方经济发展，提高了农民收入，助力了乡村振兴。

桥头河镇围绕蔬菜小镇蔬菜产业发展，开展产业扶贫，为企业发展献计献策。完善"公司＋基地＋农户"的种植模式，实行统一品种、统一购销、统一标准、统一检测、统一标识、统一销售的"六统一"生产经营管理模式，建立农超对接、蔬菜配送、直销设点、合作供港4条销售渠道，消除周边农户种植蔬菜的后顾之忧。带动周边6个村的贫困农户发展蔬菜产业。团队服务的蔬菜基地每年支付当地群众土地租金270万元，季节性安排贫困劳动力就业200余人，年支付民工工资近400万元。

拓展产业业态，推进乡村旅游。在服务团队的智力支持下，蔬菜基地在大力发展蔬菜产业的同时，实施产镇融合，发展创意农业、休闲农业，拓展乡村旅游、蔬菜文化、现场体验等生态休闲旅游产业。服务团队同时为蔬菜基地设计品牌Logo，从设计方案到现场规划和种植进行全程跟踪服务，目前，一个集蔬菜观赏、乡村休闲、生态体验为一体的蔬菜公园已初具规模。

延伸阅读

科技赋能产业　融通创新发展
2023国家蔬菜科技与产业创新联盟大会在重庆铜梁举行[*]

2023年11月10日，"2023国家蔬菜科技与产业创新联盟大会"在重庆举行。大会以"科技赋能产业　融通创新发展"为主题，聚焦提升蔬菜产业整体创新水平，进一步发挥联盟职能，促进产学研融合发展，谋划蔬菜产业未来发展方向。

中国农业科学院蔬菜与花卉研究所所长张友军代表新一届理事会致辞，他表示，面对新形势、新要求和新挑战，要坚持问题导向，汇集产业链创新合力，围绕蔬菜领域全局性重大战略难题、区域性发展重大关键问题和现代蔬菜产业重大瓶颈问题开展协同创新，加强重大科学技术攻关，形成综合技术解决方案。建立资源共享机制，提高科技资源利用率和创新效率，推进企业的技术创新、产品创新和模式创新，实现优势互补、合作共赢。

中国农业科学院副院长曹永生强调，蔬菜产业是高效农业的典型代表，联盟要聚焦产业重大问题的解决，引导各种创新要素向企业集聚，为产业发展提供综合技术解决方案，实现蔬菜产业"一条龙"全链条发展。要着力运行机制的创新，明确联盟机制创新的本质，加强顶层设计，探索

---

[*]《科技赋能产业　融通创新发展　2023国家蔬菜科技与产业创新联盟大会在重庆铜梁举行》，新华网，http://www.xinhuanet.com/food/20231112/6b3d6c8d1f1c4513b575726a393e514c/c.html。

任务牵引、资源共享、激励相容等利于联盟发展的协同创新机制，完善定期磋商、开放合作、联合推广、利益共享等有利于工作推动的联盟运行机制。

在报告环节，中国工程院邹学校院士和喻景权院士分别做了题为"高口感品质鲜食辣椒产业的发展与未来趋势"和"我国蔬菜产业健康发展需要关注的问题"的大会报告。与会行业龙头企业分别围绕蔬菜种业、植保、机械化、信息化、加工、新零售等方面作了专题报告，全体联盟成员进行了深入的交流。

据悉，国家蔬菜科技与产业创新联盟成立于2017年，是国家农业科技创新联盟的重要组成部分，秉承创新、协调、绿色、开放、共享的新发展理念，集聚全国蔬菜科技和产业优势资源和力量，坚持以市场为导向、企业为主体、科研为支撑、产学研结合、繁育推一体化的建设方针，构建统一高效的科技协同创新机制，旨在实现创新驱动现代蔬菜科技与产业高质量发展的战略目标。

案例启示

第一，瞄准产业发展的难点是科技助力乡村振兴的关键。通过科技创新团队多年服务地方产业发展的经验和启示，桥头河镇瞄准农田安全利用中重金属含量安全控制的关键问题，依托科研攻关项目，针对问题开展研究，如此才能形成可以就地转化的科研成果。同时，围绕蔬菜小镇蔬菜产业融合发展，理清思路助力蔬菜产业升级，用科技力量为企业发展及当地农民致富护航。

第二，打造科技创新服务团队是科技助力乡村振兴的基础。人才是科技助力乡村振兴的基础，利用高校的人才聚集优势，通过"传帮带"，打造年龄与学历构成合理、理论与实践经验丰富的科技创新团队，面向地方农业产业发展的问题开展科技攻关及成果应用。科技助力乡村振兴，从农业产业中发现问题和解决问题，将论文写在大地上，将汗水洒在田野中，这样的农业科技创新团队才具有创新活力。

第三,对接产业需求是科技助力乡村振兴的核心。调研地方农业产业的需求,在开展难点科研课题攻关的基础上,开展农业产业技术集成研究与示范,打造"一镇一特"产业,更能够持续稳定地助力乡村振兴,通过科技护航使农民持续获益。

第四,覆盖农业产业链发展是科技助力乡村振兴的持续动力。重视农业产业链种植合作社、基地、农户各个环节的科技需求,为农业产业生产、销售、存储、加工全产业链提供科技支撑,从而提高地方农业特色产业的竞争力及抗市场风险能力,减少农业种植风险,为乡村农业产业振兴提供科技动力。

案例 18　便民惠民服务品牌"村口壹站"

——江苏村口科技有限公司助力乡村振兴

案例概述

江苏村口科技有限公司（以下简称村口科技）以"让农村生活更美好"为发展使命，围绕乡村振兴战略，在乡村打造建设综合村级服务站超5000家，辐射村民近千万人，形成村民家门口的便民惠民服务品牌——"村口壹站"，为村民提供包括普惠金融服务、零售电商服务、便民缴费、医疗健康、就业指导、保险服务等在内的多项普惠便民服务。

2021年，村口科技成功入选中国中小商业企业协会常务理事单位，并获得盐城市政府产业投资基金1500万元投资，成为一家国有资本参股企业。2022年，村口科技入围江苏省盐城市盐南高新区新增规模以上企业、数字经济企业名单。2023年，村口科技首次入库江苏省科技型中小企业，在乡村振兴服务的道路上迈入新征程。

（一）"1"个基本盘：普惠金融服务

村口科技结合当地政策和银行业务发展需求等，探索形成了"银行＋公司＋站点"三方合作、以结果为导向的健康可持续合作模式，与各大中型商业银行合作建设运营"农村普惠金融服务站"，为村民提供助农取款、现金汇款、转账汇款、贷款信息推荐等基础金融服务。

（二）"1"个增长极——农村特色零售业务

为满足农村消费升级需求，村口科技以"村口壹站"站点为依托，发展农村新零售业务，形成"4－4－2"的零售业务布局，即达人带货、品牌直播、私域团购、线下体验加批发站点4种模式，名酒、零食饮料、日用百货、3C小家电4大行业垂类供应链，助力地方特色需求和农产品上行的两大"村口好物甄选"业务。

(三)"N"个便民惠民服务小生态

村口科技整合各类合作资源,不断丰富站点服务内容,在普惠金融服务及零售业务的基础上,陆续落地系列便民服务,形成包括生活便民类增值服务、民生类增值服务、健康咨询类服务三大类服务。

(四)科技助力,赋能保障

村口科技尤为重视科技研发投入,现已累计投入千万级研发费用,自主研发并拥有"村口壹站"管理系统、"村口壹站"App软件、智能POS系统等多项软著及知识产权。值得一提的是,公司上线站点全生命周期管理、站点运维、风险管理、营销管理、达人管理、线上平台运营管理等多个系统,实现对站点运营的全流程数字化操作管理,为公司数字化高效运营提供了重要保障。

案例剖析

(一)主要做法

1. 提供高质量的普惠金融服务

在"村口壹站"站点提供普惠金融服务,是金融服务下沉乡村、破解金融服务群众"最后一公里"难题的关键,村口科技与银行通力合作,从以下几个方面入手,做好普惠金融服务站点建设:

第一,科学决策建站目标与规划。村口科技根据合作银行提供的总—分—支架构及与银行的合作情况,导入相关数据至合作机构管理系统及投入管理系统,综合评估距离、人力、设施等维度数据,利用数字科技算法使站点建设发展规划在金融服务覆盖面、服务质量、服务成本方面达到最优,并可以随着双方合作情况的调整进行动态优化。

第二，技术助推精准选址、择优选人。村口科技研发上线站点管理系统，由运营人员对村情村貌和站长情况进行调研，从该村人口、经济、交通、文化、综合特色五方面，以及候选站长个人基本信息、家庭综合情况、其他日常情况三方面分别进行系统评分，根据分数优选评分较高的村和人员进入建站审批环节。同时，经候选站长授权后，系统评分结果及相关信息同步给合作银行，合作银行做二次审核，严格把关。

第三，数字化高效运维。村口科技建立起了一套成熟的站点建设标准、站点成长标准、运营人员管理标准、培训及活动标准等标准运营体系，再把每个模块的标准转化成数字语言，设计开发出全套运营管理系统，与线下属地化运营团队配合，实现对每个站点的硬件标准化建设质量、站长带教、站点宣传、站点资产规模、站点服务客户数等维度的精准管理。在站点运营发展过程中，利用数字科学技术对业务流程进行优化，做到精准且高效，不断提升站点运维效率。

第四，O2O式风控管理。对于站点可能存在的操作风险、运营管理风险、持续经营风险、忠诚度风险和舆情声誉风险，村口科技具有一套完善的"联防联控"风控体系，含准入审核机制、规范考核机制、保险保障机制、站点巡查机制、退出置换机制、舆情管理应急预案机制等。这一系列风险防控机制均可在风控管理系统中实现线上高效追踪，线下快速响应。O2O式的风控管理体系全力保障业务健康可持续发展，使风险事件零发生。

2. 发展乡村私域新零售

为了能更好地服务村民，打破传统农村市场的时空限制，满足村民不断提升的品质生活需求，村口科技主要从以下几个方面入手，大力发展农村新零售：

第一，明确目标市场。首先对目标市场进行调研，了解乡村消费者的需求和购买习惯，以及当地的消费水平和市场竞争情况。在农村消费升级的背景下，帮助居民节约开支，买到物美价廉的商品，买到更有科技含量、更符合需求的新产品、新服务，避免不法"套路"、假冒伪劣产品等。

第二，建立私域流量池。通过社交媒体、微信群、小程序等渠道建立私域流量池；通过社群营销，吸引潜在客户，进行用户高质量转化，提高品牌曝光度和用户黏性。

第三，优化供应链。在全国性供应商的基础上与当地的供应商和生产商建立合作关系，优化供应链，降低成本，提高产品质量和配送效率。目前，村口科技已与农夫山泉、习酒、泸州等品牌确定合作关系。

第四，不断创新升级。为推动农村新零售业务的快速高效发展，公司通过开发营销管理系统、达人管理系统、零售供应链管理系统，搭建线上直播平台等，不断提升效率，更新产品和服务，满足消费者不断变化的需求，提高品牌的竞争力和市场占有率。

3. 打造多元化便民服务场景

随着"村口壹站"普惠金融服务及零售业务的发展，村口科技与村民的互动黏性逐步提升，服务及辐射的村民数也在不断增加。村口科技从以下几方面着手，促进站点服务升级，促进村民满意度提升：

第一，需求调研。"村口壹站"的站长秉承本村人服务本村人的宗旨，通过设计调研表、举办趣味交流会等，逐步明确村民的需求，确定需求类型。

第二，渠道开拓。村口科技组建专业的渠道开拓团队，一方面开拓服务品类多、覆盖面广的大型服务平台，另一方面挖掘站点所在地的本地服务商，与其确定可持续发展的商业合作模式，建立合作关系。

第三，技术对接。村口科技与渠道服务商在技术方面共同投入，在操作版本适老改造、可视化智能操作、产品/服务流程指导优化等方面进行定制化升级，使村民在使用时更加便捷。

第四，服务落地。村口科技联合渠道服务商，先对"村口壹站"站长进行培训，确保站长的专业度和熟练度；再与站长一起组织多样化的宣传体验活动，吸引带动村民来体验使用，完成服务闭环。

（二）取得的成效

随着"村口壹站"站点的不断发展，目前站点已分布 7 个省（直辖市)、24个地市、800多个乡镇,在5000多个行政村扎根,为上百万村民提供了普惠金融、新零售及各种便民服务。"村口壹站"服务先行,坚持以"让农村生活更美好"为发展使命,为乡村振兴添砖加瓦。

1. 促进农村就业,助力增收共富

"村口壹站"的5000多个站点,直接带来5000余个就业岗位;农村私域新零售业务合作农村达人近10000人,为村民提供特色商品品类超100个,帮助村民制作发布带货短视频超20000个,私域团购、直播等每月销量超过1000万元;引进专业的人力资源公司对村民提供职业技术培训、就业咨询服务,在站点发布招工信息,增强村民的职业技能,提升就业率;电商零售、各类多元综合服务也为物流配送、制造业等创造更多岗位……"村口壹站"平台在农村成功带动了上万人灵活就业,缓解农村就业压力,为农村经济发展注入了新的活力,助力村民增收共富。

2. 金融服务进村,助农发展提升

"村口壹站"综合服务平台目前已合作落地中国银行、齐商银行、湖州银行、承德银行、厦门国际银行等。依托站点,推动金融服务进村入户,解决金融服务的便利性和匮乏性问题。截至2023年底,站点为村民提供小额取款、查询和转账汇款服务10万多次;帮助银行建立起近10万份村民信息档案,推荐农村普惠贷款信息近10万条,推动银行对农户及涉农企业做精准授信,帮助扶持农村企业发展,加速农村信用体系建设。

3. 文化知识广普及,乡风文明迎新篇

"村口壹站"引入各类服务,为当地村民提供更便利的知识信息获取渠道;通过日常举办的各类宣传活动,使各种文化知识在农村得到普及。截至2023年底,"村口壹站"在站点累计举办活动5万余场,其中,举办的反诈防骗系列主题活动使村民可以更好地识别各种新型诈骗方式,同时学习了金融理财知识,守住了自己的"钱袋子";举办的红色电影观影、建党建军节日新老传承等党建引领活动,广场舞、歌唱、戏曲比赛活动、非遗手工制作等系列活动,不仅可以促进红色文化、传统文化知识的广泛传播,还可以使村民培养健康向上的爱好,传递正能量;举行的健康养生讲座及便民体检筛查活动，为村民提供了更加科学的健康养生知识……在一系列活动下，站点所覆盖村在金融安全、红色文化、非遗传统、健康养生、智能操作等方面的知识均有较大提升，一大波"新农人"纷纷出现。

4. 数字创新增能效，村民生活有新貌

"村口壹站"平台整合近 20 家渠道服务商，积极与服务商进行数字技术对接，下沉各类便民服务，除普惠金融服务外，站点还可提供充值缴费、票务代理、电信增值、快递物流代收代发、零售商品展示和批发、就业咨询、职业培训、公益服务、慢病指标检测、远程诊疗、电商购药等 10 多项服务，极大地提升了服务效能，影响和改变了村民原有的生活风貌，满足了农村居民对美好生活的向往。

延伸阅读

创立"共富金融服务站点＋"模式，提升农村站点服务专业化水平

2023 年 11 月，中国人民银行浙江省分行在《人民银行湖州市分行：开展"共富浙江金融行"湖州站宣传活动》一文中关于"设立共富金融服务站点，激活农村金融新功能"的报道中指出，湖州市在全省率先创立"共富金融服务站点＋"模式，即"站点＋标准""站点＋专员""站点＋帮扶""站点＋服务"，该模式将农村金融服务端口前移，激活了金融助力共同富裕的杠杆撬动功能。

"我们率先推出共富金融站点 5 项布局原则及 14 项建设标准，通过标准化建设、设施投入更新等，提升农村站点服务专业化水平。"人民银行湖州市分行党委委员、副行长郭正江介绍道。

通过"站点＋标准"，强化农村金融基础设施建设。依托"站点＋专员"，开展金融知识宣讲，服务返乡创业群体、农业生产经营主体和低收入农户。立足"站点＋帮扶"，推动金融机构与欠发达村结对帮扶，促进

村集体经济发展、农村居民增收和村容环境改善。聚焦"站点＋服务"，积极探索"金融＋政务""金融＋电商""金融＋通讯""金融＋物流"等模式，将更多的农村服务功能融合起来，拓展站点的服务维度。

截至2023年9月末，湖州市已授牌设立共富金融服务站点480个，欠发达以及偏远农村、山区基本实现共富金融服务站点全覆盖；累计开展金融知识宣讲9677次，服务返乡创业群体、农业生产经营主体和低收入农户等13856户（次）；推动金融机构与35个欠发达村结对帮扶。

据郭正江介绍，"共富金融服务站点＋"模式在推动农村金融服务方面更加便捷，尤其是在打造涉农金融数据库等方面将发挥强有力的作用，在农村贷款户建档立册、实现农户家庭资产负债与授信额度挂钩方面也将更加精准。

案例启示

"村口壹站"模式与当下农村发展水平及未来发展趋势非常契合。在乡村振兴战略环境下，村口科技首将标准要求较高的农村普惠金融服务作为切入点，采用线下建站的重运营模式踏上乡村振兴赛道，独辟蹊径。在普惠金融服务基本盘成型且稳固的同时，积极拓宽业务领域，瞄准农村新零售这一千亿级赛道。其间，村口科技不断进行技术创新，结合村民需求不间断地丰富和完善综合服务内容，把线上产品和服务成功落地站点，同时，线下站点的农村特色产品等也可借助线上平台实现上下行。这种服务为先、科技赋能、通商惠工的模式为乡村振兴之路又提供了一种新思路。

第一，服务升级。乡村振兴的要求是不断提高农村的高质量发展水平，农村的高质量发展离不开公共服务的支持。在一个个村建立村民综合服务站，就是筑好村民服务需求表达的桥梁，助力构建村民服务需求参与机制，解决"供需偏差"。随着农村居民需求的转变，农村公共服务必将经历从有向优、从少向多、从全向专的转变，只有提供更加多元化、精细化、定制化的服务，才能打造完善优质的公共服务体系，使村民享受便利生活，提高对公共服务的满意度，从而缩小城乡差距，促进城乡融合。

第二，科技助推。"村口壹站"农村综合服务平台扎根线下的同时，积极搭建线上信息平台，利用网络资源、云计算、互联网、智能技术等科技能力，通过在线联网、数据统计、定向服务等措施，将线下和线上服务结合起来，不仅实现服务的"锚定"，还为金融产品及服务、农村医疗服务产品、适老服务及产品、农村电商服务、新型管理技术等领域提供数据支撑，进一步促进产品和服务的创新升级。在农村服务需求越来越多样化、个性化的当下，利用科技赋能创新，可全面提高农村服务质量与服务效率。

第三，共创共赢。农村市场广袤，需求繁多，多方联手共创才能走得长远。"村口壹站"平台不断拓展服务渠道，增强公共参与，整合共享资源，争取多行业跨区域跨部门合作，在农村做好综合服务。

未来，乡村振兴赛道会迎来越来越多的参与方，也只有多方参与，在政府统筹保障政策的指导下发挥各自的优势，携手共创，才能实现产业兴旺、生态宜居、乡风文明、治理有效、生活富裕的目标要求，才能在乡村振兴的道路上实现共赢。

案例19 "科企融合"打造"农业芯"

——山东平邑以种业科技创新助力乡村振兴

案例概述

种子被喻为农业"芯片"。习近平总书记高度重视种源安全和种业振兴，叮嘱"用中国种子保障中国粮食安全""把当家品种牢牢攥在自己手里"[①]；中央一号文件连续十年提及种业发展内容，对打好我国种业"翻身仗"做了顶层设计和系统部署；2021年《种业振兴行动方案》审议通过后，种源安全已提升至国家级战略高度，种业成为国家战略性、基础性核心产业。山东省平邑县深入贯彻习近平总书记重要指示精神，按照"一年开好头、三年打基础、五年见成效、十年实现重大突破"的总体安排，坚持在"一粒种子"上下更大功夫、做更大文章，坚决打好种业"翻身仗"。

山东平邑县素有"七山一水两分田"之说，地貌特征多样，原生种质资源丰富，是天然的"种子繁育场"，为种业发展创造了有利的先决条件；同时，平邑县敢于刀刃向内、革故鼎新，率先在全省完成原国有县种子公司"改事转企"，成立山东中农天泰种业有限公司（以下简称中农天泰），获批具有全国范围经营资质的种子生产经营许可证，完成了从销售"门脸"到育繁推服一体化的蜕变，一跃成为全省排名第二、跻身全国前列的种业企业。在此基础上，平邑县坚守"中国粮主要用中国种"，每年争项目、列资金，着力破除种业发展桎梏，在建强自身科研团队的基础上，推动种业企业与高校、科研院所之间"结对子"，支持种业企业围绕技术瓶颈和特殊技术难题"发榜"，高校、科研院所"揭榜"，建立联合式、订单式技术研发新模式，实现科技成果与种业企业需求精准对接，闯出了一条以科企融合为核心，育繁推服四链叠加的种业发展新模式，为平邑将现代

[①] 《习近平关于国家粮食安全论述摘编》，中央文献出版社2023年版，第41、52页。

种业创新发展优势转化为打赢种业"翻身仗"胜利提供了坚实保障。

截至 2023 年底，平邑县通过创新推进种业科技创新，成功选育国审、省审粮食作物新品种 42 个，累计推广玉米新品种 2 亿多亩、增产 80 亿公斤。2022 年 7 月，平邑县"科企融合"种业振兴案例被中央改革办《改革情况交流》刊发推广，时任省委主要领导作出肯定批示。科研带头人刘宁享受国务院政府特殊津贴，2023 年 5 月被授予"山东省乡村振兴突出贡献奖先进个人"。

案例剖析

2021 年 5 月 13 日，习近平总书记在河南安阳实地了解南水北调中线工程建设管理运行和库区移民安置等情况时指出："要坚持农业科技自立自强，从培育好种子做起，加强良种技术攻关，靠中国种子来保障中国粮食安全。"[①] 山东省平邑县以玉米、金银花中药材等地方特色品种为选育重点，通过科企融合实现育繁推服一体化发展，成功创建国家级中药材和省级小杂粮良种繁育基地，努力为科技创新助力乡村振兴、实现共同富裕提供平邑案例。

（一）以科企融合为核心，搭建创新驱动平台

以改制后的中农天泰为主体，建立新型人企关系，将企业科技创新难题作为高校科研机构攻关课题，推动科企融合、校企合作、优势互补，持续增强企业发展后劲和种业创新转化能力。中农天泰坚持将每年营收额的 10% 以上用于科技研发，内部设立生物技术研究院，与中国科学院、中国农科院等院校紧密合作，推进作物学、微生物学等生命科学与土壤学、物候学、信息学等多学科知识创新和技术集成，先后完成科技成果转化、星火计划等项目 26 项，获得各类科技成果、奖励 60 余项。2021 年 12 月，

[①] 《习近平关于国家粮食安全论述摘编》，中央文献出版社 2023 年版，第 50 页。

山东省科学技术厅下达的省重点研发计划（农业良种工程）项目文件中，明确由中农天泰牵头，联合山东省农科院、山东大学、山东农业大学和青岛农业大学共同承担，利用3年的时间开展玉米精准定向分子育种技术体系构建与应用研究，推动传统育种技术"2.0"时代向生物育种技术"3.0"时代转变。

（二）做专育种链，推进"芯片"创新突破

紧抓第三批全国农作物种质资源普查契机，派遣普查人员深入田间地头、山林丘陵，联系老农民、老专家、老技术人员，收集种质资源150余份，完成鉴定评价5000余份。中农天泰依托本土种质资源"家底"，历时3年拜访省内外100多位玉米育种专家，贮藏来自全球不同生态区域、不同类型的农作物及油料作物种质资源3.19万份，其中玉米种质3.05万份，建立起品类齐全、储备丰富的高标准种质资源库。2021年12月，中农天泰被山东省农业农村厅评为第一批省级农作物种质资源保护单位。2022年6月，由临沂市农业科学院与中农天泰共同选育的临麦9号小麦新品种经专家测产小组现场实打实收，平均亩产高达834.86公斤，比原山东省节水小麦单产最高纪录821.5公斤高出13.36公斤，再次刷新了山东目前节水小麦单产的最高纪录。

（三）做精繁种链，推进"土壤"品质升级

平邑县累计建成高标准农田45.3万亩，主要农作物良种覆盖率超过98%，先后成功获批全省杂粮区域性良种繁育基地、国家中药材区域性良种繁育基地，入选全国农作物病虫害绿色防控示范县，良种繁育进入"国家队"名单。中农天泰在全国不同区域建设育种基地1500余亩，建立稳定的亲本繁育、杂交种繁育基地3万余亩，在印度尼西亚、哈萨克斯坦等建有繁育基地5万余亩，在"南繁硅谷"建立育繁科研基地120亩，实现"一年三个世代"南繁北育交替繁殖，缩短了种子从实验室到农田的周期。2023年7月，中农天泰玉米育种创新能力提升项目在平邑县温水镇破土动工，项目占地 1000 余亩，一期主要建设内容包括涵盖了创新中心、质检中心、信息中心、专家及员工配套生活区等功能的综合性大楼，新建仓储加工中心、种质资源库，并配套建设高标准成套全自动种子加工流水线，总建筑面积 13285 平方米；项目二期拟建设集科研、试验于一体的现代种业产业园。

（四）拓宽推广链，推进"种业"保供兴农

平邑县牢固树立"让中国饭碗端得更牢"的理念，不断向市场输出抗病广、品质高、适合机收的优良品种，确保玉米等农作物稳产增产，助力国家粮食安全。中农天泰系列玉米品种年推广面积均在 500 万亩以上，亩均增产达 5%，增收约 100 元，累计增产 80 亿公斤，产生经济效益 200 多亿元，通过将先进经验技术"种"在田间地头，使农民获得更多的增值收益。特别是针对黄淮海地区特殊的环境，中农天泰历时 6 年，反复试验，培育出的超抗倒伏玉米品种"中天 308"在抵御超强台风"利奇马""烟花"时均表现出优良性状，帮助黄淮海地区的农民解决了一桩心事。目前，平邑县已发展成为扎根沂蒙、辐射全国的专用玉米良种推广大县。2023 年 4 月，山东省农业农村厅在全省广泛征集的基础上，经专家遴选委员会集中评议，遴选出中农天泰自主培育的玉米品种"中天 308""天泰 716"与具有独家生产经营权的小麦品种"临麦 9 号"和大豆品种"临豆 10 号"4 个品种，拟将其作为 2023 年山东省主要粮油作物主推品种。

（五）做优服务链，推进"堡垒"建强见效

临沂市强化政策集成，将平邑县种业发展列入一号文件重点支持事项，制定种业发展的各项措施及方案，把做大做强现代种业作为主攻方向。出台人才创新创业扶持政策，县财政对顶尖人才团队最高给予 1000 万元的综合资助，对新入选国家、省级人才工程的科技人才分别一次性奖励 40 万元、20 万元，共引进高层次种业人才 38 人。县委组织部专项委派党政干部担任涉农企业"红领书记"，通过支部共建、现场交流等，为涉农企业发展出谋划策，其中，中农天泰党支部被评为市级优秀党支部。贯彻落实种子法，开展种业市场净化行动，加大种子基地、种子企业、种子市场的检查抽查力度，严厉打击假冒伪劣、套牌侵权等违法犯罪行为，确保种业市场健康有序发展。

延伸阅读

《山东新闻联播》点赞临沂市全面提升种业企业科技创新能力[*]

中农天泰拥有山东玉米种业育繁推一体化平台，2022年被评为科技领军种业企业。拿着这块"金字招牌"，中农天泰的刘西美团队更忙了，她们除了承担企业自身的研发任务，还要牵头组织科研单位和高校专家攻关国家级和省级玉米定向分子育种课题，为此，山东科技部门专门拿出1000万元研发经费保障项目运行。临沂市科技局党组成员董双蕾说："通过搭平台、招项目、引投资，让企业向上游衔接育种基础研究，向下游衔接产业应用，将产业链、创新链、人才链、政策链深度融合，全面提升种业企业的自主创新能力和核心竞争力。"

近年来，临沂市科技局根据全市种业科技创新发展需求，立足本市种业科技和产业优势，聚集国家和省、市种业发展的目标，对本市种业发展进行了全面统筹规划和整体部署，连续实施种业高新技术企业培育工程，加速促进企业科技转型。重点实施了一批研发计划，围绕重要农作物新品种培育、林果和中草药新品种培育、产业链拓展创新等领域，对种业企业进行持续支持，2022年共争取省级以上种业科技创新项目11项，获批财政资金1832万元。

通过项目支持，中农天泰重点培育优质专用、绿色高效、抗逆性强且

---

[*]《山东新闻联播》，2023年3月15日，部分摘选，有改动。

适宜机械化的玉米、小麦、水稻等新品种11个，其中，2022年审定的玉米品种"泰育19""TT66"通过国家级黄淮海夏播区审定，"邦玉667"通过山东夏播区审定，三个玉米新品种均能实现比对照增产10%以上。

种业振兴要育、繁、推三个环节协同发力[*]

与会专家表示，目前我国已经是全球第二大种子市场，涵盖玉米、小麦、蔬菜等30多种作物，培育了一批具有较强育种创新能力的企业，企业的育种地位不断强化。但种子企业小、散、弱的特征依然明显，而全球种子市场寡头化、垄断化正进一步加剧，我国种业企业创新能力和市场营销能力与国际跨国企业相比差距巨大，产业链、价值链体系亟须重塑。

种业振兴，需要育、繁、推三个关键环节协同发力，实现全链条高度现代化。"除了少数大型种业公司，多数企业的育、繁、推相对分离，大量企业仍从育种单位买品种，做种子经营，而技术研发仍集中在科研单位。种子企业育繁推、产学研相结合势在必行。"中国工程院院士、大豆育种专家盖钧镒建议，种子企业要两条腿走路，既要建立自主的育繁推一体化种业体系，又要找到紧密合作的科研单位，建立产学研结合的育繁推一体化种业体系，最终建立中国特色的种业发展体系。

案例启示

第一，"科企融合"强化了种业振兴的组织保障。中农天泰深入解读"一核四链"（以科企融合为核心，做专育种链，做精繁种链，做宽推广链，做优服务链）种业发展成功密码，从"一粒种子"到"一座金库"，为乡村振兴按下"快进键"，累计选育作物新品种41个，其中玉米32个、花生6个、小麦2个、马铃薯1个，社会经济效益达230亿元。特别是"科企融合"下的"一核四链"现代种业发展模式基本定型后，2022年，

---

[*]《种业振兴取得阶段性成效》，《经济日报》2023年10月18日第6版，部分摘选，有改动。

平邑县全力争取到总投资7000万元的全国农作物良种玉米育种创新能力提升工程在此落户。该工程目前已破土动工，将有力推动种业企业硬件条件提质升级和科技研发能力转型升级，使平邑县的种业发展迎来新的春天。

第二，"智慧种业"发展搭建了种业振兴的科技支撑。平邑县高度重视种业高层次人才的培养和引进，以科企融合、校企合作为平台，打造了一支高素质高水平、有情怀有担当的育种专家队伍，使其成为平邑现代种业发展的不竭动力。目前，中农天泰科研团队共有46人，其中有博士4人、硕士12人，科研带头人刘宁入选科技部"科技创新创业领军人才"、山东省"乡村之星"、"泰山产业领军人才"、临沂市有突出贡献的中青年专家，享受国务院政府特殊津贴。此外，平邑县还积极探索航天育种领域，实施了占地550亩的航天循环农业项目，联动发展数字产业，培养新型育种人才。

第三，"链条重构"营造了种业振兴的浓厚氛围。平邑县坚持以科技创新打好种业"翻身仗"，做好融合发展"必答题"，推进育、繁、推、服一体化发展，锻造种质资源利用、品种研发、产业化应用、线上线下销售"全链条"，全力破解原创性种质稀缺、科企融合不足等"卡脖子"难题，坚决担负起新发展阶段做强农业"芯片"、护航粮食安全的时代责任，平邑县种业发展被纳入市委一号文件重点支持事项。2022年7月，平邑县"科企融合"种业振兴案例被中央改革办《改革情况交流》刊发推广，时任省委主要领导作出肯定批示。

案例 20 "滴水穿石、人一我十"＋"四站二院一中心"

——福建长汀水土流失治理科技创新助力乡村振兴

案例概述

福建省龙岩市长汀县曾是我国南方红壤区水土流失最严重的县份之一。习近平总书记高度重视长汀水土流失治理工作，在福建工作期间曾先后 5 次深入长汀调研指导，在不同工作岗位作出 9 次重要指示批示。近年来，长汀县以习近平新时代中国特色社会主义思想为指导，持续发扬"滴水穿石、人一我十"的精神，以推进全国水土保持高质量发展先行区建设为契机，强化科技创新，把研究成果应用到推进水土保持高质量发展工作中，为加快推进长汀生态文明建设、夯实乡村振兴基础提供强大科技支撑。

多项举措下，长汀县水土流失面积由 1985 年的 146.2 万亩减少到 2022 年底的 30.5 万亩，水土流失率从 31.5% 降至 6.57%，低于全省平均水平，显著低于欧美、日本等发达国家水平；森林覆盖率提高到 79.55%，经济社会进入高质量发展阶段，2017—2022 年间四次荣膺福建省"县域经济发展十佳县"，并入选"中国最美县域"，成为中国南方地区水土流失治理的示范样板、国家生态文明试验区的重要典范。2012 年以来，长汀县实施水保人才战略，建立健全了长汀水土保持院士专家工作站、南方水土保持与绿色发展研究院、长汀水土保持生态文明研究站等"四站二院一中心"科研平台，全面加强与福建农林大学、福建师范大学等高等院校和中国科学院等科研院所的科技协作，先后吸引了国内科研机构、院校的 12 名博士、45 名研究生开展科研攻关，积极探索和应用推广水土流失治理新模式、新技术，为新一轮水土流失治理和生态建设提供科技支撑。此外，长汀县实施国家科技支撑计划"福建红壤区生态修复和持续经营关键技术集成与示范"等 8 项研究课题，在《中国水土保持》《亚热带水土保持》等期刊和其他各种平台发表论文 23 篇，课题"红壤丘陵区严重水土流失综合治理模式及其关键技术研究"获中国水土保持学会科学技术进步奖一等奖;"等高草灌带营造技术规范"(DB35/T 1650—2017)、"'老头松'改造技术规范"(DB35/T 1651—2017)、"崩岗差异化治理技术规范"(DB35/T 1652—2017)三项红壤丘陵区水土流失治理地方标准得到省级颁布实施;研究课题"南方典型花岗岩区水土流失阻控与生态修复的关键技术创新及应用""南方红壤区离子型稀土矿废弃地的植被恢复技术研究"分别获得福建省科技进步奖二、三等奖。

案例剖析

（一）聚焦生态提升研究，在创新技术模式上赋能乡村振兴

一是树立治理理念。用"反弹琵琶"的理念指导水土流失治理，变生态系统的逆向演替为顺向演替，深入开展水土流失精准治理深层治理。对严重流失区采用乔灌草立体同步治理，对初步治理区进行树种结构调整和补植修复。

二是构建监测网络。完善水土保持监测技术标准体系和监测网络体系，实现对重要干支流、生产建设项目和水土流失集中区进行水土保持监测。优化水土保持监测站点布局，建立健全水土保持监测站点长效运行管护机制，完善监测、观测、试验设备配置，加强经费和人员保障，推广应用自动化监测设备，提升数据采集、传输、处理和分析评价水平。

三是创新技术运用。全面推广等高草灌带种植、老头松施肥改造、陡坡地小穴播草、草木沼果循环种养在疏林地施肥、针叶林补植阔叶树改善林分结构等方面的一系列新技术、新举措，推动水土流失治理提质增效。"南方红壤丘陵区水土流失治理'老头松'改造技术"被评为福建省水利先进实用技术。

（二）聚焦人才引领研究，在强化科技协作上赋能乡村振兴

一是创新引才平台。健全长汀水土保持院士专家工作站、南方水土保

持与绿色发展研究院、长汀水土保持生态文明研究站等"四站二院一中心"科研平台，先后吸引了国内科研机构、院校的12名博士、45名研究生前来开展科研攻关，聚焦土壤改良、林分质量提升等重点，开发推广适用于防治不同类型水土流失的新材料、新工艺和新技术。

二是拓宽用才渠道。坚持项目带动，实施"六大工程""十八项行动"①，组建联合攻关小组，为水土流失治理提供人才支撑。聚焦水土流失治理难点重点，选派一线治理能手开展关键技术、科研技术攻关和课题研究，研究课题"基于植被三维绿量的水土保持遥感监测关键技术及应用"获珠江委科技成果一等奖，"红壤侵蚀区人工林群落演变特征及改造提升关键技术"获2023年福建水利科学技术一等奖。

三是健全育才体系。坚持把总结提升"长汀经验"的水土流失治理与生态文明理念纳入省委、市委、县委党校党政干部培训的重要内容和国民教育体系，付费出版《长汀水土保持志》，填补福建省基层水土保持专业志编制空白。开展不同治理模式和治理技术培训，提高水土流失区乡镇农民技术人员治理水土流失的技术和水平，有效推动长汀县生态文明建设。

（三）聚焦生态富民研究，在推动绿色发展上赋能乡村振兴

一是发展生态林业。按照"资源变资产、资产变资金、资金变资本"的发展思路，深化集体林权制度改革，实行林地所有权、承包权和经营权三权分置。推行林权证直接抵押贷款，探索开展天然林、生态公益林补偿收益权质押贷款，使森林资源成为林农的"绿色银行"。目前，林下经济经营面积达191万亩，参与林农户数近2.2万户，年产值32.2亿元，长汀

---

① 一是实施生态精准治理工程，降低水土流失存量：开展一般林地水土流失治理行动、特殊地类水土流失治理行动、崩岗侵蚀修复行动。二是实施生态监管保障工程，控制水土流失增量：开展绿色生产生活行动、落实"三同时"行动、生态理念宣教行动。三是实施生态质量提升工程，巩固水土保持成果：开展植被优化行动、土壤改良行动、水生态治理行动。四是实施生态发展示范工程，推动乡村振兴战略：开展生态家园美化行动、生态产业富民行动、生态路线提升行动。五是实施生态制度创新工程，引领绿色生产生活方式：开展"生态奖补"行动、"生态110"行动、"生态征信"行动。六是实施生态科技促进工程，提升水土保持效能：开展生态提升研究、绿色发展研究、监测信息研究。

县被列为国家林下经济示范基地。

二是发展生态农业。组建"党支部＋企业＋合作社"生产经营体系，定目标、建示范、抓产业，精准发力，打好绿色产业发展牌。出台《长汀县茯苓产业发展扶持办法》《长汀县推动河田鸡产业高质量发展实施方案》等，推行"政策引导＋企业投资＋社会融入"机制，大力发展大田经济、林下经济等生态产业，带动乡村增收、农民致富。

三是发展生态旅游。将水土流失治理与巩固拓展脱贫攻坚成果和乡村振兴紧密衔接，统筹山水林田湖草系统治理，在原水土流失区打造包含26个片区的"红旗跃过汀江·两山实践走廊"乡村振兴示范片区，依据不同类型的治理模式打造各具特色的示范点，并串点成线，让示范点成为乡村旅游增收点、生态文明现场教学点。

延伸阅读

长汀：治理水土流失绿富共赢　长享生态红利助推乡村振兴

长汀县深入学习贯彻习近平生态文明思想，践行以人民为中心的发展思想，将水土流失治理与脱贫攻坚、乡村振兴紧密结合，走出了一条从绿起来到富起来、美起来的生态发展之路。现在，长汀县的生态环境明显改善，群众"出门见绿，行路见荫"，生活水平明显提高，幸福生活更有保障，"人不负青山，青山定不负人"在县城回响。

20世纪70年代，长汀县河田镇罗地村的四周山岭尽是一片红色，不闻虫声，不见鼠迹。如今，长汀县满目皆是山清水秀，层峦叠嶂，山脚下溪水清澈，流水潺潺，岸边田间花香四溢，鸡犬相闻，日子悠闲又美好。年近六旬的罗地村老村支书刘文贤从小在这里长大，聊起以前和现在的生活状况，他颇有感触："我在农村基层做了快40年的村干部了。以前，我们这里流传着这样的民谣——'长汀哪里苦，河田加策武；河田哪里穷，朱溪罗地村。'这里就是罗地村。在相当长时期内，水土流失一直是长汀河田等地的突出问题,当时,附近的山、草皮、树根都被村民挖掘一空,一到洪水季节,大家提心吊胆,不知道哪天自己的农田菜地甚至房子就会被水淹没。现在,这里原本光秃秃的'火焰山'变成了郁郁葱葱的'绿满山''花果山',这些坡耕地和撂荒地都利用起来了,种植烤烟、优质稻、槟榔芋等,'百姓富、生态美'成了我们老百姓的现实。"

在习近平生态文明思想的指引下,长汀县认真总结经验,持之以恒,锲而不舍,一次次掀起水土流失治理的高潮,实现了从"浊水荒山"到"绿水青山"再到"金山银山"的转变,不断释放水土流失治理和生态文明建设红利。

长汀县农业农村局副局长刘恩灿说道:"这些年,长汀人民牢固树立'绿水青山就是金山银山'的理念,以'滴水穿石、人一我十'的精神,持续开展水土流失治理,目前已取得成效。作为基层一线干部,我觉得要关注培养农村实用人才,从技术和用工需求情况、解决方案及发展方向上进行研究讨论,有效发挥农村实用人才的作用,调动最广大农民群众的积极性,让他们从荒山上获得收益,实现农民共同富裕。"

市民张微微讲道:"长汀不断传承和弘扬革命老区'听党话、跟党走'的红色基因,始终把生态文明建设理念融入发展的各个领域、各个环节,走出了一条'绿水青山就是金山银山'的可持续发展之路。同时,县里加快旅游基础设施和精品线路规划建设,通过发展生态旅游,形成集红色、历史文化、科普、乡村旅游于一体的生态旅游格局,通过农旅结合,让水土流失区农民的收入大幅增加。"

案例启示

(一)坚持人才带动,汇聚乡村振兴新力量

长汀县坚持人才引领发展的战略地位,坚持全方面培养用好科技人才,加强与科研院校合作,健全联合攻关机制,项目化推动水土流失深层治理精深治理。实践证明,人才是自主创新的关键,顶尖人才具有不可替代性,国家发展靠人才,乡村振兴靠人才,水土流失治理更靠人才,只有打好"选育管用""组合拳",方能凝聚起乡村振兴的强大合力。

(二)坚持创新带动,提升乡村振兴新效能

改革创新是推动生态文明建设的动力源泉。长汀县对侵蚀特别严重的部分水土流失区辅以人工治理,通过撒种、补植、挖水平沟、治理崩岗等工程和生物措施,为生态修复创造条件,加快了植被恢复。在技术路线上,长汀县创造性提出"反弹琵琶"治理模式,采取等高草灌带种植、老头松施肥改造、陡坡地小穴播草、草牧沼果循环种养等一系列新技术、新举措,取得了明显成效。实践证明,只有坚持系统治理、精准施策的创新理念,多策并举、科学治理的创新手段,才能确保"长汀治理"干在实处、走在前列、勇立潮头。

(三)坚持产业带动,激活乡村振兴新动能

长汀县坚持产业化带动、项目化推动,引导农民发展大田经济、林下经济、油茶经济、花卉经济等绿色富民产业,形成了河田鸡、槟榔芋、百香果等特色优势产业。同时,创新"党建+金融助理"、林权证直接抵押贷款和"村党支部+合作社党支部+基地+农户"等方式,把治理水土流失与改善民生相结合、与发展绿色产业相结合,使广大农民群众从治理水土流失中得到了实惠,实现了脱贫,使长汀县走出了一条水土流失治理样板县的生态之路。实践证明,只有坚持绿色发展,推动绿色转型,才能实现生态赋能,助力乡村振兴,才能带动村民致富,让百姓的幸福感获得感显著增强。

案例 21　油茶花结出"金果果"
——科技赋能赣南油茶产业助力乡村全面振兴

案例概述

2019年9月，习近平总书记在河南考察时强调："利用荒山推广油茶种植，既促进了群众就近就业，带动了群众脱贫致富，又改善了生态环境，一举多得。"[1] 江西省赣州市是全国油茶产业发展示范市，多年来，赣州坚持走绿色发展的路子，推广新技术，发展深加工，把油茶业做优做大，努力实现经济发展、农民增收、生态良好。目前，赣州油茶产业已形成从油茶种植到生产食用油和加工副产品，再到研发试制精深加工产品的产业链。

近年来，赣州市林业科学研究所（以下简称赣州市林科所）认真贯彻落实上级决策部署，致力破解油茶育种选种缓慢、林户田间管理粗放、病虫害治理收效甚微、后端精深加工综合利用不足等难题。为巩固拓展脱贫攻坚成果，有序推进乡村振兴，赣州市林科所聚焦油茶产业高质量发展实施路径，坚持植技于林、增技为民，三产融合[2]并向发力，积极发挥科技力量，久久为功推动科技创新，赋能赣南油茶产业，助力乡村全面振兴。

案例剖析

赣州市林科所以植技于林、增技为民为宗旨，着力解决油茶产业发展面临的难题，主要做了以下工作：

---

[1] 习近平：《论"三农"工作》，中央文献出版社2022年版，第47页。
[2] 从种植林户结合的第一产业，再到林产品加工、森林旅游、自然教育等第二、三产业，实现"林下种、林边产、林间游"的立体式、复合型林业产业发展模式。

(一)聚焦"卡脖子"难题,孕育产业发展动能

赣州市林科所建立了"问题发现—技术攻坚—示范带动"工作机制,打造了5个问题导向型创新团队,明确了"一支撑,三方向,四指标"①的团队要求,及时深入林农、企业之中服务,抓住症结去攻关,奔着问题去服务。一是积极搭建油茶科研平台,强化科研攻关。集中力量进行原创性、引领性科技攻关,提升科技创新支撑引领作用,在精深加工、功能性研究、衍生物利用等技术领域开展研究。通过科研平台研发攻关,切实解决林农栽培技术难题。其中,蜜蜂授粉技术解决了油茶产业"卡脖子"难题,有效将油茶坐果率提高18%以上,该技术已在全市推广应用。二是做好国家油茶良种基地示范带动作用。从最初的采穗圃逐步完善建设成集聚良种采穗、种质收集评价、科学试验、科普研学和高效示范功能为一体的现代油茶良种基地,基地社会功能及推广质效得到有效提升,吸引广西、贵州、河南、福建、广东及省内各大林业部门、科研机构、企业和林农前来考察。

(二)聚焦主责主业落实重点举措,促进产业高质量发展

一是积极做好油茶年度监测工作。赣州市林科所派出队伍与林业主管部门一同对接全市108个油茶基地,在每个示范基地设立监测观察示范点20~50亩,定期监测观察示范基地实施效果,指导各经营主体开展林分密度调整、树体修剪、病虫害防治、保花保果、抚育管理、水肥一体化建设等。做好年度全市盛产期油茶产量估算、全市鲜果平均亩产及总产量估算等工作,确保年度监测任务及油茶产业高质量发展取得实效,为全市油茶产业下一步发展提供坚实的数据支撑。二是加大技术推广应用。积极谋划包装推广项目,将技术推广项目放在企业、林农油茶基地。近年来,已推

---

① "一支撑"指以外部省级专家为支撑;"三方向"指油茶新优品种的选育及配置方向、油茶林绿色综合防控技术研究方向、精深加工产品研发方向;"四指标"指科研指标、科技成果转化指标、技术推广指标、科技服务指标。

广《油茶保花保果及其配套增产增效技术推广示范》《油茶低产林综合改造技术推广示范》等多个中央财政林业科技推广示范项目，助推油茶林提质增效。

（三）聚焦科技服务，助力林农增产丰收

为了增强林农的科学种植观念，解决油茶种植户田间管理粗放、不会干、干不好的问题，打造油茶高质量发展示范基地，赣州市林科所结合实际，探索建立新型职业林农培养及推广网络。一是加大油茶科技培训力度。以中财推广、省良种良法及各县培训要求为契机，举办培训班或派出专家授课。充分发挥赣南科学院周末工程师人才驿站、科技特派团等平台的作用，共同开展科技服务，有效提高油茶种植水平。二是扎实做好科技服务下基地工作。与全市18个县（市、区）的超30家企业签订服务协议。线下开展科技服务与科技帮扶活动、派出专家直接服务林农等"点对点"形式的服务，同时提供发放各类科普资料、举办各类培训班等"点对面"形式的服务；线上提供建立油茶科技服务微信群等"面对面"形式的服务，有效解决种植户在油茶栽培、病虫害防治等方面的问题。

（四）聚焦油茶产业转型，解决发展后顾之忧

一是做好油茶产业提质工作。近几年，赣州市林科所开展实施低产油茶林改造提升工作，创新总结了3种油茶基地高效经营模式，使油茶产业发展再上新台阶。目前，油茶产业综合年产值超120亿元，实现了山上增绿、企业增效、农民增收、产业增值，有力推进了乡村振兴。据统计，全市累计约13.5万名原贫困农民参与了油茶产业发展，人均年增收800多元。低产林综合改造项目的实施带动了周边农村劳力就业，示范推广了油茶低改集成化技术，有效激发了林农改造油茶低产林的积极性，为实现林地增效、林农增收提供技术支撑。二是强化科技引进与应用推广。赣州市林科所与省内外油茶科研机构交流合作，加大油茶科技成果的引进和应用推广，依托国家油茶良种基地探索信息化、智能化油茶良种繁育、复合经

营管理模式，加大油茶虫媒授粉等关键技术研究，积极开展油茶耐受蜜蜂筛选、油茶授粉蜜蜂解毒剂开发、引蜂授粉等技术的攻关和成果的引进与推广运用。三是持续实施科研产业化加速行动。赣州市林科所在双向选择和择优工作中，与多家企业开展合作对接，加强科研产业化水平。通过与江西赣木霖油茶发展有限公司、哈克生物科技有限公司等多家龙头企业联合开展项目申报，加强油茶精深加工领域的深度合作。

延伸阅读

以科技创新为引领　赣南油茶搭上产业"现代化"快车[*]

漫山油茶树，清香溢赣南。2022年11月中旬，首届江西油茶文化节主流媒体采风团一行走进赣南的油茶企业，探索以科技创新为引领的大基地、大企业的产业振兴之道，寻求赣南油茶产业打破传统之路、寻求高质量发展的发力点。

（一）精深加工，创出高价值

11月15日，采风团一行来到江西齐云山油茶科技有限公司的精深加工车间内。在这里，一颗颗油茶鲜果被倒入分拣区，去壳油茶籽正从密闭干茶籽储存仓内自动传输到冷榨冷提车间，只要24小时就可完成。据介绍，如果按照传统手工操作，生产流程需要7天。崭新的生产线上，去石机、清洗机、烘干机、色选机分工有序，茶籽经过重重反复筛选、去杂除污，符合标准的才能传送到冷榨机中。

"要做大做强赣南茶油产业，必须发展精深加工，延长产业链条，提升产品价值。"赣州市林业局油茶办主任罗天裕说。这些年，赣州引进培育齐云山、友尼宝等13家油茶龙头企业，研发生产茶皂素、肥皂、茶粕、

---

[*] 《以科技创新为引领　赣南油茶搭上产业"现代化"快车》，腾讯新闻，https://new.qq.com/rain/a/20221117A0262U00，有改动。

精油、洗发水等精深加工产品。2021年，赣州全市茶油产业综合产值达120亿元以上。

齐云山油茶科技有限公司是江西省著名绿色食品生产企业，立足赣南油茶产区，高起点、高标准建设4万平方米山茶油生产车间，引进德国、瑞典、美国、比利时等世界一流的油脂压榨、精炼、自控等技术和设备，开创性地将全籽冷压榨技术成功应用到山茶油工业化大生产中。公司已具备年加工油茶籽9万吨、年产"齐云山"高油酸山茶油3万吨的生产能力，是目前国内茶油加工工艺和设备最先进、产能规模最大的茶油加工行业全国标杆性示范性企业。

公司董事长刘志高讲道："我们推出的茶油叫高油酸山茶油，是甄选我们赣南本地生产的油酸含量高的油茶籽为原料，采用国际领先的技术装备和技术工艺进行生产，产出茶油的油酸含量至少在79%，最高达87%。"

（二）科研聚力，创出新标杆

采风团来到赣州哈克生物科技有限公司，映入眼帘的就是一排排手工茶油精油皂、抑菌产品、护肤品等。哈克生物执行董事何璇说道："我们创新油茶科研成果在医疗器械、化妆品、保健食品等领域应用，填补了医疗器械、消毒产品领域的空白，在全国油茶行业树起了一个标杆。"

该公司自2020年1月入驻章贡高新区高层次人才科创园以来，建立了7个生产车间和13条生产线，并获得医疗器械、化妆品、消毒产品、健康食品、日化、土壤修复改良菌剂等领域的产品生产许可证，所建平台不仅可以完成放大中试、科研成果转化，还能完成科研成果产品化产业化规模生产。

据悉，哈克生物科技有限公司科研成果转化新产品——山茶润肤油获参展成果金奖，企业承担了部省市区科研项目6项，自主研发课题9项，与国家地质实验测试中心、华南理工大学、赣南医科大学、赣南医科大学第一附属医院、江西环境工程职业学院等单位院校开展产学研合作课题14

项，申请国家发明专利 22 项，授权发明专利 3 项，制订企业质量标准并备案公示 18 项，发表核心期刊论文 1 篇，发表 SCI 一区学术论文 1 篇，获省科技成果 2 项，完成科研成果转化 19 项，并实现产品化产业化规模生产 19 项，其中赣南医科大学第一附属医院原院内制剂 9 项。公司负责人笑称："我们这是从实验室走出来的企业。"

（三）全产业链，创出大市场

"以前油茶加工效益不高，究其原因，产业链短、精深加工能力不足、加工副产物利用不充分是关键。通俗来说，目前行业还主要以茶籽榨油为主，大量的油茶果壳和茶粕都没有进行深度开发利用。"11 月 16 日，江西省友尼宝农业科技股份有限公司董事长丘兴仁接受采访时介绍道。该公司是高新技术企业、国家林业重点龙头企业和省级农业产业化龙头企业，主营油茶种植、山茶籽系列产品的深加工与销售，产品包括山茶油、茶粕、茶皂素、沐浴露、洗发水以及相关产品等。

聚焦加工链前端，友尼宝公司建立了全自动油茶鲜果烘干脱壳生产线。油茶鲜果从采收到脱壳、清洗、烘干、压榨制油全过程均通过自动化流水线完成，解决了传统生产方式受天气等环境因素影响大、茶籽易受污染的难题，保证了产品的优良品质。

聚焦加工链中后端，友尼宝公司建立了可年深加工 3000 吨山茶籽，精炼 1000 吨山茶油、30000 吨茶粕、5000 吨茶粕粉、5000 吨茶粕颗粒的生产线，仓储能力可达 30000 吨，制造工艺、产品品质均处国内领先水平，解决了油茶副产物加工难度大、利用率不高的难题，逐步实现对油茶资源的"吃干榨净"。

目前，该公司的茶粕主要出口到东南亚国家，销售量一直保持在全国前三的水平，山茶油在北京、上海、广东、福建、广西多地销售，深受广大消费者喜爱。

"我认为油茶行业是利国利民的行业，是老百姓最受益的行业，是带动农民脱贫致富的最好的项目。"丘兴仁介绍，"我们在信丰有近万亩的油茶种植基地，每年到油茶采果的时候，每天用工可达几百人，百姓有事做了，生活水平也得到了极大提高。"

案例启示

（一）以科技特派员服务乡村振兴为载体，常态化开展科技下基层活动

赣州市充分发挥赣州市林科所油茶科技创新团队16名省科技特派团成员的作用，坚持一个特派团就是一个主阵地，从特派团的"点对点"辐射至"点对面""面对面"，不定期开展技术培训和现场指导，在油茶育种、栽培、抚育、病虫害防治、低产林改造、示范基地建设等方面提供技术支持，让油茶种植户切实掌握良种壮苗、品种配置、科学选地、合理施肥、整形修剪等关键技术，带动林农增收致富，助力乡村振兴。

（二）以科研方向与产业需求同题共答为目标，抓住症结，奔着问题开展技术攻关

赣州市坚持问题导向，坚持课题来源于田间，科技项目申报实施重点关注亟待解决的林农问题、产业发展瓶颈。如在授粉结实上求突破，摸清楚当前大面积油茶花多果少的根源；在品种配置上出实招，以花期物候、杂交可配性为基础，开展新造林配植模式研究和低产林多个品种接穗换冠研究；在昆虫授粉上下功夫，探索诱导蜜蜂访花授粉；在茶油风味上见实效，筛选风味浓郁有竞争力的油茶品种。科研团队聚焦油茶产业发展的关键问题、关键技术攻坚，助力乡村振兴。

（三）以"小切口、大突破"为思路，打造人才高地，全力服务地方油茶产业发展

建立科研院所与地方林业管理部门及林农大户的持续沟通对接机制，

夯实科研团队建设。通过自身培养锻炼、"送出去，引进来"等多种渠道，打造人才队伍。强化赣州市林科所的科技支撑作用，以油茶科技综合示范站、良种繁育科技园区建设为契机，聚焦产业重点方向，关注基础研究、应用研究、试验开发、产业发展各环节的衔接，围绕实用科学养护技术、油茶高产稳产技术、茶油后端精加工等开展技术攻关，推动科技成果转移转化。聚焦搭建人才梯队为产业提供支撑，助力乡村振兴。

（四）以推进油茶产业转型升级为方向，完善产学研用协同创新体系

强化赣南科学院、赣州市林科所与省市高校、企业三者之间的联系，充分发挥院所和高校的人才、技术等优势，集中科研力量，以油茶产业项目、油茶三年行动重点任务为载体，以企业为创新主体，开展产学研融合试验；以重点解决油茶企业在实际生产和深加工等方面的难题为目标，加强对精深加工工艺和技术的研究，共同研究生产了食品、医药、日化、化工等高品质系列衍生产品，强化科研成果转化效率。聚焦打通产业链堵点断点，促进油茶产业转型升级，助力乡村振兴。

案例 22 "百校入威 智创威来"

——河北威县借助高校力量引领高质量发展的探索与实践

案例概述

威县隶属河北省邢台市，位于冀东南平原，面积 1012 平方千米，人口 65 万。作为传统农业大县，威县的基本县情是"四不靠两没有（不靠山、不靠海、不靠铁路、不靠大城市，地下没矿藏、地上没资源）"，工业近乎空白，农业"一棉独大"，经济社会发展长期落后。2012 年，威县被认定为国家扶贫开发工作重点县，由教育部负责定点扶贫和帮扶。

教育部高度重视定点扶贫和帮扶工作，部领导多次赴威调研指导，先后选派 23 名挂职干部驻威开展帮扶工作。2017 年，教育部挂职团队牵头实施"百校入威"工程，按照"五引、四库、三创新"[①]的思路，逐步实现政府治理体系和治理能力现代化、教育医疗等社会事业专业化、企业管理研发生产数字化，全力打造"百校入威、智创威来"新局面，助推乡村全面振兴。

"百校入威"工程实施以来，威县政府与高校和科研院所签订了 30 余份校地战略合作协议，威县企业与高校和科研院所签订了近 100 份校企技术合作协议，合作高校与科研院所达 70 余家，全县纳税超百万元的企业净增 33 家、达到 145 家，县域科技创新由 C 类县跃升为 A 类县，工业企业亩均税收提升 30%。"百校入威"工程获教育部党组成员、副部长孙尧肯定性批示，被纳入邢台市委 2022 年改革工作要点并在全市复制推广，工作经验得到国家发展和改革委员会《改革内参》《人民日报·民生周刊》以

---

① 即从高校、科研院所引进技术、人才、企业、机构和平台，建立高校专家人才库、科研成果库、校友企业库和威县需求库，推动全县上下理念创新、机制创新、考核创新。

及新华社河北分社、河北日报社等媒体的宣传报道。

案例剖析

（一）紧盯科技转化这个重点，为乡村产业振兴提供支柱引领

一是聚焦县域五大产业集群，大力度引进相关高校和科研院所，深入开展产学研用合作，特别是推动高校和科研院所的科研成果、专利技术到威县企业转移转化，提高企业的科技含量和生产附加值。例如，南京农业大学沈其荣院士与威县根力多公司签订技术转让协议，沈院士关于木霉真菌的科研成果，由河北威州现代农业投资有限公司全资子公司威可丰生物肥料有限公司投资建设，由根力多运营管理，实现了政府、企业和科研单位的强强联合。该项目总投资1.7亿元，每年产出5000吨木霉微生物菌剂、15万吨木霉生物有机肥、3万吨液体剂型复合微生物（木霉）肥料，可消纳吸收周边玉米秸秆、畜禽粪便、菇渣等固体有机废弃物50万吨，处理废弃蛋白5000吨，真正实现了经济效益和生态效益双赢。

二是鼓励高校在威县设立产学研合作基地，推动威县道荣科技、利江生物等高科技企业与中国农业大学、天津大学、南京农业大学、河北农业大学、河北科技大学等高校联合设立研究生培养实践基地、产教融合实验室研发中心等，支持专家学者和在校学生常驻威县开展教学科研活动。例如，为了支持威梨产业发展，河北农业大学在威县建成了"梨产业技术教育部工程研究中心威县试验站"，建设梨新优品种示范园、高标准科技扶贫示范园、优质商品果生产基地等近2万亩，占威梨生产总面积的1/5。该实验站先后转化成果3项，推广轻简化修剪技术、节水灌溉等新技术6项，推动威梨每亩增收1200～1600元，为威县脱贫攻坚和乡村振兴做出重大贡献。"威县模式"先后被推广到河北阜平县、易县，新疆库尔勒市，山西隰县、甘肃景泰县，陕西黄陵县等5个省的梨主产区，取得了显著效果。

三是积极组织县域企业参加合作高校校友会活动，鼓励引进校友高科

技企业来威落户。例如，河北大学校友企业河北科海自动化科技有限公司落户威县，分两期投资 1 亿元在威设立工业机器人展示中心、研发中心、大数据中心，并为威县传统汽车制造企业进行工业机器人自动化改造提供产品方案。

（二）把握培养培育这个中心，为乡村人才振兴夯实关键环节

一方面，大力度引进各类人才。充分发挥教育部学生司的数据优势，专门整理汇总全国威县籍高校毕业生的基本情况，通过线上线下结合的方式，针对性地引导威县籍毕业生返乡就业创业，为乡村振兴注入青春"活水"。在这一举措下，威县先后柔性引进高端人才 2 名，河北工业大学、河北大学、河北农业大学等高校副教授以上高层次人才 82 名，初次就业全日制本科及以上学历毕业生 500 余名。

另一方面，系统化开展人员培训。威县采取"请进来、走出去"相结合的方式，有计划地组织开展教育、医疗、文化、农业农村及乡村振兴等领域的专业技术人员、企业经营管理者、农村致富带头人培训。成功举办"百校入威大讲堂暨国家重大人才工程入选专家威县行"活动，武汉大学教授姚剑、河北工业大学教授胡宁、河北大学教授张照彦等出席活动并作报告，与威县汽车零部件制造、中高端装备制造等 100 余家规模以上企业对接指导工作。清华大学继续教育学院在威县设立乡村振兴河北省威县远程教学站，北京农学院常态化在威县免费开展"新农人直播（短视频）带货培训"等，为基层社会治理、乡村产业振兴等提供了坚实的人才和智力支持。

另外，威县有计划地组织优秀年轻干部队伍赴上级部门和发达地区跟岗学习、挂职锻炼，努力重点培养一批理念先进、视野开阔、能力较强的高素质人才队伍，增强持续发展后劲。目前，已成功推荐县委办干部赴教育部、教育局干部赴河北省教育厅跟岗学习。

（三）瞄准服务供给这个基础，为乡村文化振兴提供源头活水

一是大力开展农村阅读行动。常态化联络教育部及各直属单位为威县

中小学捐赠图书，如2023年，人民教育出版社为威县新建第九小学捐赠急需紧缺书目5000册；高等教育出版社为威县职教中心捐赠价值10万元的技能类图书；天津大学"兴学之路"社会实践项目——梦想书屋落户威县，为桑家庄村重新装修并彩绘书屋墙体，捐赠全新的书柜、书架、桌椅、自主学习机和近700册各类读物和绘本，将农家书屋升级为梦想书屋，增加了孩子的阅读资源，培养儿童良好的阅读习惯。

二是推动乡村美育课程建设。推动将威县纳入中央音乐学院和天津音乐学院新时代文明实践基地，组织中央音乐学院、天津音乐学院两名博士生导师和八名研究生在威县开展音乐美育文艺志愿服务，八所小学、3000多名学生获益。团队还对全县近百名音乐教师开展了《音乐教师多元化综合视域培养》专题培训，以提升全县音乐教师的综合素养。两所高校还将依托"双师课堂"平台，将音乐课程送到威县乡村学校，送到孩子们的身边。

三是探索支撑村民终身学习。国家开放大学为魏家寨村捐赠价值3.5万元的电脑、大屏幕电视及社区云课堂设备和资源，通过多途径、多形式的广泛宣传引导各年龄段的村民投入终身学习，努力打造"人人皆学、时时能学、处处可学"的学习型乡村。

（四）找好环境改善这个切口，为乡村生态振兴破除发展瓶颈

一是中国教育发展基金会连续7年在威县实施中央专项彩票公益金"润雨计划"，累计投资5421万元，实施了旱厕改造、洁净取暖、屋顶防水等工程，覆盖16个乡镇的127所学校，极大地改善了农村中小学的办学条件。其中，"洁净取暖全覆盖工程"通过增容变电设备、改造供热管道、换装空气源热泵机组，将寄宿制学校改为空气能取暖，确保冬季取暖低价、安全、清洁；"屋顶防水全覆盖工程"解决了学校屋面裂痕、墙皮脱落、雨雪后漏水及漏水引发的校舍用电安全等问题，全力保障雨雪天气正常的教学秩序。

二是南开大学在威县设立中国式现代化乡村工作站，环境学院师生通

过参观威县综合污水处理厂、大气观测站以及生活垃圾焚烧发电项目,实地考察东夏关、桑庄村以及李庄新村等典型乡村建设项目,接续在威县开展暑期实践项目,探索改善威县的水域环境和土壤情况。

三是协调江苏农林职业技术学院、浙江旅游职业学院、南京旅游职业学院与威县文旅局签订战略合作协议,帮助威县孙家寨孝道文化景区、"金水河"片区文旅项目进行整体规划,力争打造文旅产业带动乡村振兴的新模式。

(五)紧抓支部建设这个关键,为乡村组织振兴注入强劲动能

研究制定《关于教育部司局党组织与威县乡局级单位党组织结对共建活动的实施方案》,部机关有关司局和直属单位基层党支部与威县村党支部建立结对共建关系,初步建立教育部挂职干部临时党支部与邢台应用技术职业学院教师党支部共建机制,以及魏家寨、孙家寨、草楼、桑庄等教育部乡村振兴示范村与河北农业大学、河北工程大学、邢台医学高等专科学校等高校基层党支部共建关系。组织开展学习习近平总书记关于职业教育工作的重要指示批示精神、"缅怀先辈伟绩 喜迎党的二十大"主题党日、"党的二十大报告联学"等支部活动,协调邢台医学高等专科学校等高校为4个教育部定点帮扶示范村开展义诊,进行县乡村医护人员培训,同时捐赠医护物资等。

延伸阅读

成立高校知识成果转化中心 助力知识成果在威高效转化

为了进一步提升县域科技创新能力和水平,打造经济发展新引擎,推动县域经济社会高质量发展,威县在"百校入威"工程的基础上筹建了高校知识成果转化中心。中心按照政府主导、高校支持、企业参与、市场运作的思路,构建知识成果信息共享与应用体系,畅通校企地对接渠道,建

强公共平台服务、集聚专家学者、转移高新技术、培养创新人才等功能，力争打造辐射冀东南的技术转移服务中心和区域科技创新中心。高校知识成果转化中心为正科级事业单位，核定全额拨款事业编制 10 名，下设综合事务部、高校联络部、信息技术部、企业服务部 4 个股室，所需人员编制从全县同类人员编制中调剂解决。

在教育部科技司、河北省教育厅和有关高校的支持协调下，高校知识成果转化展厅和信息系统已初步建成，近 30 家高校提供了有关信息资料并入库，10 余个高校技术转移中心威县分中心、教授工作站、工程技术中心分中心、乡村振兴研究院等成立，50 余家威县规模以上工业企业提出了技术需求并入库。展厅按照教育优质均衡、产业科技创新、人才创新培养三位一体的总思路，设有 5 部分：一是抢抓教育部帮扶机遇，从习近平总书记关于乡村振兴重要论述、教育部定点帮扶工作主要举措和成效、党的二十大以来帮扶工作新思路等方面进行展示；二是推动教育高质量发展，展示党的十八大以来教育部 12 年持续帮扶的主要成果；三是提供全方位人才支撑，介绍威县通过灵活方式引进的院士等各类高层次人才、高校毕业生的基本情况和培训本地干部、专业技术人员和乡村致富带头人等的情况；四是促进全产业科技创新，展示威县校地校企合作项目和成果情况、知识成果转化信息系统运行运用情况等；五是谱写新时代威县篇章，介绍威县近年来特别是新一届班子成立以来经济社会发展的总体思路和最新进展。

高校知识成果在威县转移转化是威县优化营商环境的重要举措，高校知识成果转化中心和展厅自成立之日起就承担了展示校企合作成果的职能，先后接待各地政府、海内外企业家不计其数，逐渐成为威县亮丽的新名片。

案例启示

（一）政府高度重视，形成工作合力

"百校入威"工程成绩的取得有赖于县委县政府的高度重视和全县上

下齐心协力。一是县委县政府将"百校入威"工程列入全县高质量发展"十大战役"之一，设立工作专班，并选派县直各单位和乡镇负责人参与专班工作，全力支持高校知识成果在威转移转化。二是县委书记、县长多次专门召开"高校知识成果转化及科技创新"政企恳谈会，经常深入包联企业宣讲校企合作的案例和成果，并亲自联系接待来访高校，为企业承接高校知识成果转移转化打下了坚实基础。三是出台威县"人才十条"，鼓励企业开展科技创新，对年缴税额达到1000万元、2000万元的科技型企业，由企业每年分别推荐1名、2名做出突出贡献的人才作为奖励对象，由财政给予每人5万元的一次性奖励，用真金白银的投入为企业创新注入"强心剂"。

（二）强化宣传力度，推动思维革新

企业作为科研任务的"出题人"和创新风险的承担者，对于引领产业前沿创新、形成核心竞争力的技术需求不够清晰，创新的主动性不强，对高校偏基础、前沿的研发成果缺乏消化吸收的能力，不愿意承接风险较高、不确定性较大的早期科技成果，对于科技成果转化前期投入的态度普遍较为审慎，这些都极大制约了高校知识成果的转移转化。其实，高校知识成果转化在经济基础较好的城市也绝非易事，何况在曾经的国家级贫困县。但是，只要宣传力度够大，帮助企业算明白长远账，总会有人想站出来做第一个吃螃蟹的人。例如，威县魏家寨村有家生产汽车零配件的企业，在驻村第一书记的大力宣传下，初中学历的企业负责人敢于迈进高校寻求技术支持。他们和河北科技大学、河北师范大学共同研发的智能变速箱换油设备，解决了超低变速箱无法用设备换油、高压变速箱用设备换油时新旧油在设备内部互相混油的难题；与天津大学共同研发的智能冷却制动二合一养护设备，实现了一键操作、智能更换，广受市场好评。

（三）坚持系统思维，推动全面振兴

虽然科技创新是乡村振兴特别是产业振兴的引领性动力，但是绝不能只着眼于科技创新。要扎实推动乡村产业、人才、文化、生态、组织振兴，需要教育、科技和人才三位一体、协同配合，共同塑造乡村发展的新优势、新动能。"百校入威"工程一直将威县教育事业发展作为重中之重，积极引进各类资源，推动威县教育高质量发展。一是举办教育高质量发展大会，邀请教育部教师工作司司长任友群做题为《学习贯彻党的二十大精神　打造新时代高质量教师队伍》的主旨报告，邀请潍坊市教育局副局长井光进、石家庄二中党委书记赵洪等教育专家和省内外教学名师与威县教育系统干部深入交流课堂教学改革。二是推动教育单位结对共建。协调中国人民大学附属中学对口帮扶威县一中，石家庄二中对口帮扶威县二中，常态化开展教师交流研讨、跟岗学习等活动，使威县的中学教学质量显著提升，生源回流趋势明显。三是强化教师培养培训。组织威县教育局骨干人员和中小学校长赴山东高密教育局和中小学开展"沉浸式"观摩学习、跟岗交流等结对单位共建活动，全方位提升威县教育系统的工作能力。协调全国教育系统先进工作者、全国中小学教师培训专家工作组成员等参与威县"国培计划"，为威县5000余名中小学老师开展线上线下培训，极大地提高了威县教师的课堂教学能力和水平。

案例23 打造高端绿色智能农机新高地

——北京中科原动力科技有限公司以科技创新赋能乡村振兴

案例概述

在全球智能化、绿色化转型的大趋势下,党的二十大报告提出了"实施产业基础再造工程和重大技术装备攻关工程,支持专精特新企业发展,推动制造业高端化、智能化、绿色化发展"[①]的政策精神。《中国制造2025》提出,农业机械装备朝着以信息技术为核心的智能化与先进制造方向发展。《"十四五"全国农业机械化发展规划》指出,大力推动机械化与智能信息技术相适应,引领推动农机装备创新发展。新形势下,中国的高端绿色智能农机发展前景巨大,却也任重道远。

2019年,一群从事人工智能与自动驾驶领域的青年响应"将论文写在大地上"的号召,投身智慧农业领域。一家名为北京中科原动力科技有限公司(以下简称中科原动力)的科创企业在中国科学院微电子所的孵化下应运而生,并且迅速成长为农业机器人国家高新技术企业。公司由首席科学家、中国人工智能学会名誉理事长、中国工程院院士李德毅领衔,核心团队来自清华大学、伯克利大学、早稻田大学等国内外知名高校。他们长期深耕人工智能与智慧农业领域,以提升农业生产效率为使命,为农业生产者提供可以全昼夜、自动化、精准作业的农业机器人产品。

该公司的产品包括农机无人作业系统、新能源及智能农机整机、农业机器人等。产品可应用于旱田、水田、设施大棚、果木、园林等作物的耕、整、种、管、收全过程。公司产品已达到L4级世界领先的智能化等级,并实现了商业化、规模化应用。

---

① 习近平:《高举中国特色社会主义伟大旗帜 为全面建设社会主义现代化国家而团结奋斗——在中国共产党第二十次全国代表大会上的报告》,人民出版社2022年版,第30页。

该公司先后荣获全国农牧渔业丰收奖、中国农业机器人创新大赛全国一等奖，入选农业农村部十大引领性技术，中国农业农村重大新技术，先后被评选为中国智能农机最具创新公司TOP10、科技兴农服务提供商TOP20、中国自动驾驶产业"生态圈"标杆企业，被中央电视台、新华社、《人民日报》、《农民日报》等主流媒体多次报道，引领行业发展并产生了很好的社会和经济效益。

案例剖析

（一）智能农机让农业生产更安全、更精准、更省钱、更高效

智能农机、农业机器人的应用不仅能大大提高耕种作业的效率，而且作业质量精度可达厘米级，可以最大限度地提高土地、种子、化肥的利用率，解决传统人工耕田所带来的标准度不一的难题。与传统农耕相比，这些智能农业装备不仅延长了耕作时间，还提高了农耕生产的精准性和时效性，对缓解我国农业生产劳动力紧缺、成本高、效率低的难题，缩小与发达国家在农机智能化领域的差距具有重大意义。

中科原动力团队在人工智能与自动驾驶领域历经超过十年的积累，研发了会学习的农田作业机器人，并且实现数据驱动、快速迭代，让农机无人化作业效果堪比"老机手"，使生产更安全、更精准、更省钱、更高效。

截至目前，中科原动力系列产品已运用在黑龙江、吉林、新疆、宁夏、河北、北京、广西地区，并在巴基斯坦等共建"一带一路"国家的实际生产中，累计无人标准化作业面积近百万亩，获得众多标杆客户的认可。

（二）全球首发新能源智能拖拉机，通过科技创新持续引领产业发展

中科原动力CEO韩威在2023年10月举办的新能源智能农机新品牌发布上提到，近年来，以机器人、大数据、人工智能为代表的新一代信息科

技与农业深度融合发展，提速智慧农业发展，变革传统农业生产方式，成为我国农业农村发展的新引擎。具有多维感知、智能决策、精准执行等特征的农业机器人是全球智慧农业的核心要素，绿色低碳模式也是各国农业发展的显著方向，也因此激发了国际农机企业积极布局新能源智能农机产业。

面对农业现代化和数字化转型升级的迅猛趋势，农机的智能化、绿色化转型恰逢其时，也势在必行，中科原动力"万途™VOLTOR"新能源智能拖拉机全新品牌顺势而生，为农业生产者带来全面数字化、智能电控、安全可靠、超强绿色动力等多样化的价值。

（三）制定开源计划，赋能行业发展

中科原动力在以持续创新引领农业智能装备发展的同时，坚持开放生态、合作共赢，携手推动产业链生态圈的良性共建，激发产业链企业创新活力，为生态伙伴带来更大的发展机遇，推动中国农业智能装备做优做大做强，提升产业发展水平和竞争力。

韩威还在新能源智能农机新品牌发布会上宣布了全球首个农机绿色化、智能化开源战略——VT-OPEN。据悉，中科原动力提出的 VT-OPEN 开源战略将向行业内授权的伙伴免费开源共享专利技术、数据和零部件，加速智能农机产业的发展进程。首批进入 VT-OPEN 开源计划的技术或专利包括：电池系统、动力电机、十合一电控单元、VE 平台全线控底盘系统、高端正压驾驶室及新材料外观件等。该开源计划显著降低了电动化新机型研发的门槛，并通过统一化的框架，加速了研发、测试、验证及认证的整个流程，对于提升中国农机品质、降低零部件成本、标准化农机研发制造流程等具有重要的意义。

（四）以科技创新助力乡村振兴

在智慧农业场景方面，中科原动力依托农业机器人产品体系，在国内外打造了多个智慧农场和数字农场，为智慧农业从概念到现实树立了全新标杆。公司的智能农机相关标准和规范也被引入为大型企业和行业的标准体系。

中科原动力在全国多地打造蔬菜无人农场，在黑龙江助力北大荒集团进行数字农场及无人化农场群建设，成立"蔬菜无人农场群体智能联合实验室"；在新疆建设数字化高标准智慧棉田；在具有典型丘陵特征的宜宾实现了五粮液酿酒专用粮糯红高粱少人化、低碳化、智能化联合收获、运输与整地，打通了从太阳能到电能再到机械能的能量链路……在产业实践中，中科原动力成为农业智能化、绿色化转型发展的典范。

延伸阅读

中科原动力万途新能源智能农机简介

"万途™VOLTOR"是中科原动力全新子品牌，取电压VOLT和拖拉机TRACTOR之意。该子品牌以推动农机全面电动化为使命，专注于新能源智能农机及其部件的研发。目前，公司规划了从VC到VG，动力性能从25马力到250马力共五个全球化的电动农机平台。2023年10月26日公司首发95—140马力的全新VE平台。

相较于传统柴油拖拉机，该电动平台具备以下亮点：

高端智能安全驾驶室：正压力低噪驾驶室可以隔绝尘土、农药等有害物质；配备的新风空气净化系统、自动冷暖空调、360°光源系统，以及超大视野设计，保证了全昼夜最佳作业体验。

电池系统及高压电控系统：专为农机研发的高可靠性充换一体电池包具备超大电流充放电能力，电池可一小时极速充满。高集成度的十合一多功能智能电控单元能够让系统智能高效地运行。

智能电控人机交互与操纵：行驶及农具操控系统全面实现了电控化，彻底告别传统的机械档杆与拉线，取而代之的是通过集成化多功能扶手进行操控，点触之间就可以轻松实现驾驶与作业。智能人机交互终端方便设置车辆参数、观察车辆状态，显示全车影像，还可集成最高 L4 级全无人作业功能。

澎湃动力与可靠电传动系统：搭载自主研发的重型高扭矩电机，具备超强瞬态响应能力。匹配自主研发的自动变速器可实现区间无级变速，段间自动换挡等功能。智能整车控制器 VCU 通过自动调整各系统的功率分配，保证安全及作业质量。

多功能连接系统：后三点悬挂系统支持力位综合调节功能；装配了 3 路电控流量远程阀，液压系统泵流量峰值流量超过 100L/min，满足大流量机具需求；后置高压直流/交流大功率直电输出，符合 VT-CONN™ 标准的电动化农具，可自由连接；无级变速前后 PTO 系统，具备自动启停功能及软启动功能，保护挂接的农具。

可信赖的传动系统：加强型后桥，可选装多规格优质子午线轮胎，保证最佳的作业效果。四驱分动、行车制动、驻车制动以及差速操控，全面实现线控化，操作高效，并提供高阶无人驾驶接口。

案例启示

第一，国产拖拉机中低端产品竞争激烈，但在超大马力、智能化、高端化产品上依赖进口。尽管我国拖拉机市场在规模上已经处于全球领先地位，但是现阶段还存在突出问题，国产品牌的竞争焦点一直集中在中低端产品上，在超大马力、智能化、高端化产品上依赖进口，国产化缺口突出。伴随着国内农机产业调整升级进程加快，品质过硬、智能高效、性价比高的品牌将优势明显。

第二，智能农机可以助力农业生产节本增效，缓解劳动力紧缺、成本高、效率低的难题。作为全球领先的农业机器人产品服务提供商，中科原动力实现了农耕作业方式从机械化到自动化、智能化的飞跃。具备全昼夜无人化精准作业能力的智能农机可以助力农业生产达到节本增效的目的，可以缓解我国农业生产劳动力紧缺、成本高、效率低的难题。

第三，要加快形成新质生产力，增强发展新动能，实现高水平科技自立自强。2023年9月7日，习近平总书记在黑龙江主持召开新时代推动东北全面振兴座谈会时强调："积极培育新能源、新材料、先进制造、电子信息等战略性新兴产业，积极培育未来产业，加快形成新质生产力，增强发展新动能。"[①] 作为科创企业，中科原动力致力于创新农业绿色智能的新生产力。公司将继续强化人才队伍建设、推进产学研用深度融合、持续引领科技创新，为加快实现高水平科技自立自强、支撑引领行业高质量发展做出贡献。

[①] 《培育战略性新兴产业 加快形成新质生产力》，中工网，https：//www.workercn.cn/c/2023-10-10/8008203.shtml.

案例 24 "大数据＋农村人居环境治理"

——贵州"禾力乡村"数字技术平台助力乡村振兴

案例概述

党的二十大提出全面推进乡村振兴，建设宜居宜业和美乡村，加强改进乡村治理、改善农村人居环境。习近平总书记强调："要用好现代信息技术，创新乡村治理方式，提高乡村善治水平。"[①] 为深入贯彻党中央、国务院和贵州省委、省政府关于实施乡村振兴战略、推进农村人居环境整治的安排部署，全面落实贵州省经济工作会议精神，贵州省住房和城乡建设厅在全国率先部署推进，牵头指导贵州小黑科技有限公司开发"禾力乡村"平台，通过发挥大数据先行优势，将高新科技领域的创新发展与实现贵州省农村地区的跨越发展紧密结合，实现"大数据＋农村人居环境治理"的高度融合，促进农业全面升级、农村全面进步、农民全面发展。

（一）平台建设概况

"禾力乡村"平台针对乡村资源数字化、管理信息化、治理智能化等新场景需求，立足解决乡村数字资源分散、数据统计报送困难、时效性差、工作效率低、监管手段单一等问题，利用大数据、云计算、物联感知、移动互联网技术实现乡镇生活污水处理智慧管理、垃圾收运精细化运管、乡村文化数字化保护与推广等服务，搭建了一套移动办公、实时监测、高效监督、开放共建的数字乡村动态服务平台，填补了贵州省乡村大数据精细化动态治理的空白。平台以乡村治理为基础，聚焦乡村发展，连接个人和政府、企业、社会团体、高校等组织，共同助力乡村振兴。

---

① 《习近平关于"三农"工作的重要论述学习读本》，人民出版社、中国农业出版社 2023 年版，第 101 页。

（二）平台荣誉

以贵州乡村为实践点，"禾力乡村"平台垃圾运收监管系统在2021年已实现对贵州省行政村全覆盖，于2021年初获赠贵州省住房和城乡建设厅的感谢信。该信对平台在巩固拓展脱贫攻坚成果、推进贵州省乡村振兴等方面的贡献表示肯定。同时，省住建厅就"贵州数字乡村——农村生活垃圾收运体系监测平台"向中共中央办公厅、国务院办公厅作专题介绍，《中国建设报》、中国建筑杂志社、贵州省人民政府网、《贵州日报》等多家媒体平台先后对其进行了宣传报道。基于平台建设经验和技术优势，贵州小黑科技有限公司成为传统村落数字博物馆标准建设的15家单位之一。

（三）平台建设主体情况

贵州小黑科技有限公司于2017年12月成立，是国家级高新技术企业。董事长宁永强为中国地理产业协会旅游地理信息工作委员会主任、中国地理信息产业协会第七届理事会理事、国家测绘地理信息局（2018年改为自然资源部）工程技术研究中心技术委员会委员，他带领公司团队基于地理信息技术，打造以3D数据生产与加工、AI数据标注可视化编辑、GIS能力支撑及行业应用为主要运营内容的数据平台层，并以此构建了SaaS化平台运营支撑体系。目前，该平台已成功研发并顺利实施了"数字乡村综合治理服务平台建设运维""贵州传统村落数字博物馆平台""爽爽贵阳，中国数谷——全景数博会""全景顺德"等示范性项目。

案例剖析

"禾力乡村"平台通过"三端合一"的产品矩阵实现乡村建设发展一张图、一体化、集成式管理的服务模式；以践行数字中国战略、数字化助力乡村振兴为目标，基于贵州乡村的实践，沉淀了"1＋1＋N"创新实践模式。

（一）"三端合一"，打造乡村治理综合大数据平台

"禾力乡村"平台通过数字乡村 App、数字乡村建设监测大数据可视化平台和数字乡村建设管理后台"三端合一"的服务体系，连接人、事、物，实现一张图、一体化、集成式管理与服务，对人居环境改善起到强有力的推进和监管作用，同时为乡村治理数字化提供决策依据。

数字乡村 App 是数字化、移动化的乡村建设载体。通过手机 App 便能随时随地掌握业务情况，达到高效监督、协助治理的效果；另外，通过建设群众监督通道，群众便可拍照上传、反馈人居环境问题，这也有利于鼓励群众加入美丽乡村的建设工作中，增加乡村工作中群众的参与感、成就感、幸福感。数字乡村 App 使手机成为建设乡村、治理乡村的数字工具。

数字乡村建设监测大数据可视化平台是数字乡村的各级事务管理驾驶舱。该平台可对数据进行可视化监测，实现各业务模块实时动态可视化表达，"农村生活垃圾收运处置体系""农村住房保障""乡镇生活污水处理""农村厕所革命"等板块的信息以地图形式，省、市、县、镇、村层层递进展现，辅以区域数据统计页卡，系统化呈现业务数据。同时，该平台还能对各板块的运行状态进行实时监测预警，实时通知工作人员采取相应措施。

数字乡村建设管理后台是乡村行政事务管理的大中枢。作为垃圾收运、农村住房、污水处理、传统村落等服务功能的控制中心，平台汇集系统各模块的海量业务明细数据，在管理后台生成业务台账、统计报表，并对数据实时监测分析，最后在监测大屏以图表形式直观呈现统计数据。

（二）搭建一个数字平台，助力乡村治理和运营数字化

乡村的数字化治理与运营以数字平台为载体，在数字化治理方面，首先，将乡村治理全要素的基础信息输入数据库，构筑乡村建设监管服务，全方位对区域内农村生活垃圾、乡镇污水、住房安全保障等进行全流程监管，为政府提供数据决策支撑；同时，搭建村民共建共治应用及积分体

系,助力和美乡村建设,促进数字经济发展。其次,打造全国第一个省级传统村落数字博物馆,同时制定省级基础信息管理及数字应用建馆规范。通过数据采集汇编等建立数字资源库、数字博物馆等,为乡村文化保护提供更多载体,加强乡村文化的保护和传承。另外,平台提供村级事务服务,包括村民服务、环境治理、智慧党建、集体资产管理等,打造数字政务"最后一公里",实现高效办公、全民共治,同时沉淀村级资产数字库。

在数字化运营方面,在治理有效的基础上因地制宜,探索建立与乡村产业发展同频共振的数字化运营服务。一方面,打造动态乡村百科全书,建立乡村百科资源库,连接乡村上下游产业资源;另一方面,通过提供用工、零售等撮合服务,促进乡村各类信息流通,逐步建立信息服务生态。

(三)建立一套运营服务体系,引才引资进村,助力乡村发展

基于数字平台的技术支撑,建立持续融合发展的乡村运营服务体系,组建了乡村实践经验丰富的运营团队,通过产品运营、活动运营、媒体运营等多种方式,结合驻村团队,为乡村的品牌打造与价值提升提供运营策略及资源对接。一是构建乡村行业共话平台,聚焦乡村保护与发展,聚合各方资源,聚集高端人才,群策群力,形成会展经济,为乡村引资融资;同时借助媒体引发关注、扩大交流,促进乡村运营发展的对话与合作。二是策划"乡村系列"品牌活动,如"随行乡村"旨在让青年人才、行业专家、优质企业走进乡村,促进乡村传统文化的传承、传播,引才引资进村,探索乡村可持续发展路径;"徒步乡村"则通过数字技术,定制结合乡村田园风光、原生态农业生产、特色产业和农产品、乡村特色居民建筑等的精品路线,充分展示乡村的文旅特色和产业资源,为乡村增添人气。三是通过招商推介、媒体宣传等手段,宣传乡村,促进乡村资源活化;挖掘乡村消费、产业融合及投资兴业等多种场景,助力乡村可持续发展。

(四)连接 N 个生态合作伙伴,共建数字乡村行业生态

在数字治理与运营服务的双轮驱动下,以"禾力乡村"平台为链接,

不断扩展融合生态农业、乡村文旅、教育研学、休闲康养等业务场景的生态合作伙伴，共建数字乡村行业生态，加速绘就可借鉴、能复制、好推广的乡村振兴"数字画卷"，以贵州乡村实践作为起点，延伸至西南区域，推动全国数字乡村的建设进程。

> **延伸阅读**

"禾力乡村"为乡村治理提供智能、高效的解决方案

"禾力乡村"平台目前已为贵州省9个地州市88个县区提供乡村数字化监管、传统文化展示和传播、大数据分析、乡村运营等综合服务。

在多年的沉淀中，该平台取得了良好的成效，如在农村生活垃圾收运监管方面，覆盖1.5万个行政村、11万个自然村寨、13万个垃圾收集点、208个转运站、6000多辆车通过平台被纳入监测管理范围；在乡镇污水处理监管服务方面，实现对1148个乡镇管网进行数字化动态管理，对100多个乡镇的污水处理厂进行运营质量监管；在乡村百科动态资源库方面，目前已收录1.3万个行政村、10万个自然村寨、200余个传统村落的乡村基础百科，建立了乡村云名片；在村级事务服务方面，已在200多个行政村进行试点示范；在品牌运营服务方面，"随行乡村"活动已连续开展5年，先后联合清华大学、港澳同胞等发起特色随行路线，脚步遍布红安、潜山、港澳、贵州等地。

该平台为乡村多个场景提供的解决方案可行性非常高，可适用的范围广泛，具备较强的可复制推广性，可以为乡村地区提供智能、高效的解决方案。具体来说：

第一，该平台适用范围广泛。"禾力乡村"平台的应用范围非常广泛，适用于不同规模的农村。无论是小型农村社区还是大型乡镇，都可以根据实际需求进行定制化部署。平台支持从覆盖多个行政村和自然村的简单场景到覆盖市州、省级的复杂场景，具有较强的适应性。

第二，该平台具备较强的可复制推广性。该平台以 SaaS 模式进行搭建，结合农村各场景深入调研，提供标准化的解决方案，具有较强的可复制推广性。解决方案一旦在某个乡村成功推广和运行，其解决问题的效果将得到验证，积累的宝贵经验就可以被成功复制推广到其他乡村地区，降低了推广过程中的风险和难度。

第三，政府主导多方合作的运营模式。平台的建设运营模式以政府主导为主，与垃圾处理企业、物联网技术供应商等建立合作关系，共同投入资源，推动平台的运营和维护，建立线上线下结合的服务网络，提高政策的执行效率和覆盖范围。

第四，个性化服务。该平台可以因地制宜提供定制服务，满足不同乡村的特殊需求。依托平台可以大大提高信息传播的速度和广度，使得好的政策、好的做法迅速推广到各个乡村。

案例启示

"禾力乡村"平台有以下四个特点：一是整体谋划。按照一张图、集成式，大数据、多融合，分步走、全覆盖的原则，"禾力乡村"平台建设之初就被定位为服务乡村振兴战略的技术支撑平台。目前，该平台已建成乡村建设监管、乡村文化保护、村级事务服务、乡村发展运营等多个模块，涵盖村镇建设的大部分内容。二是动态监测。以村镇垃圾收运体系为例，除部分偏远村落外，所有村镇垃圾清运车都安装了定位模块，所有收集点和转运站都有定位坐标，可实时监测清运车、转运站和终端处理厂，真正做到了让数据跑起来。三是资源聚合。搭建了乡村基础数据库，实现乡村基础、特色资源、产业、村级集体资产等信息的数字化，信息由一线工作人员实时更新维护，通过村"两委"审核发布上线，保障信息的真实性、权威性。四是开放互通。平台以 SaaS 模式进行搭建，为农村多个场景提供标准化的解决方案，同时连接政府、企业、高校、用户共同塑造数字乡村行业生态。

从"禾力乡村"平台建设的实践来看,数字乡村建设在助推乡村振兴的进程中,可加强以下几个方面:

第一,抢占制高点。强化一体设计、协同并进、融合创新,促进城乡生产、生活、生态空间的数字化、网络化、智能化发展,加快共建共享、互联互通、各具特色的数字城乡融合发展格局的构建。以平台为载体,逐步集成村镇建设发展的各类项目数据信息,打造中国的乡村大脑。

第二,推进一体化。按照全国一盘棋的思路进行谋划,同时兼顾各地实际需求,建立以省为主体的全国数字乡村检测平台,总结做法,形成经验。另外,多方联合召开专家论坛、建立专家智库、推广经验做法。

第三,实现大数据。以高分辨率的卫星影像图为底图,不断叠加各类数据资源,不断完善各类数据标准,不断提高各类数据的价值,打造更加开放、包容、安全、高效的数字乡村平台,为相关部门决策提供数据支撑的同时,形成群众深度参与的成果共享平台,共同缔造美好环境与幸福生活。

案例 25　矢志不渝育良种　服务大局助振兴

——山东菏泽市农业科学院大豆科研团队助力乡村振兴

案例概述

山东菏泽市地处山东省西南部，与苏、豫、皖三省接壤，系黄河冲积平原，除巨野县东南有 10 平方千米的低山、残丘外，其余为沃土良田，是农业大市。多年来菏泽的粮食产量一直稳定在 150 亿斤左右，占到了山东省粮食产量的 1/7，其中，大豆的种植面积、总产量每年分别稳定在 40 万亩、81456 万吨左右，均占全省大豆种植面积、总产量的 1/7。而大豆品种和种植技术在提高大豆亩产、大豆品质等方面发挥着重要作用。

菏泽市农业科学院充分发挥自身优势，强化科技支撑，长期坚持技术创新、集中攻关，组织精干力量聚焦大豆育种、示范推广、现代化种植。以王秋玲为主的科研创新团队坚持把科研写在大地上，围绕我国大豆种业发展的最新方向和农业生产的实际需要，坚持与时俱进、超前谋划，经过多年的坚守、坚持，与泥土为伴、与大豆为伴，在科研中勇于创新、敢闯敢试，在大豆育种等方面取得了重大进展。团队依靠科技创新提高大豆单产、提升大豆品质，实现了农民增收、农业增效，惠及菏泽市各县区，辐射周边黄淮海地区，为确保我国大豆种业安全、粮食安全做出了贡献，也为发展现代农业、实现农业高质量发展、助力乡村振兴做出了积极贡献。

王秋玲团队现已育成国家审定大豆品种 8 个，山东省审定大豆品种 19 个，湖北省审定大豆品种 1 个，江苏省审定大豆品种 1 个，获得植物新品种保护权 19 项。其中，育成的菏豆系列大豆良种具有产量高、抗逆性强、适应性广、商品性优良、符合生产和市场需要等特点。近 5 年，累计推广大豆种植面积 1200 万亩，新增经济效益 13.2 亿元，为推动现代农业发展、助力乡村振兴发挥了重要作用。王秋玲本人因成绩突出，先后当选为第十三届全国人大代表，中共山东省第十次、第十一次党代会代表，获农业部

"国家农作物区试先进个人"、山东省大豆区试先进个人、山东省有突出贡献的中青年专家、山东省优秀科技工作者、菏泽市优秀共产党员、菏泽市三八红旗手、菏泽市粮食生产突出贡献农业科技人员、菏泽市专业技术拔尖人才等20余项荣誉称号,获山东省丰收奖、山东省政府"勇于创新奖"、山东省"富民兴鲁"劳动奖章、山东省科技进步奖、菏泽市科学技术奖等20余项奖项。

案例剖析

(一)坚守为民初心,牢记育种使命

团队带头人王秋玲自大学毕业到菏泽市农业科学院后,一直从事大豆研究工作。30多年来,她怀着对农民、对农业、对育种事业的特殊感情,长期奋战在农业第一线,将培育更多更优的大豆新种作为毕生的奋斗目标,坚守科技兴农为民初心,牢记育种富农强农使命,带领团队攻坚克难,用实际行动诠释了广大农业科技工作者的理想和情怀,在大豆育种战线上奋斗不止,为保证我国粮食安全、种业安全贡献力量。选育新品种,育种周期长、不确定因素影响大,即使在顺利的情况下,育成一个新品种也需要十几年才能育种成功,这不但需要充分调查研究亲本材料的特征特性和遗传特点,而且还要巧妙配制杂交组合,科学进行杂交后代选择,合理搭配各项试验程序,综合评价高代品系等,这样才能培育出新品种,其中的每个环节都饱含着育种人的心血和汗水。正是这份坚守和坚持,她才能以甘于寂寞的心境、百折不挠的坚强意志、吃苦耐劳的工作作风、科学严谨的工作态度培育出系列大豆新品种。

(二)勇于创新求进,育种硕果累累

在王秋玲的带领下,菏泽市农科院科研创新团队扑下身子、扎根大地,深入田间地头、深入群众,根据黄淮海农业的自然禀赋,结合当地大

豆产业的发展情况，紧盯我国大豆种业发展最前沿，勇于创新、开拓进取，培育出了一系列适应当地实际的高产优质大豆新品种，硕果累累。该团队先后育成国家审定大豆品种 8 个，山东省审定大豆品种 19 个，湖北省审定大豆品种 1 个，江苏省审定大豆品种 1 个，获得植物新品种保护权 19 项。培育的菏豆系列大豆良种已有 20 多个品种，在黄淮海夏大豆区广为种植。其中，菏豆 12 号于 2008—2022 年连续 15 年为山东省大豆品种区域试验的对照品种，多次入选山东省主要粮油作物主推品种，并荣获山东省科技进步三等奖。菏豆 33 号于 2019—2021 年连续三年在黄淮海夏大豆区推广面积排名中居第一位；2023 年以实收亩产 303.96 公斤创黄淮海大豆千亩方高产纪录，并入选《2023 年国家农作物优良品种推广目录》；2022—2023 年连续两年被农业农村部纳入农业主推品种；2023 年入选山东省主推品种和黄淮海大豆玉米带状复合种植推荐品种。菏豆 38 号在 2022 年的全国大豆高产竞赛中，以亩产 350.56 公斤通过实打验收，获得全国大豆高产竞赛第三名。

（三）根植农村大地，致力推广应用

大豆新品种培育成功不是终点。如何让"深在闺中无人识"的新品种为广大农民朋友所了解、认识和接受，让良种的"星星之火"走进千家万户，种遍沃土良田，呈现"燎原之势"，是摆在王秋玲团队面前的重要课题。为了实现"推广应用"这个目标，王秋玲带领团队充分利用科技下乡、乡村大集等多种形式，对新品种广为宣传介绍，同时，深入研究与品种相适应、符合当地生产实际的配套栽培技术，科学指导大豆生产全过程。为了推广大豆良种、提高农民种植大豆的积极性，王秋玲团队采取示范引领、典型带动的方式，精心遴选一批有代表性的县区安排大豆品种试验示范，并从有限的科研经费中拿出一部分资金购买种子、农药、化肥、喷灌设备等，将其免费提供给这些大豆示范种植户，并对种植户全程进行技术培训。特别是在大豆生长关键时期，团队成员更是深入示范基地的田间地头，手把手进行技术指导。大豆喜获丰收后，团队又帮助农户开拓市场、畅销渠道,协助销售大豆产品,示范带头效果非常显著。在鄄城县旧城镇王庄村,种植示范户的大豆亩产均超过 600 斤,高产地块亩产超过 700 斤,起到了很好的示范带头作用。由于大豆的品种好、产量高、品质优,吸引带动了周边地区的农民纷纷加入、广泛种植,切切实实让广大农民得到了实实在在的经济实惠。

(四)科技富农强农,助力乡村振兴

王秋玲作为山东省杂粮产业技术体系岗位专家和菏泽市大豆产业服务团团长,全身心致力于做好每个新品种和每项新技术的推广服务工作。王秋玲和她的科研创新团队长期深入基层,到各县区农技推广部门、农民种植合作社、大豆种植大户等处进行实地座谈考察调研,详细了解当地的大豆种植生产情况,及时解决农户在生产过程中遇到的各种问题、难题,全力提高服务精准度。在菏泽市,该团队主要示范推广了菏豆 12、菏豆 29、菏豆 33 等十几个大豆新品种,并且每年在鄄城县、牡丹区、郓城县等县区建立大豆高产示范基地,有效提升了大豆产业化、规模化发展水平,在解决粮油争地、稳定粮食生产、提升油料作物产能方面发挥了重要作用。坚持以科技兴农为指引,充分发挥农业科技人员和科研单位的农业技术优势,积极组织举办科技下乡、科技培训、科技服务等活动,培养、培训大豆种植大户和专业技术人才,助力人才振兴。创新服务方式,健全服务机制,开展精准服务,促进产业振兴,探索出"科技人员+基地+企业+合作社"的成果转化模式和育、繁、推一体化,产、加、销一条龙的大豆良种产业化途径,有力地促进了大豆生产水平的提高,助推乡村振兴。

延伸阅读

我国大豆育种的现状及前景

种子是农业的"芯片",对大豆产业发展而言亦如此。我国是人口大

案例 25　矢志不渝育良种　服务大局助振兴

国，保障粮食安全是"国之大者"。破解我国农业发展瓶颈的根本出路在哪儿？在 2022 年 12 月 23 日的中央农村工作会议上，习近平总书记指出："建设农业强国，利器在科技。"[①] 2023 年 3 月 6 日，习近平总书记又指出："解决吃饭问题，根本出路在科技。"[②] 大豆是我国目前供需矛盾最突出的农作物之一，我国每年对大豆的需求量在 1.1 亿吨左右，2022 年我国大豆种植面积是 1.5 亿亩，总产量为 2000 多万吨，进口量则为 9108 万吨，对外依存度高达 82%。2019 年开始，我国提出实施大豆振兴计划；2022 年，我国大面积示范推广大豆玉米带状复合种植模式，大豆种植面积快速扩大，但要让大豆成为富民"金豆子"，培育和推广高产、优质的大豆良种至关重要。

大豆育种是一项复杂的系统工程。一个优良品种的育成，需要对上千份资源进行鉴定优选，进而进行亲本选配、组合杂交，还要经过若干代的筛选、观察、培育，时间大都在 10 年以上。目前，国内外主要通过系统选育、杂交育种、辐射育种、化学诱变育种、分子育种等方法来进行大豆育种。20 世纪 90 年代中期以前，大豆育种基本采用系统选育、杂交育种等传统育种手段；20 世纪 90 年代后期至今，分子育种越来越广泛地用于大豆品质改良。

杂交育种是常规育种方法中应用较为广泛的育种技术。据统计，近 20 年经我国农作物品种审定委员会审定的 141 个大豆品种中，131 个品种为杂交育种选育，占比为 92.9%。该技术以孟德尔遗传定律和杂种优势理论为指导，根据育种目标选择合适亲本，叠加双亲优异性状，后代产生基因重组，性状分离，通过几个世代材料选择，选育出稳定的高产优质大豆品种。杂交育种方法主要有系谱法和混合法，由于系谱法在早代易丢失优良性状，目前生产上主要采用混合选择法，如此可保留大量变异株系，利于选出优良品系。

[①] 《深入学习习近平关于科技创新的重要论述》，人民出版社 2023 年版，第 308 页。
[②] 《习近平关于国家粮食安全论述摘编》，中央文献出版社 2023 年版，第 50 页。

常规杂交育种与分子育种相辅相成，是下一步大豆育种的方向。常规育种是基础，是育种家常采用的成熟育种方式，其以优质、高产、抗病为育种目标，利用基因重组、性状分离，经过多个世代种植，可选择稳定表达的株系作为品种，但其育种周期长，后期工作量大。由于作物本身缺少抗除草剂、抗病虫害相关基因，因此常规育种条件下难以选育出抗除草剂、抗病虫害品种，选育品种多为单一性状优异品种。分子育种的出现打破了物种间壁垒，使常规育种时间缩短、育种效率提高、生产成本降低，进一步丰富了大豆遗传资源。我国的分子育种目前处于起步发展阶段，未来，我国大豆种业技术将迎来高速发展阶段，常规育种与分子育种紧密结合，辅以后代选择技术将使育种效率提高，使优质、高产、广适、抗病品种育成率提升。

案例启示

（一）坚守初心使命是科技工作者投身乡村振兴的时代担当

王秋玲用30多年的付出与坚守，进行大豆育种研究。她一步一个脚印，用自己的勤奋和智慧攻克了一个又一个科研难题；她满怀着一腔工作热情和为农民增收、为农业增效的目标，坚持着大豆育种之路；她常常穿梭于田间地头，为科技富农和乡村振兴默默地奉献着。一年又一年，周而复始。一身泥土，一身汗水，她以一颗献身科研的赤子之心，以矢志不渝的坚守换来金秋的硕果累累——王秋玲带领的团队先后培育出21个大豆新品种。"金杯银杯不如老百姓的口碑，金奖银奖不如老百姓的夸奖"，在黄淮海夏大豆种植区，菏豆系列大豆品种备受老百姓青睐，近十年累计种植面积超3000万亩，新增社会效益30亿元，为脱贫攻坚和乡村振兴做出了突出贡献。

（二）乡村振兴需要培养造就一支高素质农业科技队伍

作物育种具有很强的连续性和继承性，在任何时候任何情况下都需要有人员把前辈们积累的育种资源和育种经验传承下去，并不断地发扬光大，这样才能保证这份事业生生不息。菏泽市农业科学院自20世纪50年代开展大豆研究以来，无论形势如何变化，一直没有中断过大豆育种研究。多年的大豆科研工作锻炼和培养了一支爱岗敬业、担当作为、攻坚克难、勇于创新、经验丰富、精诚团结的创新团队，同时也形成了一系列切实可行的大豆育种经验，如大豆杂交组配技术、大豆杂交后代选择技术、大豆品系综合评价技术、合理安排大豆品种试验程序技术等。在每次人员更替前，菏泽市农业科学院都会做好育种资源和育种经验的传承工作，并一代代地发扬光大。

（三）农业科技创新要立足当地、服务国家大局

菏泽市作为山东省农业大市，在保障和服务国家粮食安全大局上展现了菏泽担当。按照中央和省委要求，菏泽市深入实施种业振兴行动，大力推广大豆玉米带状复合种植。围绕这一战略，菏泽市立足于当地需求，着眼黄淮海夏大豆区的自然禀赋和经济发展需要，制定切实可行的大豆育种目标，包括长远目标和阶段性目标，并围绕目标制订各项育种计划和具体措施。实践证明，农业科技创新立足当地、放眼全国，是一条切实可行可持续的发展之路。菏豆系列大豆良种推广应用获得成功，深受农民的喜爱，走的就是当地研发、当地试种推广、再普及推广应用到黄淮海区域的路子。

（四）农业科技创新要有坚强的组织保障

实现乡村振兴，关键在党。农业科技创新，离不开党的坚强领导，离不开人才的智力支撑，离不开制度的坚强保障，要将各类资源要素汇聚到推动农业科技创新上来，需要坚强的组织保障。在菏泽市农业科学院的发展历史上，市委、市政府对大豆育种科研高度重视，无论形势如何变迁，均在人财物上对大豆科研团队给予全力支持。组织领导的关心关注和鼎力支持是激励和引导大豆科研团队担当作为、攻坚克难、砥砺前行的精神源泉和不竭动力。

案例26 "绿色＋""数智＋""能源＋"模式创新
——中能建城市投资发展有限公司聚焦"一创三转"助力城乡融合发展

案例概述

"十三五"规划以来,我国新型城镇化取得重大进展,绿色建筑、城市基础设施和生命线工程、城市功能提升、生态居住环境改善、城市信息化管理等方面的科技创新取得了长足进步。进入"十四五"规划后,区域协调发展、城乡融合发展的步伐进一步加快,在"人民城市人民建、人民城市为人民"目标下,推进城镇化与城市发展科技创新紧密结合,建设宜居、韧性、创新、智慧、绿色、人文城市,实现城乡居住环境升级,成为满足人民日益增长的美好生活需要的重要途径。

中能建城市投资发展有限公司牢牢把握新型城镇化、乡村振兴等重大国家战略部署,围绕住房城乡建设低碳转型的目标,积极落实创新驱动发展战略,以科技创新为重要支撑,依托中国能建集团总部的平台支持,积极探索以创新为引领的绿色化、数智化、融合化"一创三转"转型发展路径。推动构筑"全城市"产业链,通过"绿色＋""数智＋""能源＋"模式创新,打造绿色低碳、智慧融合的高品质特色产品,推动城市健康宜居安全发展,促进城乡居住环境升级,为统筹推进城乡一体化发展做出积极贡献。

推进"一创三转",为重点城市科技创新策源、战略性新兴产业聚集提供了重要承载,并且实现了科技创新、转型发展成果兼顾城乡,为乡村振兴提供了产城融合发展的条件。通过绿色低碳转型,实现了发展"全城市"业务与乡村振兴目标的融合互促,激活了绿色经济、低碳产业的发展动能,为加快农业转移人口市民化创造了更好的条件,也让美丽乡村留住了乡愁。

推进科技创新,巩固了竞争优势。国家行业科技奖方面,所属上海紫

案例 26 "绿色＋""数智＋""能源＋"模式创新

郡公馆项目获得住建部授予的"全国绿色建筑创新奖"二等奖；研究课题获得"北京市科学技术奖"一等奖、"中国房地产业协会科学技术奖"一等奖等奖项。国家课题方面，中能建城市投资发展有限公司的课题——"建筑室内空气质量控制的基础理论和关键技术研究"成功申报国家"十三五"重点研发计划课题，并承担3项示范工程，目前已通过验收、顺利结题。同时，该公司参编了5项国家标准、8项行业及团体标准，已累计取得47项发明专利、实用新型专利等。

案例剖析

（一）瞄准"双碳"目标，推动实现百姓富、生态美的统一

公司积极推动"30·60"战略目标在城市建设领域贯彻实施。按照中国能建《践行碳达峰、碳中和"30·60"战略目标行动方案（白皮书）》明确的思路举措，把握绿色低碳转型目标，构建科技发展体系，大力推进产技融合，有力支持碳达峰、碳中和目标落地达成。围绕零碳/低碳技术体系、综合能源、多能互补等领域，重点攻关掌握一批低碳、零碳关键核心技术，突破一批前瞻性、战略性和应用型关键技术，形成一套光伏建筑一体化技术体系，形成低碳/零碳综合解决方案。

实施乡村振兴战略的一个重要目标是构建人与自然和谐共生的乡村发展新格局，实现百姓富、生态美的统一。目前，公司开发项目绿色建筑覆盖率达到90%以上，基本实现国内外绿色健康认证标识全面覆盖，为地区社会经济高质量发展铺就了绿色底色。公司从社区、建筑等不同尺度、不同层次加强对绿色低碳技术的研发，形成绿色、低碳、循环的建设模式，创新研发成果在中心城市以及新型城镇的应用推广模式，助力乡村全面凸显生态宜居的发展优势。

（二）推进"七网"融合，贡献城乡融合发展的新样板

深度推进"七网"融合，是中国能建实现新能源、新基建、新产业

"三新"能建目标的战略安排，也是中能建城市投资发展有限公司推进融合化、一体化发展的优势所在。公司实行的"七网"融合模式，紧紧围绕创新、绿色、数智、融合做文章，推动能源网、数字网、水利网、生态网、交通网、产业网、文化网"七网"融合创新，形成城市综合开发运营一体化方案，着力为现代化新城市提供全新的建设样板和治理模型。

在重点一体化项目的实施过程中，中能建城市投资发展有限公司科学确定城市规模和开发强度，实现新能源产业集群、生态水循环系统、立体智慧交通、科技住宅、智慧社区等多维场景融合发展，支持和促进城市转变开发建设方式。"七网"融合在城市综合一体化项目落地实施，同步实现了向美丽乡村建设的延展，为农村道路、水利、人居环境整治、美丽宜居乡村建设开启了新的范式。"七网"融合的探索推进，正在逐步从空间格局、产业结构、文化融合等多个层面打破城乡二元结构，推进城乡在清洁能源、数智交通、绿色生态等方面的共建共享，为美丽乡村建设带来新的活力。

（三）依托科技力量，不断完善城乡现代生活条件

完善城市住房体系，推动城乡居住环境升级，有赖于科技进步的强大支撑。在技术领域，公司创新了三大成果：一是室内健康舒适环境营造技术体系，打造安全、健康、高效的高科技住宅产品。二是户式辐射空调集成系统，打造具有防疫安全功能的置换式全新风系统、以辐射供冷供热为核心技术的高舒适度健康空调技术、综合高效的能源利用系统。三是BIM正向设计技术，有效贯穿从方案设计到施工图设计的全过程，在全过程设计及项目管理过程中，有效发挥了可视化沟通与质量管控等重要作用。

公司大力建设"数智能建"，攻关建筑与能源融合关键技术，一方面为智慧街区、智慧社区、智慧楼宇、智慧商圈等新领域提供承载，一方面为更为便捷的美丽乡村生活创造条件。能源系统优化、零碳建筑及零碳社区等解决方案，逐步落实到普惠性、基础性、兜底性民生建设中来，提升

了农村生活的便捷、舒适程度，优化了农村的发展环境。"数智能建"充分考虑农村财力支持和农民接受程度，做到了既方便生活又促进生产。

（四）发挥协同效应，推动产业链"补链、延链、固链、强链"

中国能建具有全产业链、一体化发展优势，中能建城市投资发展有限公司作为其旗下重要的综合投资平台，有力协同集团"十二大"业务，推动构建集规划设计、投融资、基础设施建设、房屋建筑工程、资产运营为一体的"全城市"产业链。

协同一体化发展综合优势的充分发挥，形成了密切央地合作、加强战略互动的生动实践，其最终结果是惠及城乡，带动乡村、城镇的融合进步。公司在广州南沙国际金融论坛（IFF）永久会址项目的开发建设中，与南沙区政府、明珠湾管理局推出政企深度合作"南沙模式"，贡献片区开发成功案例。项目的整体规划取法于岭南地区"桑基鱼塘"的传统循环生态农业模式，实现了农业生产、生态旅游同现代金融产业发展的融合贯穿。

（五）践行央企责任，推动构建农业人口市民化的良好保障

"全城市"产业链、一体化项目，是加强城乡居民就业保障的重要载体，也是加快农业转移人口市民化的重要纽带。

长期以来，中能建城市投资发展有限公司把践行央企责任放在突出位置，推进高质量发展成果共建共享，通过一系列科技创新、模式创新，助力现代城镇集约化发展，为城乡经济社会一体化提供产业链支撑。为更好地支持服务乡村振兴，公司按时发放农民工工资，坚持开展为一线建设者"送清凉"活动，为环卫、物业等一线工作者"送温暖"活动，并积极协助解决其子女就近入学等问题。同时通过党建共建、企地联建等方式，开展爱心助农、社区慰问、定向捐赠等多种形式的活动。公司立足城市综合开发运营的业务实践，在优化城市空间格局与功能定位的同时，为统筹城乡区域协调发展贡献力量。

> **延伸阅读**

南京开发项目着力推进绿色低碳成果共创共享

由中能建城市投资发展有限公司开发的南京中宁府项目位于建邺区河西板块。建邺区2023年政府工作报告提出，进一步提高新建住宅建设标准，支持中能建城市投资发展有限公司河西南G29等项目建设"六恒"（恒温、恒湿、恒氧、恒静、恒洁、恒智）住宅——持续打造南京高品质住宅、高品质社区标杆片区。

中宁府项目积极落实区域发展规划，推动城市形象升级，助力河西区块在"美丽宜居"上取得新成果。项目围绕"六恒"目标，整合运用绿色低碳、智慧智能科技创新成果，配置地源热泵、全置换式新风、新风除霾、多重过滤净水等系统，切实打造绿色型、智慧型和精致型品质人居。依靠科技系统，项目碳排放强度较国家标准降低40%。在推进科技创新的同时，项目切实做好文化传承，其设计方案从南京明故宫、南京夫子庙等历史文化古迹中沉淀构思，让东方审美在城乡发展中引领风向，也让诗礼文化在现代生活中传承创新。

创新转型发展，改变城市，造福乡村。公司南京项目群有力支持南京城区规划落地和形象提升，并且用实际行动为进城就业人员创造更优的工作条件，突出人本关怀，助力乡村振兴。

优化项目管理体系，夯实安全文明施工保障。为农民工提供良好的就业保障、加强在建管理、强化项目履约，是公司着力做好的"硬功夫"。公司严格按照项目管理模块化、队伍建设专业化、生产要素集约化、现场组织工厂化、施工工艺标准化、施工作业机械化、施工工地智慧化、系统调试智能化、综合管控信息化、成本管控精细化的"十化"要求，着力营造美观、有序、整洁的工地环境，确保建设过程高效、安全。通过开发项目建设管理标准的落地执行，让各个施工部位、各个建设者和参与者在安全、健康的环境下完成作业，在狠抓"本质安全"的基础上，实现了对农民工群体的尊严保障和价值尊重。项目业主在参观项目现场进度、质量管控情况之后,作出评价:"中国能建,真的很能建。"

积极落实央企责任,为一线工作者送去关爱。公司南京区域基层党组织发挥"项目群"管理优势,联合当地街道,连续多年开展对一线环卫工人的关爱活动,比如设置环卫工人休息室、提供免费热饮、举办团圆晚宴等。基层党支部以实际行动、以一点一滴为一线劳动者献上爱心,推动形成更大的社会影响,影响更多的社会力量对农业转移人口进行关心和帮助。

案例启示

(一) 落实创新驱动发展战略,以科技创新推动高质量发展

以高质量发展推进中国式现代化,必然要求转变发展方式、优化经济结构、转换增长动力。在新型城镇化的推进中,生产生活低碳化、城市运行智慧化的成效越来越突出,更加需要以绿色建筑、智慧城市等重点领域的科技创新作为重要支撑。中能建城市投资发展有限公司在向城市综合开发运营实施战略转型的过程中,牢固树立"创新是引领发展的第一动力"理念,把科技创新始终摆在更加突出的位置,着力增强公司在绿色建筑、健康建筑、智慧建筑、低碳建筑等领域的自主创新能力,有力推动实现创新驱动发展。

(二) 构筑"全城市"产业链,协同推进城乡融合发展

推动构筑"全城市"产业链,有力协同中国能建"十二大"业务,深度推进"七网"融合,是中能建城市投资发展有限公司自身发展转型、同步推进城市发展升级的实力依托和重点举措。该公司以国内重点城市群、都市圈为主战场,以技术创新为主导,以体制机制创新为保障,整合绿色、数智、能源等领域产业资源,一方面为城市发展贡献了绿色新能源科

技产品，另一方面，通过"七网"融合的方式，将绿色低碳的发展理念和共享机制向乡村延展，促进了新型城镇与美丽乡村产业协同、功能衔接，为统筹城乡区域协调发展不断贡献新的成功案例。

（三）回归"人的核心"，积极推进城乡居住环境提升

推进新型城镇化战略，必须以人为本，不断突出人本关怀。公司以科技创新为驱动，聚焦绿色型、智慧型、精致型和一体化、融合化、特色化、专业化，积极参与新型城镇建设、美丽乡村建设等具体项目，以城市综合一体化项目为重要承载，推动城乡居住环境提升。在新技术、新材料以及新运营理念的赋能之下，该公司不断贡献科技住宅、未来社区、智慧园区等全业态、一体化实施方案，着力打造更优的人居环境，带来更好的人居体验，促进城乡居民生产、生活方式深刻转变。

（四）推动共创共享，搭建乡村振兴的坚实通道

新型城镇化包含的一个重要方面，就是持续促进农业转移人口市民化。中能建城市投资发展有限公司通过"全城市"产业链互动，促进战略性新兴产业向中心城市集聚，实现了绿色低碳发展方式向美丽乡村的延展，同时为进城务工农村人员提供了就业通道和劳动保障，对农民工及随迁家属做到有效帮扶。通过科技与人文的更好链接，实现了城乡统筹、农业一体的可持续发展，在推动城市发展的同时，有效汇聚了乡村振兴的强大动能。

案例 27　以科技创新为"犁"耕好"致富田"
——中青博纳余江区全域"稻稻油"三季收作物全产业链示范项目助力乡村振兴

案例概述

为贯彻落实党的二十大报告和中央一号文件精神，稳定粮食种植面积和粮食产量，把中国人的饭碗牢牢端在自己手中，中国光大集团、中青旅旗下中青博纳（农业）产业发展有限公司（以下简称中青博纳）结合农业农村部鼓励引导在长江流域开发冬闲田扩种油菜，补充全国油料供给等实施意见，与江西省鹰潭市余江区委、区政府开展余江区全域"稻稻油"三季收作物全产业链示范项目（以下简称"稻稻油"项目）合作，以水稻、油菜"两季变三季""五统一"（统一供种育苗、统一机耕机插、统一飞防植保、统一收割烘干、统一收储销售）和国家农业公园为抓手，着力构建余江区全域"稻稻油"三季收作物全产业链，努力提高余江区农业现代化水平，打造长江流域冬闲田油料供给样板基地、全国"稻稻油"先行示范区和中青旅农旅融合样板间，助力筑牢粮食安全基石，保障油料供给。

"藏粮于地、藏粮于技"，让广袤田野孕育新的丰收图景，"稻稻油"项目一经践行，便朝着农业科技创新、推动成果转化前行。2023年4月11日，央视《新闻联播》报道"稻稻油"项目油菜新品种；4月23日，《朝闻天下》在"春耕一线观察"专题中介绍"稻稻油"项目。该项目还被《人民日报》、《农民日报》、"学习强国"、江西广播电视台等媒体专题报道；被《中国日报》、中国农网等媒体报道50余次。

案例剖析

中青博纳"稻稻油"项目整合农业产业上下游优质资源，通过打样板、树标杆、做示范，直接下田做给农民看、带着农民干，围绕一产标准化种植实现提质增效，二产就地转化加工实现价值提升，三产产品销售、品牌创建和农旅运营实现价值转化，构建一二三全产业链，打造农旅融合示范，转变农村资源利用模式，盘活农村闲置资源和劳动力，开展乡村旅游和研学教育，推动余江乡村产业发展，带动农民持续增收。

"稻稻油"项目联合中国化工先正达集团、国机重工集团常林有限公司、中联重科股份有限公司等合作伙伴，在中国农科院油料所、农业农村部南京农业机械化研究所、江西省农业技术推广中心、华中农业大学、江西省农科院、江西农业大学、扬州大学、湖北省农科院、湖南省农科院、隆平高科等农业科研院所和农科企业水稻、油菜领域专家学者的支持保障下，以科技创新为犁，先行先试，通过种好"一块田"，打造乡村振兴的"余江"案例与模式，走出余江特色乡村振兴战略"新路径"。

（一）创新驱动，科技赋能

中青博纳坚持科技强农，将科技作为第一生产力，强化科技成果转化应用，让农业产业插上科技创新的翅膀，助力乡村振兴。"稻稻油"项目与国内一流科研院校、机构开展新品种、新技术、新装备联合试验及应用合作。截至 2023 年 11 月，该项目已与 11 家院校、4 位水稻专家、14 位油料专家、15 家农业科技型企业进行合作；联合 8 位专业权威专家编制了 1 个《余江区水稻油菜产业专项规划》、11 个《余江区水稻油菜产业专项实施方案》等系列方案及《余江区"稻稻油"作物生长日记》《余江区"稻稻油"双抢工作排期》《"五统一"早晚稻生产流程及标准》等 15 个生产规程与方案。

该项目率先应用双季稻全程智能化育秧流水线和智能高速插秧机、无人施肥机、无人收割机、物理农业提产增效系统、水基树脂包膜缓释肥、水稻甲烷气体排放监测仪等先进技术装备和材料 20 余项，全面应用水稻全自动育秧和暗化催青、油菜毯状育秧和机械化移栽、土壤测土配方施肥、一次性施肥、微藻生物肥技术等新技术 10 余项，进行 27 个早熟油菜新品种试种，筛选出表现良好的品种 2 个，其中，湖南省农科院"丰油 730"产量高达 340 斤/亩，超过当地同期平均产量 188%。项目还试种了 10 个早熟早稻新品种，其中，南陵早 2 号生育期较其他水稻缩短了 10 天；试种了 5 个早熟晚稻新品种，其中，江西农大荷优 8116 产量高达 1400 斤/亩，超过当地同期平均产量 27%；因地制宜开发并应用"中青农机"调度平台、遥感、病虫害监测、土壤墒情数字种植系统。

（二）三季轮作，增产增收

2022 年冬季，"稻稻油"项目首先试种 300 亩油菜，并在 2023 年 4 月获丰收，筛选出适合当地的丰产油菜品种阳光 131 和赣油杂 906，最高产量达到 340 斤/亩。为实现两季水稻再加一季油菜的轮作，2023 年，中青博纳投资了占地 2442 平方米的智能化育秧工厂和千亩核心示范区，实现早稻、晚稻全程自动化育秧，并带动近万亩种植大户开展"两季稻＋一季油菜"种植，平均亩产早稻 1040 斤/亩、晚稻 1200 斤/亩，达到预期丰产目标。

"稻稻油"项目整体实现了大规模、全过程、机械化集约生产，形成了生产流程、生产标准、生产规程、技术要点、经济指标等一整套生产管理模型，实现"两季变三季"，每亩为种植户增收 1000 元，为规模化复制练好内功、夯实基础。项目推演表明，"稻稻油"项目可实现经济营收 3900 元/亩（包括：土地租金 500 元，"五统一"农服 1200 元，粮食销售 2200 元），毛利润 300 元/亩，毛利率为 7.6%。

（三）模式推广，降本增效

种田更科学。项目通过组织院校"大专家"和乡村"田把式"共同制定生产方案，充分依托当地气候、水土等客观条件，结合新理念、新技术，用卫星遥感监测、品种筛选、机械化育插秧、测土配方、病虫害监测预警、农机智能调度等手段，使"稻稻油"项目在 2023 年有效实现"双减"（减肥 20%、减药 10%），用肥标准 N：P：K 为 19：7：18，出苗率为 97%，秧苗比为 1∶100，插秧标准为 25 盘/亩，作物提前成熟 10 天，实现科学种田、科学管田。

种田更省心。中青博纳"五统一"服务使供种育苗、机耕机插、飞防植保、收割烘干、收储销售统一化，使加入"五统一"的农户种植省心省力，每亩节省人力 60%，夫妻搭档可以种千亩田，三季总收入可超 320 万元（其中：早稻收入 100 万元、晚稻收入 120 万元、油菜收入 100 万元），净利润可达到 30 万元以上。

种田更高效。项目制定的作物生长日记、双抢计划表、中青农机 App 等高效农业生产管理手段，让田间生产真正实现提前计划、统一调度、集约生产，全面做到农机不空闲、农资不浪费、农时不耽误、农田不撂荒，农机作业增效 20% 以上，农资成本下降 10% 以上，插秧提前 10 天完成，成功化解"寒露风"[①] 带来的种植风险。

（四）联农带农，共同致富

"稻稻油"项目在推进农业产业提质增效的同时，在带动务工就业、农房出租、农机服务及其他服务收入等联农带农方面成效显著。项目实施以来，涉及的运营管理团队、田管家工作团队、技术保障团队新增就业岗位 23 个，带动临时用工 9305 人次，总收入超过 200 万元，人均增收 30% 以上；带动劳务就业、农机作业、农房租赁及其他相关收益合计 844.5 万元，为带动周边村民家门口就业、助力农户增收致富贡献了力量。

（五）延链补链，三产融合

中青博纳在种好田、多打粮、打好粮的基础上，进一步推进"粮头食尾"二产加工和"稻稻油"品牌建设，由一产种植向二产加工、三产营销延伸产业链，提高产出效率和产值收益。2023 年，中青博纳出品了"天下

---

① 寒露风是南方晚稻生育期的主要气象灾害之一。每年秋季寒露节气前后，是华南晚稻抽穗扬花的关键时期，这时若降温，则会造成晚稻空壳、瘪粒，导致减产。因降温时一般都伴有偏北大风，当地俗称"寒露风"。

龙虎绝，余江稻稻油"低芥酸健康菜籽油，销售量近万桶。当前，"一袋米、一碗粉"稻米加工正在全力推进，"一桶油"的良好开局为"稻稻油"全产业链延链、补链起到引领带动作用，提升了供应链的韧劲和竞争力。

延伸阅读

全面推进乡村振兴　加快建设农业强国（节选）[*]

2023年2月13日，新华社受权发布《中共中央　国务院关于做好2023年全面推进乡村振兴重点工作的意见》。这是新世纪以来指导"三农"工作的第20个中央一号文件。中央农村工作领导小组有关负责同志当天就文件精神进行了全面解读。

有关负责同志表示，全面建设社会主义现代化国家，最艰巨最繁重的任务仍然在农村。满足人民美好生活需要、实现高质量发展、夯实国家安全基础，都离不开农业发展。纵观世界强国发展史，一个国家要真正强大，必须有强大的农业作支撑，在粮食和重要农产品供给、关键核心技术和产业链供应链等方面不受制于人。

有关负责同志表示，我们既要遵循农业现代化的一般规律，加快建设供给保障强、科技装备强、经营体系强、产业韧性强、竞争能力强的农业强国，更要充分考虑我国人多地少的资源禀赋、农耕文明的历史底蕴、人与自然和谐共生的时代要求，依靠自己的力量端牢饭碗，依托双层经营体制发展农业，发展生态低碳农业，赓续农耕文明，扎实推进共同富裕，走出一条中国特色的农业现代化道路。

有关负责同志表示，要把重点放在全面推进乡村振兴上，集中人力投入、物力配置、财力保障，扎实推进乡村产业、人才、文化、生态、组织振兴。

---

[*] 本文为中央农村工作领导小组有关负责同志对第20个中央一号文件精神的解读，本文节选其中一部分。

有关负责同志表示，中央一号文件对抓好粮食和重要农产品稳产保供作出全面部署，主要包括全力抓好粮食生产、提升农业综合生产能力、全方位夯实粮食安全根基。中央一号文件对扎实推进宜居宜业和美乡村建设作出重点部署，必须紧紧围绕逐步使农村基本具备现代生活条件这个目标，扎实推进乡村硬件建设和软件建设，推动乡村由表及里、形神兼备的全面提升，让农民能够就地过上现代文明生活。

全面推进乡村振兴和加快建设农业强国（节选）*

乡村振兴战略实施6年来，各地在乡村振兴上都迈出了新的步伐，整个乡村振兴也有了一个比较好的态势，乡村振兴的理念已经深入人心，实际上的结果也在各地取得了明显的进展。同时，我们也能深深地感受到国内外的形势和环境发生了很多深刻的变化。我国粮食虽然连续19年丰收，总产量达到6.8亿多吨，但我国平均每年需要进口1.5亿吨粮食，20%以上的粮食要靠国际市场。农业保的是生命安全、生存安全，是极端重要的国家安全，只有粮食安全有完全的保障，我国应变局开新局才有足够的底气和定力。一旦面临风高浪急甚至惊涛骇浪，没有人可以养得起中国，只有把饭碗牢牢端在自己手里，才有完全的保障、完全的安全，所以说，粮食安全是"国之大者"。

产业振兴是乡村振兴的关键。根据各地各类产业发展实践，我总结大概有四种产业振兴的途径：第一种是延伸式，以农业为本，生产出农产品，就要让产业能够增值，能够吸纳更多的就业，所采取的基本方式就是延长产业链、提升价值链。第二种是嵌入式，无论是农业社会化服务，还是电商、数字农业、智慧农业，都是拿现在掌握的最先进的生产理念或生产技术，直接嵌入到传统的农业生产过程中，这样可以取得明显的成效、创新的效果。第三种是替代式，用先进的农业技术装备替代传统农业劳

---

* 本文为第十三届全国人大常委会委员、农业与农村委员会主任委员陈锡文于2023年10月29日在"中国农大—腾讯为村乡村CEO计划"（二期）沙龙活动中的讲话节选。

动,用农业社会化服务方式来代替传统的农作方式,这种方式发展很快。第四种是溢出式,使乡村发展成旅游发展得好并且有生命力的乡村,使其成为城里人愿意持续前来的网红打卡点。乡村的旅游效益,一定是建设农民宜居宜业和美家园的溢出效应。

案例启示

第一,"稻稻油"项目坚持以农为本,以科技创新为"犁"。"稻稻油"项目从地方实际出发,融合各方优势、资源和禀赋,不断创新发展,努力探索适合地方自身农业产业发展的路径。项目积极汇集农业高等院校、科研院所、专家的智慧,为乡村振兴提供科技支撑,真正做到了种田更科学、更省心、更高效,为更多年轻人和新型经营主体参与农业生产打通了渠道,也为遏制耕地"非农化"和"非粮化"、解决"谁种田"的难题提供了解决方案。

第二,在项目实施过程中,中青博纳聚焦推进一、二、三产业深度融合。"稻稻油"项目依托核心示范区的大田景观资源,结合中青旅文旅优势,为余江区规划设计了国家农业公园农旅项目,通过在农业生产过程中开发研学教育、乡村民宿、乡村市集等乡村文旅业态及活动,形成"365天+120天"的叠加经营和"农业+文旅"的双重效益,得到当地政府的重点关注和支持推广。

第三,项目通过构建"一桶油"和"一袋米、一碗粉"的线上线下销售渠道,很好地破解了供需难题。"稻稻油"项目既破解了农产品销售难题,又为消费端提供了更好、更安全的粮油产品,还为生产端提供了丰产也丰收的保障,以产业链构建推进产业振兴。一产带三产、三产促一产,不仅促进了"稻稻油"全环节提升、全链条增值、全产业融合,也有效推进了文旅赋能乡村振兴,在带动新型农业经营主体、促进乡村特色产业发展、壮大村集体经济等方面,形成了可复制、可推广的科技创新驱动乡村振兴发展模式。

第四，生态友好、绿色发展是"稻稻油"秉承的理念。中青博纳坚持贯彻"两减一增"要求，积极开展节肥减药、土壤改良、生物防治、物理防治，通过与中船重工环境工程公司开展水稻秸秆有机肥应用合作、与中化先正达公司开展黄腐酸应用合作、与北京耕天下公司开展微藻生物肥应用合作，不断修复土壤、提升地力；另外，中青博纳在油菜生长季开展油蜂共生立体农业模式，积极促进油菜增产和生态改善；积极探索农业废弃物和秸秆资源化利用、水稻甲烷减排等循环农业模式，为实现农业绿色发展、可持续发展做示范、做引领，使乡村的天更蓝，水更清，山更绿。

案例 28　做大做强品牌＋创新帮扶模式

——湖南湘山生物以科技创新助力乡村振兴

案例概述

湖南湘山生物科技有限公司（以下简称湘山生物）成立于 2015 年，是中国农业科学院油料作物研究所科技成果转化实施单位、国家高新技术企业、省级企业技术中心、专精特新中小企业（小巨人）、湖南省制造业品牌培育示范企业、湖南省放心粮油工程示范加工企业、娄底市专精特新"小巨人"企业、涟源市粮食应急保障企业，拥有发明专利 2 项、实用新型专利 9 项，自主品牌"湘山"荣获湖南省著名商标、马德里国际商标，"湘山"系列菜籽油、茶籽油通过国家绿色食品认证，被评为湖南好粮油，获湖南省农博会农产品金奖、中国国际粮油产品及设备技术展示交易会金奖、第十六届中国国际农产品交易会金奖、湖南文化旅游商品赛银奖、长沙国际名品博览会最受消费者喜爱产品。

湘山生物诞生于涟源漫山的油茶林间，公司始终深耕食用油市场，集公司、农户、苗圃、基地、加工厂、销售于一体，致力于做百姓放心好油，从田间一颗种子到优质油上餐桌，确保了油的纯绿色纯生态。多年来，湘山生物不断升级技术、聚力研发，坚持以绿色营养为导向，以优质优价为核心，以诚信经营为根本，以热忱的服务打造特色品牌。同时，公司致力于消费帮扶，积极对接 832 平台（指贫困地区网络销售平台）、省消费帮扶公共服务平台、农银 e 管家、拼多多等线上平台，面向全国销售涟源帮扶农产品 3312.58 万元，2023 年被授权 832 平台娄底运营中心，在助力乡村振兴、拉动消费、激发活力方面做出应有贡献。

案例剖析

（一）引进高端人才，科技兴农

2015年企业创建之初，湘山生物与中国农业科学院油料作物研究所合作，引进先进的油料冷榨设备和技术，开展高品质油料精加工。2018年，在油菜院士王汉中的引荐下，公司与中国农业科学院油料作物研究所李文林、刘昌盛、万楚筠及中南林业科学院付湘晋等油料专家成立科技创新团队，并联合全市油料生产、加工企业组建油料精加工产业联盟，升级油料精加工生产线，开发食用油产品14个、绿色无污染洗涤用品1个、护肤用品1个，授权发明专利2项、实用新型专利9项，在《中国粮油学报》《中国油料作物学报》等发表论文4篇，帮助企业获评国家高新技术企业、省级企业技术中心、专精特新中小企业（小巨人）、湖南省制造业品牌培育示范企业、湖南省放心粮油工程示范加工企业、娄底市专精特新"小巨人"企业，产品认定为绿色食品、湖南好粮油，带动农户种植油茶、油菜10余万亩。

（二）创新帮扶模式，振兴产业

湘山生物采取"一联二流三带动"的方式，为巩固拓展脱贫攻坚成果发力。"一联"，即村企联建，联结6个贫困村建设油茶种植基地，签订五年村企联建合作协议，按年入股资金保底8%分红，发展壮大村集体经济。"二流"，即流转土地，一方面流转村集体原经济场、茶场、林场等土地闲置资源；另一方面，流转农户零散插花地，通过将其整合进行集中连片开发，形成产业化、规模化农业基地。"三带动"，即带动产业，一是与有意回乡创业人员进行交流，发展油茶产业，带动土地流转及农户就业；二是带动农户积极推动庭院经济，将房前屋后的闲置土地充分利用起来发展油茶产业；三是通过产业分红、就业、免费技术培训与送种苗和农资等方式，带动全市农户8376户（脱贫户1573户）发展油茶产业。

（三）升级消费帮扶，助力乡村振兴

在市委、市政府的正确指导下，湘山生物紧紧依靠市商务局、市乡村振兴局、市总工会等单位的帮扶，攻坚克难，奋力拼搏，线下建设湖南省涟源市消费帮扶生活馆（长沙）及娄底、涟源、桥头河分馆，线上入驻 832 平台、湖南省消费平台、政采平台、政采云平台、达曼电商、拼多多、快手等电商平台及农行、工行、税务等内网平台，并购置 50 台智能消费帮扶专柜置于市中心繁华地段及各政要机关，帮助全市各乡镇的 40 多家食品企业及众多脱贫农户生产自产的近 100 个农副产品，实现收入 3312.58 万元，极大地缓解了涟源市农副产品销售难的问题，让涟源 1 万余户脱贫农户实现增收，真正得到实惠，走上了脱贫致富路。

（四）外引内联，巩固脱贫成果

湘山生物牵头联合全市扶贫企业，多次与步步高商城娄底分部、湖南紫鹊界国梁米业有限公司对接，商定由湘山生物负责，将全市扶贫农产品统筹在步步高商城娄底的 17 个门店上架；与中国石油天然气集团公司、湘电集团、涟钢双菱实业有限公司、湖南茂鹏供应链有限公司、长沙市元臻健康管理有限责任公司、湖南人文科技学院、三一职业技术学院、北京工商大学等校企建立合作关系，并与深圳译林控股集团有限公司签订了合作协议，搭建营销平台，将涟源帮扶农副产品向全国推广，巩固脱贫成果。

（五）开展品牌建设，做大做强湘山品牌

一是聘请油菜院士，打造品牌形象。公司长期聘请中国农业科学院油菜院士王汉中担任首席顾问，打造高端产品品牌形象。

二是优选品种，从源头抓好品质。引进王汉中院士最新研发的油菜品种中油杂 19 号，推广种植 5 万余亩；选育出适合本地大面积推广的产量高、抗病虫害强、耐旱耐寒的良种油茶品种 6 个，在涟源市推广种植 5 万余亩，并与种植户签订产品保底回收协议，同时自建丰产油茶、油菜示范

基地8000亩，实现闭环生态，保证原材料的品质。

三是组建创新团队，研发油料精加工技术。公司与中国农业科学院油料作物研究所开展产销研合作，并组建科技创新团队，开展食用油精加工技术研究及新产品开发，提高产品品质，现授权发明专利1项、实用新型专利9项，开发出茶籽油产品4个、菜籽油产品14个、护肤精油1个、茶籽粉洗化用品2个。2021年，湘山生物被认定为国家高新技术企业；2022年，被认定为省级企业技术中心、湖南省放心粮油工程示范加工企业、娄底市专精特新"小巨人"企业；2023年，被认定为专精特新中小企业（小巨人）、湖南省制造业品牌培育示范企业。

四是开展多渠营销模式，推进品牌培育力度。开展产品质量认证：10个产品被认定为绿色食品，菜籽油、茶籽油被认定为湖南好粮油。大力进行广告宣传：在长芷高速、二广高速、娄怀高速、县道华雷线等建设大型高耸立柱广告牌6个、精神堡垒3个，在娄底大道制作路灯刀旗广告200幅，在城区87个小区、16个大型超市、5家农特产品馆、50家村级门店制作广告1900余幅。展示展销、活动推广：三年来，公司参加各级主管部门组织的省内外展示展销50余场次，承办为期3天的年货节采购活动、为期3天的"乐享涟源、幸福生活"暑季农产品展销活动，举办两场大型商超重装开业庆典促销活动，多次承担涟源市科技活动周活动。参与"创客中国"创新创业大赛，2020年获市州赛优秀奖，2022年获省级赛优秀奖，2023年获县（区）赛一等奖。进行媒体、公益推广：邀请电视台工作人员拍摄短视频在湖南卫视的黄金频段和西瓜视频宣传推广，并在《湖南日报》《娄底日报》《新湖南》等报刊刊登软文推广；参与张家界免费资助抗疫物资活动，参与涟源市高考、中考学子免费送温暖等公益推广活动。建设品牌门店、入驻连锁商超：建设长沙、娄底、涟源、桥头河四级品牌营销中心，产品入驻百花商贸、娄涟百货、新鑫百货、鑫湘隆、金百汇等连锁商超。联合电商平台进行推广，与企校开展合作：832平台、湖南省消费扶贫公共服务平台授权娄底区域运营中心入驻政府采购平台、政府采购乡村振兴馆、京东、快手、拼多多、苏宁易购等电商销售平台及农行、工行、税务等内网平台，同时与涟源钢铁、三一重工、湘电集团、中国石油天然气集团公司、湖南人文科技学院、北京工商大学等企校开展长期合作。

湘山品牌自创建以来，在各级政府职能部门的关心支持和公司员工的共同努力下，逐渐得到了广大消费者的认可和信赖，顾客满意度达80%以上，"湘山油 就是纯"不只是口号，更成为可靠质量和良好声誉的象征，湘山油的营业收入连续三年以每年15%的速度递增，品牌培育效益显著。品牌带动的销量增长促进产量提升，在此形势下，原材料收购量急剧增长，农户经济收益提升明显，种植积极性大大提高，有力推动了涟源市油茶产业、油菜产业的发展步伐，为乡村振兴助力。

延伸阅读

不忘帮扶初心，力促乡村振兴

湘山生物的前身是娄底祥兴农业股份有限公司，成立于2009年，占地面积5000平方米，种植油茶、油菜10000余亩，总投资5000万元。湘山生物是湖南省林业厅指定的湘中地区唯一的良种油茶苗圃，年出圃苗木300万株；是国家高新技术企业、国家林业标准化示范企业、湖南省农业产业化龙头企业、湖南省林业产业化龙头企业。

随着产业发展的需要，调整产业结构势在必行。农户种植出来的油茶、油菜需要进行精深加工，中国油料研究所对湘山生物从选种、育苗、基地建设到采摘储存、压榨进行全程技术指导，并提供两条5D油脂精炼生产线，每月定期派专家、博士技术指导5天，湘山公司的成立应运而生。

湘山生物自成立以来，不忘帮扶初心，力促乡村振兴，先后带动项目区6个村集体经济组织、690户有产业发展意愿的建档立卡残疾人、8376户（脱贫户1573户）农户和30多家农业合作社，种植油茶和油菜10余万亩，建设5800立方米的茶籽（菜籽）仓储中心和交易平台，并免费培训种植技术、提供保底回收,解决了农户储存与销售难的问题。带动当地农民就业 380 多人,带动仓储、物流、旅游等第三产业收入 200 多万元。

案例启示

(一) 创新为魂,创业为体

创业是创新的载体,创新是创业的灵魂,湘山生物始终坚持以创新为第一要务,加大研发投入。目前,公司每年的研发投入占销售收入的比重至少有 10%,拥有国家专利 11 项、发表论文 4 篇,通过这些科技成果的转化,公司的销售收入也有了大幅度提升。

(二) 人才为要,盈利为本

湘山生物坚持以人为本,加大人才及团队的引进和培养,先后引进中国农业科学院油料作物研究所李文林及刘昌盛教授作为公司的外聘专家,并引进中南林业科技大学付湘晋教授、湖南省林业科学院高级工程师刘汝宽成立科技创新团队,与湖南省林业科学院陈永忠教授及其科研团队共建油茶技术专家工作站,培养中级农艺师 1 名、中级林业工程师 2 名、助理农艺师 1 名,绿色食品内检员 2 名。目前,公司营业收入以 15% 的速度逐年递增,进入了发展的快车道。

(三) 品牌为王,市场为天

一般而言,在一个开放的市场环境下,如果说市场上真的存在管理者与统治者的话,那么发挥这个管理者和统治者作用的唯一一件东西,就是品牌。品牌的市场王者作用可以说服、指导、引领人们的市场行为朝着有利于品牌商的利益发展。人们对自己心仪的品牌趋之若鹜,这种市场马太效应随处可见。现在的市场很明显是人们围绕着品牌消费,如果东家没有此品牌,他就要到西家去。湘山生物自主品牌"湘山"荣获湖南省著名商标、马德里国际商标，"湘山"系列菜籽油、茶籽油通过国家绿色食品认证，被评为湖南好粮油，获湖南省农博会农产品金奖、中国国际粮油产品及设备技术展示交易会金奖、第十六届中国国际农产品交易会金奖、湖南文化旅游商品赛银奖、长沙国际名品博览会最受消费者喜爱产品，这些荣誉的获得，对品牌形象的塑造极为重要，也对湘山生物的高质量发展非常重要。

案例 29　农业装上"智慧脑"

——安徽宿州萧县白土镇张村亮出"科技范儿"

案例概述

白土镇张村位于安徽省宿州市萧县县城的东南部，坐落在白土镇西部锦屏山下，倒流河南岸闸河东岸，一面环山，一面环水，山水格局清晰，环境优美。村庄全长 4.5 千米，村村通水泥路四通八达，25 千米范围内共有 7 个火车站点，距离江苏徐州仅仅 20 分钟车程，连霍、合徐高速公路绕村而过，是安徽省融入长三角战略的桥头堡。全村下辖四个自然村，19 个村民组，总人口 5800 多人，耕地面积 5540 亩，区域内种植了葡萄和草莓。

张村依托现代农业示范园，成立了农业公司，注册了自己的葡萄品牌——"张村果缘"，整村建设成集葡萄种植、科技研发、乡村旅游于一体的现代农业示范区。目前，张村现代葡萄示范园现已成为国家葡萄产业技术体系合肥试验站示范基地、安徽省农业科学院葡萄示范基地、安徽省园艺学会科技服务站、特色种养业扶贫基地、宿州市科普教育基地之一、萧县长三角绿色农产品生产加工供应示范基地，萧县张村创新发展公司"葡萄新品种选育产业创新团队"入选 2019 年省级支持大别山等革命老区乡村产业创新团队和市级"农创客"团队。几年来，"张村果缘"的夏黑品种获得了安徽省第六届优质果品（加工品）展评会一等奖；阳光玫瑰品种获得了中国葡萄产业科技年会鲜食葡萄评比大赛银奖，在苏皖两省三地葡萄文化节中获得"葡萄王"的称号。2021 年 12 月，张村现代农业示范园被认定为安徽省科普教育基地；2023 年 2 月，被安徽省组织部命名为党员远程教育学用示范基地、党员远程教育示范终端，被宿州市命名为宿州市乡村干部实训基地。2023 年 5 月，200 万元县域结对帮扶资金用于张村数字乡村示范项目，试点智慧果园物联网平台升级改造、农事管理、产品质量追溯、农文旅服务、产学研基地打造等应用建设，致力于服务张村产业发展，目前已调试完成并验收。

案例剖析

（一）激活土地，盘活政策，用活技术

安徽萧县为全国四大葡萄基地之一，萧县葡萄是安徽省著名特产。萧县出产葡萄已有1000多年历史，在1540年（明嘉靖十九年）所编的《萧县志·物产篇》中就有记载。每年七月到八月，萧县都在龙城镇、白土镇、官桥镇、永堌镇、杨楼镇举办葡萄采摘节。2014年起，安徽省人大向萧县白土镇张村派驻脱贫攻坚工作队进行驻村帮扶，为传承发展本地优势产业，助推脱贫攻坚，张村村"两委"及驻村工作队积极联系对接安徽省农科院，先后组织村"两委"干部和种植能手到省农科院葡萄基地等地考察学习。结合张村地理优势，村"两委"和驻村工作队最终决定尝试将村集体的200余亩"废"地进行平整改造，通过"一亩地种六棵葡萄树"的种植方案并制定张村葡萄产业发展规划，同时积极争取到669.9万元的财政扶贫资金和1701万元的县域结对帮扶资金。2017年12月，在省农科院的全程指导下，张村现代葡萄示范园开始筹建。示范园采用大树稀植高效的有机栽培技术和节本高效、智能精准的肥水一体化灌溉控制管理系统，旨在发展优质高效、绿色环保的中高端葡萄产业。为严格控制产品质量，提高种植效率和葡萄品质，经专家指导论证后，示范园严控葡萄种植梳理和施肥标准，亩均施用有机肥5吨，1年栽植，2年结果，3年丰产，亩均年收益在2万元左右，实现绿色、优质、安全、生态的高端葡萄品牌目标。

（二）以创新引领，带动创业创收

张村创新"政府＋科研单位＋驻村工作队＋村集体＋公司＋帮扶对象"的模式，建成近270亩的现代葡萄产业园，成立萧县创新发展有限公司，并注册"张村果缘"商标，通过开发微信小程序、入驻皖美萧县团购

平台等线上销售渠道,与萧县本地网红合作,打通直播带货渠道,培育本村直播带货主体,同时积极开展与浙江海宁、淮北、徐州等地经销商的合作洽谈,"张村果缘"的产品销售在市场的快车道上越走越好。2021年,张村现代葡萄示范园收入超过200万元,2022年收入达到350万元,其中不低于50%的收入被用于农户增收,示范带动400多户低收入农户参与就业,其中38名脱贫户每人每月可增收1500元,90户脱贫户分红在1000元左右,更有部分脱贫户收入达10余万元,实现了稳定脱贫。

(三)产村一体,农旅合一,居游共享

几年来,随着张村葡萄产业向大、优、强发展,以特色葡萄等林果种植产业为驱动力,以产业结构优化升级为目标的张村乡村旅游应运而生。张村坚持生态先行的理念,结合生态林田,对闸河水体进行联通、修复,开发池塘,形成良好的生态基底,山、河、林、田的生态观赏价值得到有效提升;同时,张村挖掘新兴葡萄文化,保护和利用现存乡愁资源,兑现文化价值,形成产业带动乡村发展的模式。2022年,张村成功申报"葡提原乡"农旅融合项目,开始将单一的葡萄种植园向集葡萄采摘、科普研学、休闲度假等为主要功能的旅游观光园转型升级。2023年4月29日,"葡堤原乡"休闲度假区正式运营,推出以"原乡大地艺术节"为主题的丰富多彩的假期文旅活动,巨型稻草人王国、萌宠乐园等特别受欢迎,五一假期期间,"葡堤原乡"休闲度假区迎来了开业以来的第一个客流高峰,五天小长假接待客流累计近6万人。

延伸阅读

实现产业"园区"向"景区"转变

走进张村,你会发现群众个个脸上洋溢着幸福的微笑。"我们村的地现在种了葡萄,我在葡萄园干几年了,技术也学到手了,现在我也是管理

员了，管理好了我们也能分红，日子过得很好。"说这话时，张村村民冯金芝的笑容就没停下。58岁的她，眼下整天"泡"在葡萄园内，修枝、养护、施肥，每天干劲十足，不少邻村的村民也时常跑来找她"取经"。

2023年4月底，"葡堤原乡"正式以休闲度假区的形态开园运营，陆续推出了以"原乡大地艺术节""萤火虫之夜""葡萄采摘节"等为主题的文化旅游活动，截至同年8月份，总接待客流量达到8万人次，现代农业示范园实现了产业"园区"向"景区"的转变。

张村勇于探索产业发展新路径。根据萧县出台的《关于村党组织领办集体合作社的八条意见》，成立粟丰农民种植专业合作社，张村党组织领办合作社土地托管协议，签订1100多亩土地，2023年增加村集体经济收入50万元左右。探索老梨园改建新模式。对张村100亩原老梨园进行产业升级改造，改建葡萄产业园，总投资约300万元。为切实巩固拓展脱贫攻坚成果，扎实推进乡村振兴，新产业园实行折股量化、入股分红的模式。改建工作已于2023年底完成，投产后预计每年为村集体经济增收200余万元。

2023年"五一"假期，"葡堤原乡·大地艺术节"在张村葡萄产业旅游观光示范基地盛大开幕，本次艺术节丰富多彩，有巨型稻草人王国、亲子萌宠互动乐园、网红托马斯小火车游园、原乡美食一条街和露营基地、露天烧烤等，吸引了来自徐州、淮北、宿州及张村周边的游客来到这里，不仅让孩子们走进自然，了解乡村变化，采摘新鲜的果实，品尝春天的味道，同时也点燃了村民的创业激情，增加了村民的收入，使他们充满了对未来的希望。

案例启示

第一，荒地变宝地、寸土生寸金。昔日的张村荒凉贫瘠、道路不通，人均耕地面积不足一亩。在2014年之前，张村还是个出了名的贫困村。如今的张村，不仅水电路网全线贯通，基础设施不断完善，还有特色产业，成了省里的葡萄示范基地。从"荒地变宝地、寸土生寸金"到"园区变景区、端上金饭碗",是科技给张村带来了翻天覆地的变化。如今的张村,不仅早就摘掉贫困村的帽子,还凤凰涅槃,一跃成为安徽省乡村振兴示范村。

第二,发展一个产业,富裕一方百姓。白土镇张村正描绘着产业兴旺的乡村振兴新蓝图,也将继续坚持落实项目谋发展,围绕打造一个基地、发展一个产业、带动一地经济、富裕一方百姓推动乡村振兴,傍着产业迈大步。稳政策、强投入,让脱贫成效更可持续;抓产业、促就业,让增收渠道更加多元;强机制、增动力,让村集体的收入更多,群众的钱包更鼓,这一系列举措有效提升了群众的幸福感、获得感,为全面推进乡村振兴奠定扎实基础。

第三,农业现代化的成功,离不开科技创新的推动。张村实现农业现代化,离不开科研技术体系的创新、相关农业知识体系的学习以及信息化的推进。科研技术体系的创新为农业现代化的发展提供科学技术保障,通过数字赋能加快产业链构建,推动农村一、二、三产业深度融合,打造农业全产业链,让农民从产业链增值中收益。

第四,农业数字化是未来的发展趋势。张村建设智慧葡萄设施栽培产业基地,融合数字农业物联网系统和视频监控等技术,通过水肥一体化设施和土壤墒情传感器,实现自动灌溉施肥、远程诊断病虫害等,大大提高了大规模产业的管理效率。由此可见,农业相关数据采集、处理、分析,生产周期测算、作物长势、产量预估、病虫害防治指导等全产业链数据支持和管理级服务是未来产业发展的需要。下一步,萧县将持续深耕农业科技领域,不断提升乡村与农业的智慧化、数字化水平,同时加大力度对科研院校的研究成果进行转化与应用,利用科技为农业装上"智慧脑",因地制宜地发展数字农业,深化乡村数字普惠服务,提升乡村治理数字化水平,推进产业发展,有效赋能乡村振兴。

案例30 "一个平台"＋"N个应用管理模块"

——山东日照携手京东科技以大数据技术
助力绿茶产业提档升级

案例概述

（一）实施背景

1959年，日照市开始进行"南茶北引"，并于1966年引种成功。从试种成活的2.3亩茶树，发展到如今30万亩茶园，日照成为我国纬度最高，山东省种植茶树面积最大、茶叶产量和产值最高的主产区，与韩国宝城、日本静冈并称为"世界三大海岸绿茶城市"。

目前，日照共有30万亩茶园，分布在43个乡镇、867个村庄，茶叶从业人员已达30余万人，形成重点产茶乡镇（街道）12个，其中巨峰镇、夏庄镇和潮河镇为国家级"一村一品"示范村镇，后村镇为省级"一村一品"示范村镇，巨峰镇还被住建部命名为国家级特色小镇。

日照年产干毛茶1.98万吨、总产值38亿元，茶农种茶收入是南方茶农的三倍以上。全市涉茶生产经营业户1165家，其中省级农业龙头企业11家、市级农业龙头企业39家，获得SC认证茶叶企业169家；茶叶专业合作社750家，其中国家级示范社5家、省级示范社15家、市级示范社17家。拥有中国驰名商标2个、省级知名农产品品牌23个、市级知名农产品品牌15个、山东名牌17个。获得茶叶"三品一标"认证178个，日照圣谷山茶场通过美日欧3个国际有机认证，日照浏园生态农业有限公司同时获得加拿大、美国、欧盟、日本4国（地区）有机认证和山东省首张茶叶出口备案许可。

日照绿茶产业经过多年的发展，逐步发展壮大，已经成为日照市推进乡村振兴战略的重要农业特色产业，但也面临着许多制约产业升级发展的瓶颈问题。

一是产业发展管理模式落后。传统的"公司＋合作社＋农户"产业模式较为落后，发挥作用有限。由于没有监控技术手段，合作社不能有效对农户进行监控管理，茶农私自滥施化肥农药的问题无法得到彻底解决，保障茶叶质量的茶园生产管理措施不能落实到位。

二是茶叶质量安全源头监管缺乏有效手段。茶园种植标准化水平低，全市 80％以上的茶园种植多数以散户为主，缺乏标准化、规模化的茶叶种植片区。茶农质量安全意识淡薄，因过度追求经济利益，滥施化肥农药现象普遍，对用药安全间隔期不按要求执行。此外，政府主管部门对茶叶质量监管也缺乏有效的技术手段。

三是品牌效应不明显。由于茶叶品牌多、乱、杂，且没有过硬的知名品牌，日照绿茶的市场价格偏低，茶产业利润空间小；再加上大量南方绿茶假冒日照绿茶，也影响了日照绿茶的口碑。另外，日照绿茶销售渠道单一，绝大部分茶叶销售都是通过线下交易来完成，线上交易量较少。

（二）案例简介

为解决以上制约日照绿茶发展的瓶颈问题，岚山农高区围绕茶农增收、企业增效、品牌增质，以及提高日照绿茶的品质和品牌影响力，启动实施茶产业大数据平台建设项目，引进中国移动、京东科技等公司及其技术服务，进行日照绿茶生产标准体系、质量安全体系、品牌营销体系、智能信息体系建设，加快推进日照绿茶产业的智慧化、高端化、品牌化发展之路。

茶产业大数据平台利用物联网、互联网等新一代信息技术，在茶园、鲜叶市场、企业加工车间布设 AI 视频监控、茶园环境监测设施、语音警示广播系统等物联网设施，采集信息数据在云端进行运算，对生产、加工行为进行识别监控，即时读取各项实时数据，实现从茶园管理、鲜叶收购、生产加工、线上销售的全链条信息化、智能化监控管理，打造集生产加工、科技服务、质量管理、线上营销于一体的智慧化茶产业管理服务平台。该项目自 2020 年启动实施，规划覆盖岚山区 6 个镇 5 万亩优质茶园片区，规划入网重点茶企 30 家。

茶产业大数据平台由产业服务平台和产业监管平台两个平台及各类应用业务系统各功能模块组成，实现整个茶业产业链的数字化、智能化管理。产业服务平台通过 GIS 地理信息数据、信息测绘、高分遥感与软件技术的高度结合、物联网远程控制、数字人等技术，并整合气象数据库、土壤数据库、病虫害数据库，建立茶业片区产业资源信息系统、产业大数据系统、水肥一体化系统等。通过系统对实时数据的加工和处理，为政府职能部门进行科学决策提供数据基础。产业监管平台基于 GIS 多图层产业数字地图，使管理部门可以全面掌握主导产业的发展现状和发展趋势，直观了解生产主体的分布情况，汇总分析经营主体的生产与销售数据，获取每个基地的运营数据信息，实现数据化管理、在线化服务，实现"一个平台"＋"N 个应用管理模块"功能。

（三）获奖和荣誉

2020 年 11 月，《岚山区创新打造茶产业大数据平台赋能茶产业发展》的经验做法在山东省政务信息刊发。岚山茶产业大数据平台被山东省大数据局确定为 2021 年智慧城市建设优秀案例。依托岚山茶产业大数据平台建设的日照市精制茶加工"产业大脑"项目入选 2023 年山东省首批"产业大脑"建设试点。

案例剖析

（一）案例详情

"产业大脑"项目于 2020 年 3 月开始编制规划方案，5 月启动建设施工。项目利用岚山区农业局申报的 250 万元岚山区省级现代农业产业园创建财政资金，按照先行先试的原则，先在巨峰镇重点茶园片区启动。项目施工通过政府采购程序由市移动公司中标。项目一期总计覆盖巨峰镇辛庄、大岭、前山北头、西赵、后黄埠等12个村居6个茶园示范片区的12000余亩茶园，规划入网合作重点茶叶企业10家。2019年11月，项目一期完成基础设施建设、软件部署和系统调试，安装茶园AI智能视频监控摄像机70余处、茶园环境数据监测点12处，铺设光缆15000米，视频监控、广播系统、环境监测设施全部运行启用，平台数据采集运算等功能已经实现，实际投资已达1000万元（包括软件开发投资）。2021年6月，项目二期启动建设，预计2024年全部完成。两期项目总计覆盖22个村4万亩茶园。

目前，日照茶仓、碧波、万平、百满、盛业、东盛等8家入网大数据平台的茶叶企业的全程溯源二维码已经生成，从茶园生产、鲜叶采收到加工、包装的一码溯源功能已经实现。招引科技公司进行大数据平台运营，搭建销售正宗日照绿茶的单品电子交易平台，打造日照绿茶"网上茶仓"，解决日照绿茶现阶段电商销售乱象，实现日照绿茶原产地认证和优质优价销售。同时，将大数据平台资源向社会开放共享，促进资源高效利用，鼓励引导互联网企业利用大数据平台资源开展日照绿茶的线上销售，促进日照绿茶品牌价值提升。

2023年，政府通过招标采购引入京东科技等公司，为巨峰镇3000亩茶园打造水肥一体化智慧灌溉系统、产业电商大数据、数字人服务等，并进一步与京东打通电商销售、物流配送服务，全面提升本地企业的电商上行能力，强化对"日照绿茶"区域公共品牌的管理运营能力。

（二）实施效果

实现了茶园全天候在线监管。大数据平台对覆盖茶园进行全天候、可视化在线监控，规范茶农的农事行为，对违规使用农药、禁采期采茶等行为进行自动识别、捕捉、报警，管理者可通过语音广播系统随时对茶农滥施禁用农药行为进行劝导和制止，政府职能部门可以利用平台监控数据进行农业生产指导监督。

实现了水肥一体化灌溉。基于对土壤墒情、气象墒情、苗情等数据的自动采集、分析、监测，可采用物联网远程控制的方式对茶园进行水肥一体化的灌溉作业。通过运用茶园智能水肥一体化技术，充分提高水肥利用率，让种植户以最低的成本获得更好的茶叶品质以及更高的经济效益。

实现了茶叶质量二维码一码溯源。通过茶园、市场、加工车间 AI 智能视频监控系统，实现了从茶园管理、鲜叶采收、茶叶加工、包装销售的全过程的智能化、可视化监控管理，真正实现了从茶园到茶杯的质量溯源管理。消费者通过扫描茶叶包装的二维码，可以实时查看茶园及茶叶的加工实况，追溯茶园农事管理、茶叶加工、包装全过程信息。

形成了"平台＋企业＋合作社＋农户"经营模式。目前，10 个村党支部领办合作社与重点茶叶企业达成合作意向，利用大数据平台开展茶园托管和茶叶鲜叶原料收购合作，茶企与合作社利用监控平台对茶农进行指导管理，对茶园进行高标准管理，统一水肥管理和统防统治，实施茶叶鲜叶优质优价收购，引导茶农进行茶园标准化管理，有效提升茶叶品质。截至 2023 年底，签约茶园总计 1 万亩，形成了"平台＋企业＋合作社＋农户"的经营模式。日照茶仓公司与巨峰镇张家沟村签订茶园托管协议，每户每年每亩补贴 2000 元用于购买有机肥等农资，鲜叶收购使用大数据平台配套的无线网络电子秤，将交易数据发送到合作银行岚山农商行，由银行向农户按天结算支付。

汇聚了茶产业电商大数据。平台整合岚山绿茶产业在全网包括京东、淘宝、抖音等 30 多家电商平台的线上零售数据，形成茶产业消费大数据和消费用户画像，通过对岚山绿茶产业的整体零售情况、月度趋势、品类维度、零售渠道、热销商品等维度进行分析，帮助政府提高当地绿茶产业的销售监测能力，帮助本地企业了解茶电商产业趋势，助力茶产业电商溢价能力提升，促进农民增收。

延伸阅读

京东集团全面服务乡村振兴战略

京东集团作为一家既具备实体企业的基因和属性，又拥有数字技术和能力的新型实体企业，协同旗下零售、物流、科技、健康、京喜、工业品、产发、保险等业务板块，依托供应链、物流、技术、金融和服务等五大能力，全面服务国家乡村振兴战略，为社会创造更大价值。

京东集团在乡村振兴领域取得了如下一些进展：

一是系统性提出乡村振兴"奔富计划"。自2020年10月到2023年6月，京东集团已经为全国各地的农村带来了万亿产值，助力各地农特产品创建或提升了区域品牌，实现了上千个农业产业带的品牌化、标准化、规模化发展，帮助数百万农民增收。

二是构建了乡村振兴"一基三化五流动"的业务体系。建设以乡村数智操作系统为代表的乡村新型基础设施，提供乡村产业数智化、乡村治理现代化、乡村生活智慧化三大类解决方案，全面带动乡村的信息流、商流、物流、资金流、人才流。

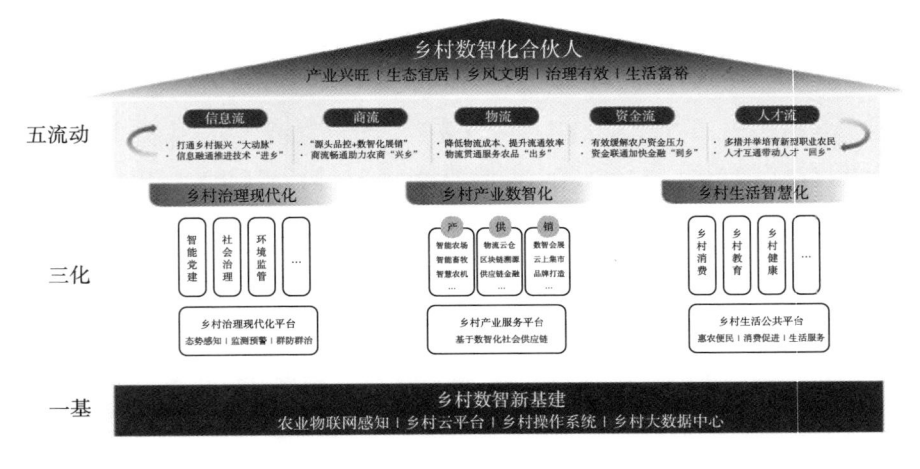

京东乡村振兴"一基三化五流动"业务架构

三是乡村振兴典型案例遍地开花。京东已经在攀枝花、眉山、大同、普洱、梧州、郎溪、固始、日照、德州、宿迁、曲靖等近百个城市，围绕粮、肉、渔、果、药、茶、花卉等若干农业产业，依托当地冷链物流产业园、预制菜产业园、花卉苗木产业园、食品加工产业园等各类园区，全面助力园区数字化、产业数字化，帮助政府和企业打造品牌矩阵、打通商品上行、提升物流配送效率、建设全产业链数智化、推进一二三产融合发展。

例如，罗平县小黄姜大数据交易中心项目。京东科技助力建设罗平小黄姜产业协同平台，打造高度互联的经济生态系统：汇集农户、供销社、批发商、销售商、龙头企业等产业链参与方，提供运行监测、分析研判、治理调控、企业服务、智能采购等全渠道产业服务，破解了传统供应链供需双方信息不对称问题，推动实现小黄姜产业产、供、销一体化运营。此外，京东科技全面梳理小黄姜产业、产品的资源禀赋，服务当地搭建起一整套数字化营销服务体系，基于AI、大数据等数字化手段，推动罗平特色产业区域公共品牌建设，实现"初级产品"向"品牌商品"的转变。

又如，攀枝花盐边芒果产业B2P平台项目。基于攀枝花盐边县本地特色品牌"攀果"，通过数字化手段实现芒果产业上中下游产业链供销一体化。汇集本地企业供应商、制造商、销售商优势资源，优化物流体系，形成芒果产业销售一体化的产业链体系，实现从线下批发采购、物流配送到线上终端销售的B2P交易闭环，通过"B端＋C端"双向趋势洞察，联动品牌工艺，打造全新爆款。

再如，伽师新梅智能供应链中心项目。为提升伽师新梅的品牌知名度，京东倾斜线上线下营销资源，在助力产品销售的同时，打造品牌声量，为销量进一步增长奠定坚实基础。但京东对伽师新梅产业的助力不局限于销售末端，而是延展到产业上游。京东联合伽师县共建智慧化京东农场、新梅产业园、智能供应链中心，实现对农业生产的数字化指导，使仓储物流提效降本，果品标准化和精细度得以提高，初步形成了从种植到采摘、智能分选、冷藏、包装、加工、运输、销售的全产业链，打通了伽师新梅产业链全链路。

京东将持续依托各板块的优势能力，以产业振兴为核心抓手，进而带动人才振兴、组织振兴、文化振兴、生态振兴。

案例启示

（一）案例实施的创新点

1. 实现了茶叶质量全程溯源的创新

通过茶园、市场、加工车间 AI 智能视频监控系统和语音警示系统，实现了从茶园管理、鲜叶采收、茶叶加工、包装销售全过程的智能化、可视化监控管理，真正实现了从茶园到茶杯的质量溯源管理。

2. 实现了农业科技服务模式的创新

利用茶园内的语音广播系统，农业科技服务部门可以在不同生产管理时期播放农业科技知识以及气象灾害预警等信息。通过茶园环境智能监测设施等物联网设施，及时获取茶园土壤、气象等数据信息，由专家开展线上即时技术指导，开展水肥管理、病虫害防治等技术服务，将农业技术送到田间地头。

3. 实现茶园生产管理的创新

通过生态茶园水肥一体化、农业物联网工程，推动茶园田间管理现代化、智能化建设。通过平台在线远程监控功能，解决了传统的农业合作社难以对农户的生产行为进行全程监督管理的难题。大数据平台的数据由入网村支部合作社、茶企免费共享，平台对覆盖茶园进行全天候、可视化在线监控，规范茶农的农事行为，对违规使用农药、禁采期采茶等行为进行自动识别、捕捉、报警，从根本上解决茶叶农业残留超标问题。

4. 形成了金融惠农服务新模式

大数据平台为入网企业配套无线网络电子秤，并实施一户一卡，企业通过平台每天将鲜叶交易电子数据发送至合作银行，由银行直接向茶农支付鲜叶收购款，不再在现场支付现金。此举不仅提升了交易效率，也缓解了茶企资金压力。目前，农村商业银行、日照银行、农业银行三家银行已与日照茶仓公司等茶企开展了合作。

(二) 推广价值

1. 加快推进茶产业转型升级

随着日照绿茶知名度不断提升，茶企对茶叶质量提出了更高的要求，特别是随着农村人口老龄化加剧、劳动力成本不断增加，茶叶企业的利润空间不断缩小，发展压力较大。当前，随着新一代信息化技术的快速发展，农业产业信息化、智慧化发展加快推进，日照市茶产业正处在产业转型升级发展的关键期和机遇期，各级政府对茶产业发展高度重视，加快推广普及茶产业大数据管理模式意义重大。

2. 实现茶企增效、茶农增收

日照市计划与京东集团等进一步合作建设网络销售平台，通过茶产业大数据运营平台对全程质量溯源的高品质茶叶开展品牌线上推广销售，各入网企业线上门店也可联网平台开展推广销售，切实提高日照绿茶在全国的知名度，大幅提升茶农茶企的收益。

案例 31　探索"光伏＋"现代化农业产业融合发展新模式

——国家能源局助力甘肃定西通渭四新村"农光互补"试点项目

案例概述

国家能源局始终把产业振兴作为定点帮扶工作的重中之重，发挥行业优势，在大力支持定点帮扶县建设光伏发电项目的同时，积极探索光伏板下土地开发利用新路径，有力带动当地农业、畜牧业发展，促进农户本地就业和村集体增收。经过两年的摸索创新，在甘肃省定西市通渭县四新村建设的"农光互补"试点项目已初步形成一套"光伏＋现代农业"的建设、运行新模式、新机制，为光伏与农业融合发展特别是西北干旱地区光伏农业发展提供了有益经验。

通渭县位于甘肃省定西市东部，平均海拔 1970 米，气候干旱，资源匮乏，大风肆虐，以"苦瘠甲天下"而闻名，是 160 个国家乡村振兴重点帮扶县之一。在国家能源局十余年的持续帮扶下，通渭县立足丰富的新能源资源禀赋，大力发展风电、光伏产业，让贫瘠荒山变成了聚宝盆。如今，通渭县风电规模达到 120 万千瓦，光伏规模达到 26.24 万千瓦，新能源产业成为当地重要的支柱产业。在此基础上，国家能源局从行业角度关注"光伏＋"经济发展，帮助通渭县开展"农光互补"试点工作，2022 年启动建设四新村"农光互补"产业融合示范园，尝试种植高原夏菜；2023 年，板下蔬菜种植面积达到 500 亩，喜获丰收，全年产值达到 230 余万元，并在种植、管理、融资、收益分配等环节上探索创新，取得较好成效。

案例剖析

（一）坚持优势互补、合作共赢

通渭县四新村光伏扶贫电站总装机 4.72 万千瓦，占地 1500 余亩，厂

案例31　探索"光伏＋"现代化农业产业融合发展新模式

区地势平整,土壤肥沃,已集中流转,具备规模化经营的有利条件。2019年建成以来,四新村曾经利用板下土地尝试发展黑驴养殖、油用牡丹种植、大棚蔬菜种植等产业,但由于缺少资金、技术、人才等,农业产业发展规模较小,经营面临多重困难,板下土地资源得不到充分利用。相反,与四新村毗邻的孟河村由于引入现代企业制度,大力发展新型农村集体经济,已在资金、技术、人才等方面积累了一定的基础,但由于土地资源有限,难以规模化发展现代农业。

为实现两村生产要素的互补和高效利用,在国家能源局挂职干部的协调撮合下,两个村突破了行政区划藩篱,由孟河村集体企业牵头成立"农光互补"合作社(以下简称合作社),按照"飞地经济"模式,合作开发四新村光伏板下资源,建立规划、建设、管理和利益分配的合作机制,实现互利共赢。

(二)坚持系统规划、分步实施

近年来,不少地方出现了"因光废耕""有光无农""重光轻农"的现象,究其原因,是农业生产经济效益不足导致的。为探索一条经济可持续、模式可推广的"农光互补"发展路径,在国家能源局的支持和通渭县委县政府的关心指导下,合作社委托专业机构编制《通渭县四新村"农光互补"产业融合示范园项目可行性研究报告》,对销售市场、建设条件、建设方案、种植技术、环境影响、劳动保护、投入产出等进行系统规划,提出"一年探索谋发展、两年扩面除隐患、三年提质增效益"的工作思路,开展多品类种植探索,稳步扩大种植面积,注重投资回报分析,合理安排基建项目,有序提高机械化程度,确保流动资金充裕。

(三)坚持人才为先、科学种植

万物生长靠太阳,光伏板遮挡会对农作物产量造成一定影响,因此,因地制宜地选择适合板下种植的高附加值农作物,利用科学手段提升农作物产量和质量,是实现"农光互补"产业健康发展的关键。为此,合作社三管齐下，一是聘请当地农业种植大户常驻现场参与种植，充分吸取本地种植的传统经验；二是积极联系各级科技部门，针对品种选型、尾菜处理、循环农业、高效地膜等技术，邀请专家进行现场指导，积极申报相关科技课题（该项目获 2023 年甘肃省级科技计划支持）；三是从孟河村选派一名懂技术、会管理的特派员长期驻场，负责合作社经营管理，指导农业生产种植。

（四）坚持多元合作、市场导向

农业现代化需要摆脱小农经济的传统模式，实现适度规模化经营，具体包含土地经营权集中流转、生产资料集中使用和农村劳力集中调配等。其中，生产资料集中使用的金融门槛较高，需要集中采购和使用机械设备、农资物料。合作社通过"债券+股权"模式，低成本筹措发展所必需的资金和生产资料，也将更多利益方绑在一起，实现同向发力、利益均沾：一是通过股权和收益权置换农户已有的农机具无偿使用权，合作社减少前期固定资产投入；二是由致富带头人申请银行贷款，作为合作社日常经营的流动性资金，获得合作社债权和股权的出让；三是孟河村将从各方筹措的帮扶资金让渡给合作社生产经营，获得合作社主要股权，实现对合作社及"农光互补"试点工作的主导。市场开拓方面，合作社针对农产品的储运特点和市场需求，推动与本县超市、食堂、餐馆等采购方签订长期供货协议，保障销售量和收益确定性；同时，跟踪县域外农贸大市场的供需情况和价格波动，抢抓销售机遇，积极促成整车批量售卖。

（五）坚持稳步试种、迭代升级

合作社采取"摸着石头过河"的方式，积极稳妥地开展种植品种试验。2022 年开拓的 100 亩试验田试种了甘蓝、白萝卜、胡萝卜、娃娃菜、藜麦、红笋。根据各品种的亩产值，2023 年将试验田扩大到 500 亩，主要种植的是甘蓝和娃娃菜。通过研判市场需求和经济价值，又同步试种了百合、马铃薯、蚕豆、花菜、辣椒、西芹、水果玉米等品种。目前，试验结果显示，花菜、水果玉米和蚕豆的产量与无光伏设施的产量基本一致，且经济附加值较高，可作为后续种植作物备选品种。2024年，产业园面积计划扩大到1000亩，将主要种植这些备选品种。这种"试验一批、储备一批、推广一批"的模式，有利于降低农业种植风险，提高投入产出效益。需注意的是，要增强种植的灵活性，及时根据市场需求调整品种。

（六）坚持联农带农、共享收益

习近平总书记在中央政治局第三十八次集体学习时强调，要正确处理资本和利益分配问题，要在社会分配中体现人民至上。合作社将股权、经营权和收益权分离，按照股权共享共有、经营独立自主、收益倾斜于民的思路，在保障合作社长期可持续经营的基础上，跳出股权比例限制，提高农户收益权比重。总体原则是按照100元/天的标准，长期相对固定地安排本地农民参加产业园的生产劳动，根据工时每半年结清工资，并在年底按比例分红。2022年务工24人，全年工资合计12.2万元，年底人均分红0.2万元；2023年务工52人，截至9月底，全年工资合计68.84万元。

延伸阅读

促进农业光伏　健康有序发展

"农光互补"是将光伏发电与农业生产相结合的一种新模式。国家能源局高度关注并积极支持农业光伏发展，积极推动光伏产业和现代农业融合，在提高土地综合利用效率的同时，促进农村居民增收和农村集体经济发展，助力实现"双碳"目标，全面推进乡村振兴。

脱贫攻坚期间，国家能源局会同国家发展改革委、国家乡村振兴局、财政部等部门组织实施了光伏扶贫工程，累计建成光伏扶贫电站2636万千瓦，惠及415万户，每年可产生的发电收益约180亿元。光伏扶贫工程取得了显著成效，在壮大贫困村集体经济、促进贫困户增收脱贫方面发挥了重要作用。此外，国家能源局配合农业农村部等相关部门在强化电站运行监测、运维管理、规范收益分配等方面提出多项落实举措，持续巩固光伏扶贫成效，为防止发生规模性返贫提供有力支撑。脱贫攻坚胜利后，为巩固拓展光伏扶贫成果，国家能源局进一步挖掘光伏板下的土地资源，依托挂职干部的力量，在定点帮扶县先行先试，推动建设的通渭县四新村"农光互补"项目就是开发利用光伏板下土地资源的一次探索实践。

为支持农业光伏健康有序发展，国家能源局会同有关部门研究制定多项政策措施。2021年12月，国家能源局、农业农村部、乡村振兴局联合印发《加快农村能源转型发展助力乡村振兴的实施意见》，提出积极培育"新能源＋"产业，在林区、牧区合理布局"林光互补""牧光互补"等项目，打造发电、牧草、种植养殖一体化生态复合工程；建设"新能源＋"农村景观示范等内容。2022年5月，国务院办公厅转发国家发展改革委、国家能源局《关于促进新时代新能源高质量发展的实施方案》，提出统筹农村能源革命与农村集体经济发展，鼓励村集体依法利用存量土地通过作价入股、收益共享等机制，参与新能源项目开发；鼓励推广应用节地技术和节地模式；研究出台光伏治沙等生态修复类新能源项目设计、施工、运维等标准规范。此外，《"十四五"现代能源体系规划》《"十四五"可再生能源发展规划》提出大力推动光伏发电多场景融合开发，鼓励"农光互补""牧光互补""渔光互补"等复合开发模式，实现太阳能发电与生态修复、农林牧渔业等协同发展；还提出到2025年，"农光互补""牧光互补""渔光互补"等光伏发电复合开发规模达到1000万千瓦以上。

案例启示

四新村光伏农业试验性种植项目紧跟国家"农光互补"产业政策，围绕乡村产业振兴的目标要求，在国家能源局、甘肃省各级党委和政府的关心指导下，坚持发挥党建引领作用，坚持问题导向、系统思维，努力探索了一条符合当地实情的特色产业发展和农民增收致富之路。

案例 31 探索"光伏＋"现代化农业产业融合发展新模式

第一,必须坚持问题导向,精准科学施策,努力破解制约发展的难点、堵点、痛点。针对近年来光伏农业发展中遇到的困难问题,国家能源局派通渭挂职干部在查阅大量文献资料、开展现场调研的基础上,深入分析总结当地影响光伏农业发展的各种因素,充分借鉴其他地区的做法,尝试在通渭县四新村光伏扶贫电站开展板下试验性种植,因地制宜选择作物品种,科学改进种植技术,努力提高种植产量和经济效益。在土壤准备方面,通过铲锄杂草、反复深翻、增加日晒等方式,加速农残分解;同时,加装滴灌设施,敷设保墒地膜,搭建防虫网,提高土地可种植性。在品种选取方面,结合光伏板下小气候条件,参照二阴地标准选取冷凉型蔬菜(又称高原夏菜)作为板下试验性种植重点品种。在种植环节方面,采购自动化育苗机,使用无菌育苗基质,搭建温室大棚,增设防冻取暖设备,精心开展蔬菜育苗工作。菜苗达到最佳苗龄后,及时开展野外驯化,保障幼苗的成活效率。在日常管理环节,建立田间管理日志,划分作业区域,科学做好锄草、追肥灌溉等工作;结合光伏板下作物生长周期较长的特点,科学安排作物轮作时间。在尾菜处理方面,加入生物菌剂,对尾菜进行资源化处理,循环利用尾菜生物肥,初步形成"农光互补"模式下"适宜农作物种植＋尾菜资源化循环利用＋光伏板下土壤改良＋高效加厚地膜科学使用回收"的农作物生态种植模式。在试验性种植过程中,邀请有关科研单位全过程参与,深入开展板下农业种植优势机理分析,加强板下农业生产技术指导,促进作物产量提升。目前,四新村"农光互补"试点项目已申请甘肃省重点研发计划、定西市重点科技成果转化及定西市重点技术攻关等科技示范项目 3 项,申报实用新型专利 9 个。

第二,必须强化系统思维,突出规划引领,有计划、分步骤推进项目建设。规模化发展是现代农业发展的主要趋势,实现农业规模化发展,必须摒弃传统的小农思想,全盘考虑、有序实施。四新村"农光互补"项目实施前,合作社委托专业设计院编制项目可行性研究报告,吸取国内光伏农业发展的正反经验,深入分析项目资源条件、实施背景、项目可行性和必要性以及经济社会效益,提出科学合理的项目建设方案、生产工艺、实施进度计划和资金筹措规划。试验性种植过程中，项目按照"试验一批、储备一批、推广一批"的模式有序开展，大大降低了农业种植风险，提高了投入产出效益。

第三，必须坚守人民情怀，紧紧依靠群众，不断造福群众，扎实推动共同富裕。习近平总书记强调："农业农村工作，说一千、道一万，增加农民收入是关键。"[①] 要坚持把增加农民收入作为"三农"工作的中心任务，千方百计地拓宽农民增收致富渠道。遵照总书记重要指示，国家能源局在指导推进通渭县四新村"农光互补"示范项目的过程中，始终坚持以人民为中心的发展思想，建立多元化联农带农机制，多措并举拓展农民增收渠道。围绕群众就近就业增收这一难点，四新村"农光互补"项目构建"保底＋分红"联农带农机制，择优长期聘请当地熟悉蔬菜种植和销售的农业"土专家"参与种植，签订对赌协议，按照"基础工资＋对赌奖金"的方式支付其报酬，对种植作物品质符合对赌协议规定要求的，发放全额对赌奖金，否则不予发放或减少发放。同时，该项目为当地群众创造了52个临时工作岗位和25个稳定就业岗位，按照100元/天的标准为其定期结算工资，并使其享受一定比例的净利润分红收益。2023年，该项目带动四新村村集体和脱贫群众增收达到70万元。

第四，必须坚持党建引领，强化联建共建，发挥基层党组织的战斗堡垒作用。四新村"农光互补"项目实施过程中，坚持以党建共建凝聚发展合力，联合定西市农业生态站党支部开展共建活动8次，联合县电力公司党支部开展电力安全培训2次，邀请村党支部书记开展"田间讲党课"活动4次。通过开展形式多样的党建联建活动，在提升基层党组织建设水平的同时，进一步提升群众的农业技术能力，调动群众的参与积极性。项目实施还注重发挥基层党组织和党员干部的带头作用，采用"村'两委'＋合作社＋带头人＋光伏企业＋农户"模式，国家能源局挂职干部牵头建立定期协商机制，现场协调指导工作；村"两委"组织发动群众，及时协调

[①] 习近平：《论"三农"工作》，中央文献出版社2022年版，第46页。

案例31　探索"光伏+"现代化农业产业融合发展新模式

解决遇到的困难和问题；村支书担任安全员，村妇联主任、合作社社长担任工作队长，配合做好农业生产和安全管理工作；项目带头人筹集资金，加强技术指导，拓宽销售渠道；合作社根据工作需要协调安排农户上工，计算工时工分；光伏企业加强设备运行维护，保障农业用电安全；农户自愿参与农业生产，获得相应劳动报酬。

案例32 探索视频号电商带货培训模式
——腾讯"巴渝新农具计划"助力乡村人才培养

案例概述

乡村振兴，人才是关键。中央农村工作会议多次强调，要依靠科技和改革双轮驱动加快建设农业强国，要全面提升农民素质素养，育好用好乡土人才，千方百计拓宽农民增收致富渠道。可见，切实推进人才振兴，提升人才数字化能力是培养现代乡村人才的重要任务。

相关统计显示，农产品上行销售额仅占县域及以下地区网络零售总额的24%，真正利用互联网进行生产直销的比例仍较低，这反映出基层新农人在数字化转型中面临的难题。如何推进数字技术与农村生产生活深度融合，以更加低门槛的方式让更多农民从中获益，腾讯从产品和模式上正在持续不断探索。

2022年9月，在重庆市政府相关部门的支持下，腾讯西南总部、腾讯研究院、微信共同发起"新农具计划"，探索视频号电商带货培训模式。2023年4月，基于前期探索，腾讯与重庆市慈善总会、乡村振兴基金会共同发起"巴渝新农具计划"公益项目。该项目针对传统短期电商培训后技能"返0"、效果"归0"的现象，在三天线下培训后实施长达两个月的线上陪跑。专业的助教团队将通过点对点的沟通方式，为学员提供从"0"到"1"起号、新号养号、直播技巧等多个方面的专业督导及全程陪伴式指导服务，不仅帮助学员渡过新手"阵痛期"，还激发了新农具知识在县域形成以人带人的裂变式传播，带动更多人掌握视频号直播带货技能。该项目计划在5年内开展数字化培训1700余场，培养超3.5万名新农人。截至2023年底，"巴渝新农具计划"公益项目在重庆7个区县已开展培训超百场，培育新农人超千人，其中不乏留守妇女、返乡创业大学生、退役军人等群体。该项目助力一批新农人掌握数字技能，使他们成为乡村振兴的生力军。

"巴渝新农具计划"公益项目得到了重庆市委网信办、市农业农村委、市乡村振兴局等单位的大力支持。项目微纪录片视频在央视新闻和新华社两大视频号吸引超 119 万阅读量，得到超万人次的点赞和转发，成功引起社交传播热潮和政府高层点赞。同时，在 2023 年中国国际智能产业博览会及第五届全国农民教育培训发展论坛中，该项目通过搭建"直播间"、与中央农村广播电视学校合作开展"新农具公开课"等形式，收获各方赞誉。

案例剖析

（一）创新培训模式，陪跑激发动能

有关短视频及直播带货相关的培训在全国各个地区已开展多年，效果不佳，究其原因，大多是存在"头重脚轻"的问题，也就是往往重视理论，不重视实践，重视老师讲，忽略学员练。"巴渝新农具计划"将培训作为数字素养类的教育产品来进行设计，培训目标不在于筛选大主播，而是能让更多的普通农民从"0"到"1"，掌握直播带货这门新农具的使用方法。当线下培训结束的时候，对于很多学员来说就意味着学习的终止，因为他们还没尝到学习这项新农具的"甜头"，很多操作问题还没弄懂，内生的自驱动力还没起来。因此，"巴渝新农具计划"通过设置"三步走"模式来保证培训取得实效。第一步通过 2—3 天的线下培训，让农民了解直播，从基础概念到视频拍摄再到直播带货，让农民实现从"0"到"1"的突破；第二步筛选在线下培训中表现优异且真正愿意持续开播的学员，配置陪跑教练，进入长达 50 天的线上陪跑阶段，实现从"能播"到"能卖"；第三步是助力成功学员成为导师，帮助其他从零开播的小白主播顺利持续开播，实现从"自己能卖"到"教别人卖"。

（二）扩展销路就业，促进增收致富

通过三个阶段的课程设计，培训的效果也日益显现。截至 2023 年底，

项目已经在重庆石柱县、城口县、潼南区、酉阳县、巫溪县等7个区县相继落地，很多学员已完成了从了解产品到日常化使用的阶段性蜕变，并逐步将视频号直播带货这一工具转化成为生产力。来自巫溪县的何财明九年前回乡创办了一家用纯手工丝瓜络做布鞋的工厂——何航鞋业，布鞋的销路问题一直困扰着他。2021年9月，在"巴渝新农具计划"的指导下，何航鞋业制作的两条短视频火了，点赞分别突破3.5万和2万，并为何航鞋业带来了近万名粉丝。这些数据也体现在交易转化上，截至2023年上半年，何航鞋业线上销量已破千万，目前为当地超百位留守妇女、残障人士提供了就业机会。随着鞋厂的生意越来越好，何财明流转了300亩土地种植丝瓜，让农民每亩地的收入翻了一倍。

（三）服务品牌打造，赋能县域经济

"巴渝新农具计划"的实施还有一大亮点，就是在过程中充分调动政府的参与积极性，服务县域农业产业及经济的发展。在市乡村振兴基金会的支持协调下，项目组在区县落地之前，都需要提前到当地进行踩点，并与政府主要领导进行交流座谈，沟通明确项目价值并寻找出能够代表当地特色的农业产业发展方向，将其有机融入到学员筛选与课程设计、传播计划当中，实现既培养人才又赋能产业的双重价值。在过往落地区县中，石柱的莼菜、潼南的柠檬、城口的腊肉、南山街道的火锅与盆景、酉阳的800区域公共品牌等，经过政府的指导通过"巴渝新农具计划"这一项目实现了更多的曝光与传播，促进了县域的特色产业与经济走向更广阔的市场。

（四）输血升级造血，助力生态建构

"巴渝新农具计划"的开展，除了普及数字新农具，更使当地从被动输血升级为主动造血，形成可持续效应。据统计，在目前开展"巴渝新农具计划"的区县，已有三个区县的学员代表认证成为视频号服务商。经过近一年在视频号的深耕，来自重庆酉阳县的石正伟已经推动所在公司认证成为视频号官方服务商。2023年,他在腾讯的助力下与当地政府合作开展"酉云·满天星"行动电商培训项目,培训超2000名新农人。接下来,石正伟希望能帮助更多的家庭宝妈、农产品养殖户等普通群体实现在家创业、在家增收的愿望。而石正伟所在酉阳县也因为去年"巴渝新农具计划"的开展,2023年又发起"酉云·满天星"工程数字赋能乡村振兴行动计划,旨在通过专业直播和电商培训等,培养造就一批有文化、懂电商、会经营的农村新型技能人才,培育形成一批叫得响、质量优、特色显的农村电商产品品牌,用数字赋能助力"数商兴农",促进农文旅深度融合发展。

延伸阅读

乡村电商发展存在的问题

经过十几年的发展,在政府、社会、不同企业的共同努力下,县域及以下地区的电商基础设施的普及和用户教育取得了显著的成就。根据商务部大数据显示,2022年,全国农村网络零售额达2.17万亿元,其中,农村实物商品网络零售额1.99万亿元,全国农产品网络零售额5313.8亿元。然而,在县域及以下地区中,电商业务往往分为"上下行",对于大部分地区来说,上行是指农(副)产品卖出去,下行是指工业制品买进来。当我们将2.17万亿元的全国农村网络零售额进行拆分后发现,农产品上行的5313.8亿元仅占24.48%,也就是大部分的交易额,其实是县域及以下地区的居民购买其他地区生产的工业制品,而只有少部分的交易额来自他们自身的农(副)产品卖出去。

农产品上行的销量低,从表面上看,是由农产品电商模式导致的。在过去的发展中,农产品电商一般采用包销模式,即一个网络经销商在丰收季节来到一个地区批量采购农产品后,将其通过网络各类形式与平台进行集中销售。在这种模式下,农产品的生产者,无论是农户还是乡镇企业,都没有完成从生产者向销售者的身份转化。从整个交易链条来看，它也没有突出电子商务的优势——削减中间环节，让生产者与消费者直接交易。因为不直面市场、消费者，也就意味着他们没有自主定价权，更不能敏锐地观察到市场的变化，从长远来看也无法建立自身品牌。

形成这种模式的原因有很多，但其中最重要的一个原因其实并非商业上的问题，而是县域，以及比县域更基层的乡镇与省市地区相比，存在巨大的数字鸿沟，这个鸿沟就是人们对数字技术使用的水平差异。对于数字鸿沟的三个层级，用通俗的例子可以解释为"有没有手机和信号"（接入），"会不会发微信、刷短视频"（使用），以及"是否能开网店、做博主、靠网络赚钱"（创造）。

截至目前，中国手机网民规模已突破10亿，5G网络也已经覆盖了全国87%的乡镇地区。可以说，全体国民基本均越过了第一级数字鸿沟。在过去3年里，由于线上办公、智能手机的广泛应用等原因，大部分的互联网用户也已经越过了第二级的数字鸿沟，刷视频和看直播成了几乎每个人都具备的"冲浪"技能。遗憾的是，第三级数字鸿沟仍横亘在许多互联网用户的面前，让他们难以利用互联网创造财富与价值。

案例启示

"巴渝新农具计划"对农民数字素养的提升起到了关键性的作用。同时，培训成效的取得，很大一部分源于微信视频号产品本身——微信视频号与县域的社会与商业形态有着天然的共振。

（一）微信产品定位与县域社交关系有天然亲和性

视频号是微信这一熟人社交产品为视频号创作者提供内容上传管理、数据查询等功能的专属服务平台，它与县域的熟人社会之间有着天然的亲和性。相较一线城市，县域的社交关系更为紧密，许多线下交易的双方会在交易后成为好友。这种普遍的、非结构化的线上交易，为县城居民转向真正的结构化线上销售做了良好的铺垫：一方面，通过视频号、视频号小店、企业微信群等工具的联动，新农人可以有效激活沉寂在自己朋友圈里的潜在买家；另一方面，对于刚刚开始直播的县域新农人来说，微信里的这些好友也可以帮助他们更好地渡过无人知晓的冷启动期。

（二）微信的易用性与县域数字素养相贴合

对于许多刚刚开始从事线上销售的新农人来说，操作不熟练是发展前期的一个关键问题。视频号作为微信的一项功能，无论是浏览、发布短视频，还是进行线上直播，均不需要下载额外的 App，这大幅降低了用户的使用门槛。在县域，数字技能的传播往往依靠熟人之间的线下指导与示范。经过不断优化与调整，视频号在产品体验上基本做到了"会用微信，就能直播"的程度。这除了让更多的人有机会尝试直播带货之外，在一定程度上也解决了县域电商人才不足的问题。一个会播的主播，能够很快发展出第二个主播；一个会处理售后的客服，也能很快教会另一个人如何处理售后，这也大大降低了新农人们在业务发展过程中"招不到人""培训不出人"的问题。

（三）微信倡导的去中心化产品理念与县域商业规律吻合

中国的县域市场广阔，经济发展水平差异大。传统中心化的电商平台中，由于其流量采用较为单一的算法或搜索的方式分配，对于刚刚开始接触电商的中小企业和个体销售者来说竞争过于残酷，容易导致中小商户们知难而退。微信视频号作为微信的一个视频功能组件，秉持了微信倡导的去中心化的产品理念，通过算法、地理位置、社交等多个逻辑对内容进行分发，这让中小商户在微信视频号中进可冲击全国大市场，退可留守本地、熟人市场。中小商户可掌握主动权，根据自身的发展步调，选择不同的工具与方式在微信中进行宣传与销售。

案例 33 "四位一体"全生态链
——山东枣庄市"香安华"家庭农场有限公司
新型农业科技创新与示范

案例概述

民以食为天。作为一个人口大国,中国人的吃饭问题始终居于人民群众生活的首要位置。习近平总书记一再强调:"中国人的饭碗任何时候都要牢牢端在自己手中,我们的饭碗应该主要装中国粮。"[①] 我国粮食作物的绿色健康,是全国人民始终关注的热点问题,更是打造健康中国的战略问题,对持续确保国家粮食安全意义重大。

枣庄市地处山东省最南部,主要粮食作物为小麦和玉米,常年种植面积在 200 万亩左右,对满足鲁南粮食市场的需求有一定的影响力。为保障枣庄地区的粮食作物绿色、健康、安全,台儿庄区张山子镇的枣庄市"香安华"家庭农场有限公司(以下简称"香安华"家庭农场)将公司定位为"做良心农业、做现代农业、做品牌农业",在保障农业产品质量安全、提高农业生产效率、实现主要农产品有效供给方面,为枣庄农业农村现代化做出了积极的贡献。

"香安华"的名字由创建者三兄弟单香、单安、单华的名字各取一字组成。该农场主单华始终秉持着弃医从农、打造绿色安全农产品的初心。自 1990 年到 2008 年从医 18 年以来,单华对生老病死较常人多了一份敬畏,对健康也就有了更多的思考。作为土生土长的农村人,单华对土地不只是了解,更多的是那份深深的热爱和厚重的情怀。针对目前粮食高投入、高产出的生产现状,真正实现土壤生态系统健康循环、粮食优质增效的想法在他心头越来越强烈,为此,他一心扑在"香安华"农业上,一干

[①] 《习近平关于国家粮食安全论述摘编》,中央文献出版社 2023 年版,第 15 页。

就是 15 年。后来,"香安华"成了美好的祝愿和该农场终身追求的目标:香——从味道出发,香飘万家;安——绿色食品,以安全为先;华——让人们养成良好的饮食习惯和方式。

"香安华"家庭农场从维护农场土壤生态源头做起,首创形成了土壤改良精准化、肥料使用合理化、种植管理生态化、生态产品品牌化的"四位一体"全生态链新型农业生产技术模式。"四位一体"全生态链新型农业生产技术模式作为科技创新助力乡村振兴的优秀案例,被评为 2023 年枣庄市现代农业新技术优秀典型案例,受到枣庄市农业农村局的表彰。

案例剖析

(一) 土壤改良精准化

由于农民大量使用化肥、农药、除草剂等化工产品,大量的有害物质残留在土壤中,致使土壤出现了板结、酸化、有益微生物大量死亡的趋势。"香安华"家庭农场用了近 10 年的时间从酵素科技、中医药调理两个方面进行土壤生态改良。农用果蔬酵素以蔗糖、果蔬废弃物为主要发酵原料,蔗糖、果蔬废弃物和水按照 1∶3∶7 的比例通过一定的时间发酵,配合地埋式水肥一体化和无人机,按照 1∶300～500 的比例在每个生长季对小麦、玉米喷施 2～3 次。单华通过外出考察、理论研究、实践摸索等各种途径,还探索出了利用自己的医学知识来改善土壤生态的路子,具体就是利用"中草药＋微生物＋天然矿物营养元素"的组合调理动植物生长,而且每 1—2 年进行一次深耕深松,彻底打破犁底层,促进土水肥健康协调循环。

(二) 肥料使用合理化

"香安华"家庭农场位于张山子镇的张西村,东经 117.5 度、北纬 34.4

度，土壤类型是砂姜黑土，近3年养分的平均含量为：有机质23.9g/kg、全氮1.27g/kg、pH6.7、碱解氮143.1mg/kg、有效磷40mg/kg、速效钾291mg/kg。根据土壤测试结果，农场根据目标产量配方法制定了N∶P$_2$O$_5$∶K$_2$O为23∶12∶10的小麦专用配方和N∶P$_2$O$_5$∶K$_2$O为30∶7∶8的玉米专用配方。基肥按照"1000～1200斤/亩的商品有机菌肥或3000～5000斤/亩的畜禽粪便（按畜禽粪便使用量的2‰的复合芽孢杆菌）+60～80斤/亩的配方肥"进行深耕施用，化肥的使用量较普通农户120～130斤/亩减少了30%～50%，增施的有机菌肥实现了土壤生态的良性循环。

（三）种植管理生态化

"香安华"家庭农场根据小麦、玉米的不同生长时期制定了不同的管理措施。在小麦、玉米播种前分别用康乐尔植物园提取的碳量子水溶肥进行种子处理。在小麦出苗后、三叶期、分蘖期、浇返青水期、3月下旬、抽穗期、灌浆期和玉米的苗期、喇叭口期、抽穗前、抽雄穗后、灌浆期，分别用不同浓度的水溶肥结合水肥一体化进行喷施，实现养分需求与供应实际同步。同时，单华作为从医18年的医生，明白硒元素对身体健康的重要性，他在小麦、玉米养分吸收的关键时期结合神航科技集团研发的量子富硒种植宝进行喷施，每个生长季喷施2～3次。而且，根据杂草生长情况，每个作物生长季进行2～3次人工除草。

（四）生态产品品牌化

"香安华"家庭农场将生产的生态农产品原汁原味地送到了各家各户的餐桌上，有散养在田间地头的本地土鸡、富硒鸡蛋、石磨低温研磨面粉、富硒焙熟餐粉（山药、玉米、黄豆）等，农场还注册了台儿庄区"香安华"生态农业科技体验馆，大大缩短了生态农产品从地头到餐桌的距离。

> **延伸阅读**

山东味道——原汁原味原生态 源自"香安华"家庭农场[*]

"香安华"家庭农场是集生态种植、养殖、管理、收储、加工、销售、体验于一体的现代生态农业综合开发公司,曾获山东农村专业技术协会富硒农产品专业委员会颁发的"山东省富硒食品加工基地"匾牌,是中国农业产业质量信用 AAA 级企业、CCTV《老故事》栏目合作伙伴、家庭农场省级示范场、全国百佳生态创新示范基地、信用认证企业(商务部国际贸易经济合作研究院信用评级与认证中心),还荣获中国优质农产品 AAA 级诚信供应商信用证书,做客《信用中国》栏目。

目前,"香安华"家庭农场拥有生态改良、高产土地 3000 亩,全部用于绿色无公害农作物种植及家禽生态养殖;年生产 700 余吨面粉,有存储四五千吨粮食的仓库。建成了占地 3800 平方米的粮食烘干及石磨面粉加工车间,四座石磨,低温磨制,每天产出 3 吨面粉。富硒鸡蛋每天产 3000~5000 枚。

农场主单华表示:"希望小朋友来农场参观,在大自然的怀抱里来一场研学,从小养成绿色健康的生活习惯。硒主要预防疾病、提升免疫力,这对于孩子们尤为重要。我们想要的未来,是孩子们的未来;所以,'香安华'的绿色农业,也是为了未来的孩子们能更健康。"

> **案例启示**

第一,不忘初心,主动承担农业发展责任。"香安华"家庭农场主单华秉持着农业和医学相结合的初心,主动承担起农业绿色安全发展的使命。针对粮食高投入、高产出的生产现状,积极探索如何真正实现土壤生

---

[*]《山东味道——原汁原味原生态 源自香安华家庭农场》,枣庄频道,https://zaozhuang.sdnews.com.cn/xms/202205/t20220512_4025809.htm,有改动。

态系统健康循环、粮食优质增效。他一心扑在"香安华"家庭农场上,一干就是15年。农场从维护土壤生态源头做起,创新形成了土壤改良精准化、肥料使用合理化、种植管理生态化、生态产品品牌化的"四位一体"全生态链新型农业生产技术模式。

第二,建立科学完善的耕地质量检测网络。根据土壤改良措施的实施,公司及时动态掌握耕地土壤肥力及环境质量的变化,科学提出提高耕地质量的对策措施,正确指导全区耕地地力建设,促进耕地环境改善、土壤地力常新、土肥水资源可持续利用,提高耕地综合生产能力,确保粮食安全生产。

第三,推广经营模式,鼓励创新技术示范。根据各类新型农业经营主体的生产模式,大力推广"智慧农业+化肥减量增效"耕地质量保护与提升典型模式、"农机农艺+化肥减量增效"深度融合耕地质量保护与提升模式、"酵素+人工除草+水肥一体化技术+化肥减量增效"绿色生态循环发展模式等耕地质量保护先进技术典型模式,真正形成"先进技术先行先试、普通模式遍地开花"与粮食安全生产的现代农业发展相适应的耕地质量保护体系。

第四,做好宣传,打造区域产业特色品牌。持续推进大田作物土壤改良精准化,实现粮食生产的绿色、高质、高效。大力发展"香安华"等品牌农业,充分挖掘"香安华"等特色品牌的价值,同时推进绿色食品、有机食品的申报,不断增加"三品一标"有效期内的数量。坚持农业"互联网+"发展模式,充分利用电商、"互联网+"等新兴手段,做好品牌宣传,提升台儿庄特色品牌的知名度与影响力。

着力科技创新,助力乡村振兴,促进农业绿色健康发展,这既是一个长期过程,更是一个艰辛历程。在当今国外粮食大鳄围追堵截的状况下,我国农业绿色健康的长足发展,可谓任重道远。要立足自身抓好科技创新,坚决守好鲁南地区粮食安全,为装满中国饭碗不懈奋斗。

案例 34 "两山两联促两兴"＋"三菌三黑"助"三农"

——湖南湘耀农业以科技创新助力乡村振兴

案例概述

习近平总书记于 2020 年 9 月在湖南考察时先后强调：坚持农业农村优先发展，推动实施乡村振兴战略；牢固树立绿水青山就是金山银山的理念，在生态文明建设上展现新作为；加强农业面源污染治理，推进农村人居环境整治；并在有关会议上深刻指出，举全党全社会之力推动乡村振兴，乡村振兴，既要塑形，也要铸魂[①]；坚持人与自然和谐共生[②]；坚定不移走生态优先、绿色发展之路[③]。娄底市委、市政府和相关部门高度重视，就贯彻"两山"理念、推进乡村振兴作出了重点部署。

湖南湘耀农业有限公司（以下简称湘耀农业）是娄底市农业龙头企业、娄底市科协绿色创新学会联合体科技助力乡村振兴核心支持单位、娄底市优秀科普示范基地、娄底市专家工作站建设单位，公司法人代表赵可清为湖南省乡村振兴"头雁"项目计划人才。湘耀农业始终坚持立足湘中特色农业产业，着力构建规模化、标准化、品牌化、连锁化的农产品产销体系，推动农村一、二、三产业融合发展。目前，公司已发展成为集农业技术开发推广、优质农产品种养加销、有机肥料及微生物肥料制造及销售于一体的绿色农业产业集团，承建湖南省乡村振兴娄底市产销地仓、政府采购电子卖场，建立了 10 个线下直营店（含长沙运营中心），分销商近 100 个。在科技、农业部门的指导和支持下，湘耀农业有娄星区石井水口村微生物养猪示范基地（被定为湖南省乡村振兴创示范县、区基地）、娄

[①] 参见《全面推进乡村振兴迈出坚实步伐》，《人民日报》2022 年 10 月 13 日。

[②] 参见习近平：《决胜全面建成小康社会 夺取新时代中国特色社会主义伟大胜利——在中国共产党第十九次全国代表大会上的报告》，人民出版社 2017 年版，第 23 页。

[③] 参见习近平：《论坚持人与自然和谐共生》，中央文献出版社 2022 年版，第 74 页。

星区产学研基地、松花鸡种养基地、有机果蔬种植基地、白石溪菌草种植基地等。公司按照"三菌＋三黑＋三养"的模式发展绿色低碳、集约高效的循环农业，其中，菌床养殖技术以菌草、谷壳作为垫料，制作微生物发酵床，形成零排放、零污染、高效益的养殖模式，对构建绿色低碳的生态农业体系具有核心支撑作用。

案例剖析

湘耀农业充分利用现代农业科技与数字信息技术，通过创新链联合、创业链联动，构建"共享平台＋绿色认证＋品牌推荐＋仓储物流＋社区配送"体系，重点发展"三菌＋三黑＋三养"农、旅、医养共生产业，协同推进乡村振兴、中医振兴，推动构建集点成链、结链成网、聚散成体的绿色发展共同体，进而通过"两山两联促两兴"、"三菌三黑"助"三农"，先行开拓"绿水青山就是金山银山"的现实路径，努力开创农业农村高质量发展的新局面。

（一）搭建集成服务平台

以区域为整体组建经济社会发展矩阵，形成"枢块链"式发展共同体，实现政策与实践、资源与产业、产品与市场的对接，乃至部门单位之间的协同，都需要统一的数字化平台来牵引。湘耀农业与相关机构和实体企业着力推动创新链联合，依托新旺达省级科技孵化器建立绿色农业众创空间，依托市生态学会、相关院校、检测机构建立绿色产品与服务认证体系、品牌品质与食品安全共建机制，打造技术网络、数字网络、供销网络、物流网络、社区网点五网同构的集成服务平台，以加工定制、检验检测、冷链物流、仓储配送、展览展销、品牌营销、对接联络为重点，面向全市全省全国搭建绿色创新与绿色消费服务中枢。其中，以湘耀农业为主体开发菌草种养技术群、以嘉盛科技为主体开发休眠保鲜技术群、以旺达兴乡为主体开发富硒产业化技术群、以乐开口为主体研发米粉加工技术群、以薪火传为主体开发垃圾裂解气化技术群、以旺达广告为主体发展文创广告产业、以三虫农业为主体建设胡蜂养殖产品深加工产业园、以鸿盟商务为主体搭建绿色消费服务平台。2022年，该服务平台通过"百名专家入企业""百名导师走基层"等活动，累计完成线上线下服务2900多场次，举办各类培训班近200场次，培训农村创业创新人才近万名。

（二）厚植绿色产业体系

湘耀农业与优秀景区、乡镇、实体合作，将与山水人文关联紧密的相邻村社规划为乡里片区，将距离相近的乡里片区链接为生态经济区块，按照"市域一体、智联万物，文旅融合、乡医同兴"的思路，构建"枢块链"式人与自然生命共同体。按照"三菌＋三黑＋三养"模式推动产业链联动，以湄江镇为首试地、以"菌草种植＋菌床养殖＋菌肥还田"为主轴、以"湘村黑猪＋湘中黑牛＋涟源黑山羊"和"耕读休养＋中药医养＋生态康养"为主业，以生态果蔬种植加工为配套，构建立体化生态种养模型，发展农、旅、医、养共生产业链群。2023年以来，公司还进一步引进了黑尾胡蜂养殖加工与"心灵怡养＋技能培养"拓展项目，逐步形成了"三菌＋四黑＋五养"的新格局。截至2023年底，湘耀农业已在全市建立生态农业示范基地6处，种植面积7.8万亩，建成栏舍3.6万平方米，年出栏生猪1.7万头、肉牛0.2万头、山羊0.6万只、禽类约10万羽。

（三）发展中医健康产业

依托龙山国家森林公园、国家森林康养基地、国家中医药健康旅游示范基地与新化国家中医药综合改革试点县的坚实基础，湘耀农业以涟源为主核、以双峰和新化为双翼，依托全球大健康消费，融合发展生物医药、生态农业、文化旅游、中医诊疗、中医康养等产业，并建立全覆盖的中医健康服务体系。对接上海奉贤区（医药谷）、湾区横琴岛（中医创新谷），通过战略合作共建娄底"中华健康谷"，一起构建研发、生产、销售三维联动的"健康中国银三角"。进行供给侧结构性改革，为全市中药材的全面发展创造条件。目前,全市中药材产业正逐步走上生产组织化、产品多元化、产业链条化发展轨道。2022年,全市中药材种植面积达到33.6万亩,产量15.2万吨,产值达13.5亿元。新化荣获"中国黄精之乡","新化黄精"获中国地理标志证明商标证书,种植面积达5.7万亩,综合产值约6.5亿元;冷江黄柏、涟源龙牙百合、双峰芍药等中药材声誉远扬。健缘医疗、回春堂制药、康麓生物、福泰饮片等中医药类高新企业快速崛起,生物医药产业产值突破50亿元。

(四)畅通国民经济循环

湘耀农业对接中国数字经济与跨境电商专业委员会等高端资源,通过股权合作、战略联盟、品牌加盟、订单服务等方式聚合资源要素,打造新商贸"航母",拓建现代文化商贸网络。与绿色农业基地合作,进行品牌建设与市场营销代理。依托旺达楼房空间建立极具特色的绿色产品展览中心,与广大厂商联展联销加盟产品,以绿色品质、鲜美品相、高雅品位、响亮品牌形成名优产品的强大联销网络。利用休眠保鲜技术提升冷链物流服务水平,带动娄底顺利融入长株潭都市圈。对接粤港澳大湾区,形成顺畅服务城乡内循环、国内国际双循环的三维引擎。探索数字化生态人文发展新路径,开创千企万店、千乡万村、千家万户共生共享新格局,有效推动娄品出娄、湘品出湘,跳出娄底发展娄底。2022年,娄底通过"数商兴农"销售农产品21.81亿元。

延伸阅读

以创业链联合、产业链联动助力乡村振兴

湘耀农业坚持创新驱动,通过创业链联合、产业链联动,开发利用新技术、新模式,培育发展新产品、新业态。

菌草种植。菌草种植是习近平总书记在主政福建时开始培育的产业扶

贫项目。菌草具有生长快、营养好的特点，粗蛋白含量是玉米秆的两倍，现已推广至全国 506 个县和全球 106 个国家，在国内国际扶贫工程中大放异彩。习近平总书记在致菌草援外 20 周年暨助力可持续发展国际合作论坛的贺信中指出："菌草技术是'以草代木'发展起来的中国特有技术，实现了光、热、水三大农业资源综合高效利用，植物、动物、菌物三物循环生产，经济、社会、环境三大效益结合，有利于生态、粮食、能源安全。"[1]

菌床养殖。菌床养殖禁用任何化学添加剂，以菌草为主饲料，以谷壳、豆粕为辅食，通过微生物发酵分解，将动物粪便及养殖废弃物转化为有机肥，变废为宝，实现养殖零排放、零污染、高效益，形成绿色低碳的养殖新模式，从根本上解决农业面源污染问题。

湘中黑牛。湘中黑牛是以湘中地区黄牛为母本、以纯种黑色安格斯公牛为父本的杂交改良牛，皮毛全黑，具有初生量重、生长速度快、耐粗饲、适应力强、出肉率高、油脂含量低、肉质鲜嫩、蛋白质含量高等特点，屠宰率 59%、净肉率 46%。2007 年，"湘中黑牛"系列被评为湖南省唯一向北京奥组委推荐的品牌牛肉。

湘村黑猪。湘村黑猪是以桃源黑猪为母本、以杜洛克猪为父本，经杂交合成和群体继代选育而培育的新品种，于 2012 年 7 月通过国家畜禽遗传资源委员会审定，是湖南省唯一通过国家品种审定的具有自主知识产权的畜禽新品种，已跻身全国五大生猪品牌。

涟源黑山羊。涟源黑山羊为湘中地区原始品种，毛色黑而光亮、四肢矫健、适应性强、抗酷热、耐严寒、抗病力强，且性情温驯，既可集群牧放，又宜零星饲养，繁殖快，成活率高；肉质细嫩，脂肪少，营养丰富。国家定涟源为全国黑山羊板皮产地之一。

黑尾胡蜂。胡蜂在田野和林间较为常见，性格较温和，喜食各种植物花蜜和松毛虫等幼虫及蛹，其成虫、幼虫和蜂巢皆可入药，有杀虫、消

---

[1] 《菌草三物循环的顺昌探索》，南平市人民政府网，https://www.np.gov.cn/cms/html/npszf/2023-06-17/1170541503.html。

肿、解毒及抗菌等功能。黑尾胡蜂还是营养价值较高的膳食蛋白质食品，巢室及巢壳氨基酸含量为全虫草的两倍。此外，黑尾胡蜂具有较强的除虫害功能。

休眠保鲜。生物细胞休眠保鲜技术可让动植物的生物细胞进行有效休眠，并对食品类产品进行物理保鲜，在细胞不受损及营养不破坏、不流失的环境中延长其保鲜期，解决了食品类产品长期以来依赖化学防腐剂及冰冻的关键技术难题。

案例启示

湘耀农业是自觉学习践行习近平经济思想的优秀企业，在学以致用、真学真用中探索形成了创新发展、集约发展、共生发展的新路子，为弘扬新时代企业家精神树立了一面鲜艳的旗帜。

（一）以科技专家为支撑推动创新发展

人才是第一资源，创新是第一动力。湘耀农业与国家菌草工程技术研究中心、湖南人文科技学院合作，扎实推进娄底市专家工作站建设，工作站集聚了国家菌草工程技术研究中心首席科学家、菌草技术发明人林占熺教授，国家菌草工程技术研究中心主任林冬梅教授，福建农林大学高级农艺师黄国勇教授、副研究员林兴生教授，以及湖南人文科技学院金晨钟、罗育才、郭开发、谢晶等专家教授。湘耀农业重点推动菌草种植、菌床养殖，取得了2项专利，2022年获湖南省科技厅"创新创业"比赛优胜奖。另外，公司与湖南农业大学、湘潭大学专家团队合作研发休眠保鲜技术，完成了将蜂蛹保鲜半年以上的成功实验；并且与相关企业联合打造农业众创空间，形成创新农业农村发展的绿色创新技术矩阵。

（二）以产业链群为支撑推动集约发展

农业生产体系就是一个有机循环体系。湘耀农业坚持系统观念，致力通过关联产业优化组合与协同联动，共同构建生态经济"航母"。公司重点以"菌草种植＋菌床养殖＋菌肥还田"为基壤，推动"湘村黑猪＋湘中黑牛＋涟源黑山羊＋黑尾胡蜂"的生态化种养，同步发展"耕读休养＋中药医养＋生态康养＋心灵怡养＋技能培养"高品质新业态，从而建立起人与自然和谐共生的生命共同体模型，形成了绿色低碳、集约高效的农、旅、医、养体系，实现了资源化、循环化、组织化、规模化的整体效果；同时，湘耀农业将中医药种植与中医康养作为重点产业培育，一举推动乡村振兴和中医振兴。"三菌＋四黑＋五养"生态经济模式的推广将带来农业农村发展的革命性转变，带来农业面源污染与食品安全问题的根本性改变。

（三）以共享平台为支撑推动共生发展

在全球化大经济时代，一地一企的各自为战，如同大海中的小舢板，无以立足、无以为继。湘耀农业抓住绿色消费"牛鼻子"，结合文卫科技三下乡、"万企兴万村"、恢复扩大消费等活动，按照"共享平台＋绿色认证＋品牌推荐＋仓储物流＋社区配送"的模式打造娄底市农特产展销中心、湘中绿色消费服务中枢，按照智能化、绿色化、组织化要求，推动数实融合、文商融合、产业融合，生成"三化三融"运行机理，促进跨领域跨区域的消费对接合作，由此把处于无序竞争、严重内卷状态的零散实体组合成各尽所能、各得其所的联盟主体，为农业经济领域全面推进人与自然和谐共生做示范性贡献。

案例 35　让农民兜里有钱、脸上有光

——云南褚氏农业有限公司以数字化助力乡村振兴

案例概述

"人生总有起落、精神终可传承"的奋斗精神的塑造者——褚氏农业，通过数字种植、数字供应链与数字新营销，实现了从产地到餐桌 7 天直达的品质标准与时效。

众所周知，褚橙是曾经的"亚洲烟草大王"褚时健在 74 岁高龄时以耄耋之躯创立的品牌，"褚橙精神"并非一个简单的励志故事，更是老一辈企业家精神的体现。褚橙是冰糖橙的一种，湖南省洪江市是冰糖橙的原产地。从"三湘两水"之地到"荒芜之山"，褚橙从哀牢山开始名满天下，成为中国最有名的冰糖橙。褚老在这里带领工人翻挖土地，修渠引水，开垦施肥，利用哀牢山独特的地理气候环境，种出堪称极品的橙子，探索出一种全新的农业模式。

有人说，褚橙热销是因为褚时健的名声，但《褚橙你也学不会》书中的一项调查显示，吃过褚橙的顾客认为其热销的真正原因在于品质好。至今，褚橙问世 20 余年来，以营养价值高、高甜低酸黄金比、果皮易剥离等特质，每年 11 月左右一上市即成为热销爆款。

如今的褚氏农业由褚一斌传承，褚橙的品质始终如一，甚至更好。这不仅是褚氏精神的传承，还是褚氏农业 20 余年来诚心耕耘的鲜活体现。2023 年 11 月，在一场由金蝶国际软件集团有限公司（以下简称金蝶）和褚氏农业共同举办的企业家走进褚橙庄园的活动上，云南褚氏农业有限公司董事长褚一斌表示："水果本质属于食品，它其中的一个标准是安全，另一个标准则是好吃，这是广大消费者的需求。如何满足这些标准？对于褚氏农业来说，就是通过工业化的手段，按照标准生产出高效能、高品质的产品。这其中的关键点就是数字化。对于种植业来讲，数字化是很困难

的，但是对于一个企业来说，不管从任何方面，都要尽量精准。目前，褚氏农业通过数字化实现了从种植到采摘以及运输、销售全过程的标准化，保证了产品的品质，这就是褚橙好吃的原因。"

但在更深处，褚氏农业还有一个愿景，就是推进种植业产业化，引进科技手段，改善行业生态，提高农民地位。"农民队伍有很多'80后''90后''00后'，作为老板，要让他们在娶媳妇、谈朋友时，不羞于提及自己的身份。"这种淳朴的愿望，推动着褚氏农业在经营上朝着标准化、现代化、数字化的方向加速推进。

案例剖析

褚氏农业是一家有情怀、有理想的企业，20余年专心种好一种橙子，而金蝶成立30年以来也只干一件事，就是通过数字化帮助企业提升竞争力。两家企业联手合作，共同打造了柑橘产业数字化转型的新标杆。

2019年，褚氏农业选择了"金蝶云·星空"数字化平台，结合其数字化转型需求，"金蝶云·星空"为褚氏农业搭建了以业财税一体化为核心的新一代数字化管理平台；2021年，在云南新平县"一县一业"项目中，金蝶与褚氏农业携手共建数字化柑橘全产业链数据底座。金蝶与褚氏农业携手合作，将品牌效应与管理模式复制到更多的品类、更多的土地以及柑橘产业。

褚氏把产业链分为产品生产端环节、工业产品标准化环节、市场环节三个大场景，以数字化实现标准化，尽量减少不可控因素对公司产能以及效率等方面的影响和波动。

在产品生产端，以"甜不甜"作为指标，让种植环节尽可能标准化。对农业企业来说，标准化一直是普遍存在的痛点：农户靠经验作业，种植和管理标准难以统一。为推行标准化种植，褚氏农业形成了"生产技术部—作业长—农户"的管理机制：生产技术部是"大脑"，指导生产；作业长制定每个月的生产安排，分发生产资料；农户提供劳动力，进行田间管理。以农户为最小管理单元，褚氏农业制定了一套种植标准。

"褚老建立了作业长制度，一斌总又加入了很多现代元素。比如，生产技术部下面，专门设立一个省力化部门，用新技术、小型农业机械等替代人工。""以前，23亩地种3326株果树，为让果子吸取更多阳光和养分，后来砍掉很多果树，只种1800株，株距为25厘米至50厘米。""有虫害时，技术部的管理人员过来观察，打什么药，打多少药，由他们定，他们把农药发给作业长，作业长再发给我们去打药。"在施肥量方面，公司统一规定，每棵树每年施肥量不低于5公斤，农户因地制宜调节。"弱的树，施肥要重一点；强的树，施肥要轻一点。"通过标准化，尽量压低了农户靠经验作业的比重，也能保证果子品质的稳定输出，省工、省时、省物资，节约成本。

在选果环节，制定严格的选果标准。未达标的果子，不能贴上"褚橙"标签，只能入市散卖，身价和其他果子无异。由于种植环节的标准前置，新平基地的成品率在70%～80%之间。

在经营层面，基于"金蝶云·星空"数字化平台，褚氏农业完成了从种植到选果的成本核算、成本报表、记账功能、数据反写功能的共创，实现完整的基于种植行业实践的精细化成本核算模式建设，实现在方向性上评价总体投资回报率的目的；并构建了能支持高并发、云原生架构、迭代性强、开放性强、一体化低代码的数据PaaS底座，以便快速响应柑橘业务需求，实现技术赋能普惠化，支撑了未来柑橘产业链信息化建设。

从精准计划到财务、供应链，褚氏农业有很多的标准，而落实这些标准靠的不仅仅是经验，而是用真实的数字去体现。数字化成了褚氏农业向管理要效益的手段。

目前，褚氏农业和金蝶集团正在探讨建立种植业的大数据中心：采集每棵树的生长环境数据，包括地理位置、土质、气象等，分析水、肥的投入量与果子品质的关系，通过分析、模拟，生成每棵树的种植参考方案，辅助农户生产。

除了褚橙、云冠橙之外，褚氏农业一直在探索扩大产品线。柑橘的两个子品类已在试种，计划两年后投放市场。一旦辅助种植系统落地，只需调整一些参数，便可以针对其他水果生成种植方案。

数字化	高品质	高收益
- 生产、分选、销售全要素编目体系，已构建5大类22个子类 - 链接120套土壤温湿传感器、120套生育监控摄像头、1个气象站、13个土壤灌溉系统 - 柑橘种植、采果、选果、销售全面成本管理	- 一年仅一季，全年200天以上挂果期 - 采用"人工+智能"双重严选，多维度同时达标才叫"褚橙品质"，60%甄选品质，每100颗优选60颗 - 7天从树梢到家庭的新鲜	- 品牌溢价高于同行 - 一户一收益；农户户均年收入14万元

褚氏农业：数字化助力高品质，"兜里有钱、脸上有光"

过去几年，褚氏农业的营收、利润增长率在15%～30%之间。褚一斌曾谈道，农业在所有产业中处于低端下游，大多数农民兄弟在和别人谈起自己的职业时，都会感觉不好意思。今天，褚氏农业提出"一群人的橙"，除了聚集一群人的力量将褚橙发展得更好，更重要的是解决"人"的问题，这也是褚氏农业一直以来坚持的初心，"我们要帮助更多的农民兄弟，让大家在产业中得到成长，让每个人都能获得理想的收益，同时能够获得自我认同和社会认同，让农业从业者兜里有钱、脸上有光。"

延伸阅读

科技赋能，农业企业能创造什么

以色列位于亚洲西部，2/3面积地处贫瘠沙漠，然而凭借高超的育种、节水灌溉技术和精密的仓储等先进技术，在沙漠中建起了繁荣的农业绿洲，让全球震撼不已；同样，新疆是全世界距离海洋最远的地方，通过往水里添加微量元素和益生菌，模拟出适合不同海产品生长的人工海水环境，迎来了"海鲜"大丰收……

科技在农业领域的应用奇迹数不胜数。特别是在当下，以数字技术为代表的新科技正与农业加速融合，推动传统农业向现代农业加速演进。农业领域带来的奇迹正在不断颠覆我们的想象力。以下均为金蝶合作过的农牧企业。

枸杞行业的领军品牌——百瑞源枸杞：盘点了农产品产前、产中、产后的数字要素，建立气象、土壤养分、农户、消费者偏好等数据，科学种植，从根源上提升产品力，确保每一颗好枸杞的顺利诞生。

全国肉牛养殖示范企业、农业产业化重点龙头企业——恒都牛肉：用销售预测准确率为74.3%的月度数据模型，进行更准确的需求预测，提高了企业的盈利能力。

国家粮食和物资储备局重点支持粮油产业化龙头企业——澳加粮油：以先进的数字供应链和精益的智能制造技术（设备联网、无人值守过磅、智能仓储等），获评国家"2021年度智能制造示范工厂"。

可生食鸡蛋引领者、国内高品质鸡蛋标准定义者——凤集食品：通过数字化，实现了饲料生产管理效率提升100%，养殖生产效率提升60%，发货效率提升80%，书写了现代农业数字化新篇章。

"十大农药名牌产品"、华北某大型药肥集团：通过"折百"应用（折算成100%浓度价格与数量），大力提升了订货、到货、验收、入库、对账、结算、领用、盘点等端到端业务场景的效率。

农药制剂30强中位列第三、内资企业位列第二的广西田园生化：通过多工厂计划协同调配生产能力，选择最优的生产基地进行批量投产。在物流排运管理方面，辅助选择最佳客户路线，降本增效。

案例启示

（一）通过数字化，可以在供应端实现供应生产的高效协同

例如，针对行业特性二次开发了农资收购系统、检斤系统等行业特性模块，使公司在实际业务运营中实现了农户收购—仓储回运—生产加工—

质量追溯—全渠道营销—终端物流的贯通。通过现场地磅秤联网，链接采购、销售、库存等业务，实现了无人值守和自动过磅，运输货物的皮重、净重等数量自动计算并显示，超标可自动预警，整体供应链业务管理的透明度大大提高。

同时，在营销端建立数字化全渠道营销服务平台，对经销商进行信用管理，即统一由集团营销中心出台规定，对经销商进行抵押或评级授信。经销商在集团全局只有一个授信额度，从根本上杜绝经销商从集团内多公司分别调货、欠款发货的问题。通过系统管理经销商的返利业务，自动计算经销商返利金额，出具经销商返利金额报表，提升对经销商的管理效率。在"金蝶云·星空"与东北一家种子企业的合作中，通过经销商管理平台，企业的营销成本减少20%，经销商在线订货数达90%，同年销售额增长139%。

（二）构建端到端的"种植＋农户"管理及全方位的成本管理

随着种植基地和农户的不断增加，公司逐渐出现了部门分散、人员离散的现象，怎么才能把公司和农户的需求快速有效地结合起来？没有统一的规范化种养技术，导致农户拿到树苗后无法确保存活率，各类物品也缺少相关管理，导致种植成本严重增加，如何有效规划成本？

数字化可以帮助农牧企业实现对农户的基本信息、田间指导、采收交接等进行集体管控分析，同时也实现了由农户端到企业端的管理功能，主要实现方式在于农户对管理数据的上传，对特殊物资、农具的申请，对树苗状态的上报等。在金蝶与贵州一家玫瑰花企业羽欣农业的合作中，通过打通企业、农户两端数据等信息，使得羽欣对农户的管理效率提升了78%左右。

此外，成本管理也是农业企业要解决的问题。在上述案例中，企业对农户租借农资农具实行实名制记录，肥料和农具等由企业统一采购，按照农户实际种植品类与面积分配育肥物资，降低了农户肥料的库存量与对种植辅料的浪费。羽欣通过信息化系统对各个环节的投入成本都进行统一管控，降低了种、养、收环节的农资消耗，使得花苗损耗减少30%，库存周转实现了提升。

以数字化技术助力农牧行业提升经营管理效率，实现降本增效的目标，需要企业提升认识，在变化中把握不变，强化核心业务内外部的数字管理能力。不同行业标准各异，唯独在数字化里面找到共识，才能在管理提升、移动互联、智能创新、数据驱动和平台保障等方面实现突破。

案例36 "预冷技术"＋"保鲜技术"
——浙江雪波蓝科技有限公司用科技助力乡村振兴

案例概述

我国国土面积辽阔,南北气候差异大,不同的地方出产不同种类的水果,长途跋涉的运输,势必会带来水果口味的改变和营养的流失。一般来说,冷链流通包括预冷、加工、包装、贮藏、运输、销售等环节,其中预冷技术是最难突破的,所以市场上很多商家用的都是泡沫箱＋冰袋的传统手段进行运输,部分果商为了降低水果保鲜成本,直接使用化学药剂保鲜的方式也屡见不鲜,这不仅影响了水果的口感,对人体的危害性也未可知。从长远来看,经过化学药剂保鲜的水果完全没可能出口到国际高端市场。

所以说,因地制宜、因品制宜,才可切实推进农产品仓储保鲜冷链设施建设。我国的很多水果原产地目前还没有成型的冷链物流体系,没有形成互利互通的产业链。例如,很多散农无法在田间地头设置冷库系统,每到商家来收购果子时,已经有大量好果子腐烂了,农民很辛苦但是赚不到钱,非常可惜。想要真正改变农产品存不住、走不远的困局,就必须打造符合中国国情的农产品储运冷链体系,通过不断提升和创新冷链技术,服务、帮助中国农民,实现劳有所得,实现共同富裕。

此外,销售困难,流通损耗大,也是农产品销售中普遍存在的一个痛点。很多生鲜类食材一旦无法在保鲜期内送达,也就失去了销售的意义。杨梅素来有"头日新鲜,次日色变,三日味变"的说法,由于果实无外皮包裹,致使杨梅保鲜期很短,在常温下只能保存1天,即使在0～4℃的环境下,也只能保存3天,这极大地限制了杨梅的销售范围。

浙江雪波蓝科技有限公司(以下简称雪波蓝)在董事长陈金红的带领下,利用研发的独有的预冷技术和保鲜技术,把杨梅的保质保鲜期延长至

7—10 天，使果品货损率直降 15%～20%，冷链集装箱内各类病菌消杀效率达到 90%。2022 年，雪波蓝与兰溪市农业农村局合作，为杨梅种植和销售大户免费提供杨梅共享冷库服务，提高当地杨梅冷库的容量和保鲜能力，有效帮助农户增加了销售收入。2023 年，公司继续扩大助农投入范围，并大力建设杨梅产、采、储、运、销的全链路一体化服务体系，争取早日实现杨梅种植户依靠科技富裕起来的目标。

案例剖析

（一）建设兰溪杨梅冷链集配中心，提升农户收入

杨梅是一种娇贵的水果，不仅种植时需要特别呵护，而且在采摘运输过程中也要格外注意，稍微磕碰一下就很容易磕伤腐坏。另外，杨梅还是一种极易变质的水果，刚摘下来的杨梅酸甜可口，十分美味，等到第二天就变软，风味也就变了，若到第三天，很可能就已经坏掉了。现有冷链技术和装备的局限性，让杨梅在储运过程中的每一环节都可能面临脱冷：从源头产地采摘、装卸、加工、运输一直到最后 100 米交付，这一过程涉及的技术和装备众多，相关操作流程和上下游配套环节复杂且时效要求高，与销售伙伴协同度高……以上这些，无论资金和人力资源的投入，还是管理控制系统的建设与运维，或者是与销售伙伴的谈判和履约保障等，都不是一般农户能够投资和有效掌握的。

雪波蓝通过采后快速预冷、产品定标定级、产值区间提档、销售半径扩圈、降低田间和全流程中损耗以及深冷技术、深加工服务等，全流程一体化服务千万农户。在为农民服务的过程中，雪波蓝逐步形成了"制造＋服务"采储运配全链路一体化的新模式，不仅通过冷链制冷技术解决了杨梅行业的痛点，还在兰溪建立了杨梅冷链集配中心，通过现代农业、先进制造业和现代服务业三业一体的新模式，助农增收，实现共同富裕。

集配中心探索实行村企合作消薄模式，项目总投资 1.5 亿元，其中使

用了12个村的消薄基金共计3500万元，每年为提供消薄基金的村集体增加经营性收入200万元以上，充实了村级财政实力。下一步，拟谋划各村集体以20亩土地入股进行项目二期开发，进一步增加各村收入，深化项目消薄工作。

浙江兰溪是"中国杨梅之乡"。2023年，兰溪杨梅产量4.2万吨，年产值4.42亿元，全市平均价格5.26元/斤。如此低的价格，就是由于杨梅种植户过于分散且产地冷链设备有限，因此不能把杨梅卖到更远的地方，造成了大家在产地集中恶性竞争和杨梅因快速腐烂而大量损失的结果。以传统杨梅销售为例，在网红作用的带动下，卖到100元/斤的杨梅在总量中占比不到5‰，对促进产地整体销售提价增量帮助甚微，却容易让外地消费者听闻如此高价而把杨梅当作奢侈品敬而远之。与此同时，以4~10元/斤的价格进行整筐批量销售的杨梅占到了总量的50%，2元/斤只能用来生产罐头、果酱的杨梅占比接近10%，还有20%的杨梅因为没销路农民不愿采摘最终烂在地里，算下来，最终是80%的杨梅以极低的价格在成交。

雪波蓝的解决方案和服务可以延长杨梅的保存时效，增加销售时长，放大销售半径，赋予杨梅新的生命力。在雪波蓝的助力下，烂在产地的水果降到10%，原本4~10元/斤的杨梅可卖至10元/斤，价格15~35元/斤的精品杨梅占比增长一倍达到30%，不仅显著提高杨梅的售价，还让农民在不增加种植量的同时获得更多的利润回报。可算这样一笔账，假使每斤杨梅的售价提高1元，就可为全市的杨梅种植户增加纯收益8000万元。集配中心作为这一模式的枢纽节点，为兰溪杨梅的高品质交付做出了关键贡献。

（二）科技助力边疆农户，打通水果"丝绸之路"

人可以睡"美容觉"，水果也可以，它们也是有生命的！利用雪波蓝研发的独有预冷技术，可把杨梅的温度骤降至5℃左右，使其舒舒服服地"睡觉"，一觉"睡"到距离兰溪4800千米以外的阿克苏、乌鲁木齐，再让它的温度慢慢回升到15~20℃，慢慢苏醒。2022年6月，依托雪波蓝自主研发的冷链设备，兰溪杨梅被成功运到遥远的新疆阿克苏，让新疆的小朋友们人生头一次品尝到了新鲜杨梅的滋味；回程时，新疆小白杏、西梅又被拉回长三角，充分验证了公司设备的技术水平。2023 年，雪波蓝更是从新疆采购运输了 1000 吨水果（西梅、小白杏、恐龙蛋李）销往长三角，不仅让不同区域的"菜篮子""果盘子"逐渐丰富多样起来，更让新疆当地的果农增加了经济收益。高品质交付得到了消费者的喜爱，京东、盒马等大流量平台更与雪波蓝签订 2024 年合作计划，相信在 2024 年，新疆销往华东的水果数量会继续增加。

2021 年，雪波蓝在云南石屏县宝秀镇投资承包杨梅基地，深耕高原杨梅产地，帮助当地农户增加收入。基地占地 700 余亩，有 3 万棵果树，年产杨梅 700 吨左右；项目投资期为 10 年，预冷设施已投入 500 万元，配套设施已投入 100 万元，项目严格落实科学管理、产地预冷和全程冷链，打造杨梅种植、采摘、运输、销售一体化全产业链模式。扣除种植成本等后该基地的农户原来每年净收入 50 余万元，最高的时候也没有超过 60 万元，如果赶上虫害或恶劣天气，收入就会更不稳定。与雪波蓝合作后，公司每年付给当地农户 138 万元承包费，再聘请他们为公司工人，在杨梅园继续工作。由于公司独自承担杨梅基地的田间管理、设备投入、销售渠道的开拓和后期的各种费用，经营的风险也全由公司承担。这种合作模式，带给当地农户更多更稳定的收益，真正做到了带领农户抱团取暖、共同富裕，践行了农业工业化、集约化、企业化的现代化道路。

延伸阅读

不忘初心，回馈家乡父老，敬爱生命善作为

陈金红是地道的农民出身，对土地、农民、农村有着深厚的感情。早年，他每年宰杀自家的生态毛猪，给村里 70 岁以上的老人发送 10 斤猪肉。他出生的白沙村是一个有着 2600 人的村庄，每次需要宰杀十几头猪。后来

案例36 "预冷技术"＋"保鲜技术"

发现，发的猪肉有些老人家一时吃不掉，会形成浪费，就改成每年给老人们发放600元肉票，可以在村庄的肉铺随时采买，这样既节约又实惠。他说，这只是为家乡父老做的一件小事，可这件小事他一做就是15年，并且还将继续做下去。

自从创业以来，不管自己多么艰难，只要家乡需要企业的帮助，他都毫不犹豫地出钱出力。前几年听说村里修路缺少资金，陈金红马上出资100万元给村委会，改善了父老乡亲的出行条件。陈金红心中永远记挂着家乡农民、家乡建设，他希望家家富裕，希望尽自己的绵薄之力为家乡的共同富裕出一份力。

回顾陈金红的创业历程，浙商"走遍千山万水、想尽千方百计、说尽千言万语、吃尽千辛万苦"的"四千"精神始终伴随着他，使他即使碰到再大的困难，也依旧笑对人生。这份乐观豁达吸引了越来越多的同频者，也潜移默化地感染了团队和女儿陈倍。陈倍和陈金红有着一脉相承的创业热情、互相配合的信任默契，在他们的不断努力下，浙江雪波蓝科技有限公司将继续在科技助农的路上前进。

案例启示

（一）将现代农业、先进制造业、现代服务业三产深度融合

浙江杨梅边疆尝，新疆杏李走四方，果农采摘带笑颜，果品流通新鲜尝……毫无疑问，雪波蓝将现代农业、先进制造业、现代服务业三产深度融合，富了一地农民，甜了一方百姓，生动地践行了"绿水青山就是金山银山"，真正地帮助农民把最好的东西送达消费者，助力了乡村振兴，也用实践证明了"十四五"规划期间构建国内统一大市场中扩大消费和拓展投资空间这两大着力点。在消费方面，一方面提升传统消费，发展新型消费，另一方面促进消费升级，助力消费下沉兼顾。同时，中国品牌崛起、服务消费多样化、提升现代物流体系等也都是消费市场发展的重要方向。

在投资方面,加快新型基础设施建设和持续推进传统基础设施建设数字化改造、绿色转型将成为重要抓手。

(二)持续投入科研经费,自身拥有国家技术专利

自2019年建厂以来,雪波蓝的科研经费投入已超过2个亿,目前已授权国家技术专利24项,累计申请114项,在国内移动冷链装备和冷链周转容器方面处于先进水平;公司还是国家标准《冷链物流分类与基本要求》(GB/T28577)和国家冷链物流装备行业标准起草单位;已授牌"国家高新科技企业"、"浙江省科技型中小企业"、首批"浙江省博士创新工作站"等;已在新疆(阿克苏、吐鲁番)、云南石屏、辽宁大连、四川凉山、浙江(仙居、兰溪)建特色农产品基地7个,在云南石屏、上海宝山、江苏无锡、广东东莞、陕西西安、北京新发地、浙江(兰溪、义乌、杭州、宁波、舟山)建冷链物流中心11个。

(三)切实推进农产品仓储保鲜冷链设施建设,减少农产品损失,提高农产品附加值和溢价能力

从车间到田间,从田间到民间,一口鲜果、一份笑容,既顺应了自然之道,切实推进了农产品仓储保鲜冷链设施建设,又有利于夯实农业物质基础装备,减少农产品的产后损失,提高农产品的附加值和溢价能力。凭借着不屈的毅力和实干的巧劲,陈金红将带领雪波蓝全体员工继续奋斗,为建设现代化产业体系、全面推进乡村振兴、着力推动高质量发展做出更多贡献!

案例 37　新产业＋新业态＋新模式

——北京大兴庞各庄镇以数字赋能乡村产业转型升级

案例概述

北京大兴区庞各庄镇地处京南，位于永定河生态文化带和京雄协同发展带，处于大兴新城和北京大兴国际机场之间，镇域总面积约 109.5 平方千米，辖 53 个行政村、6 个社区，户籍人口 5.15 万人，常住人口 7.49 万人，是全国第一批特色景观旅游名镇、第一批小城镇建设试点镇、国家卫生镇。

庞各庄镇镇域农用地面积 11.84 万亩，耕地面积 6 万余亩，设施农业近 2 万亩，是大兴区传统的优势农业主产区，更是国家地理标志产品"大兴西瓜"的核心产区。全镇西瓜种植面积 2 万多亩，年产量 1 亿多公斤，年销售收入约 5 亿元；梨树种植面积约 8000 亩，年产量约 1.2 万吨，年销售收入约 8000 万元；建有宏福农业、四季阳坤等高端特色农业园区，建成标准化基地 21 个，三品认证基地 36 个。近年来，在做强做大西瓜、梨等优势产业的基础上，庞各庄镇积极探索并制定了打造特色品牌、实行集约化育苗、标准化规模种植和构建双渠道销售模式的农业发展战略，在加快西瓜产业提质增效和农旅融合上，不断推进品牌建设，促进农民增收。

党的二十大以来，庞各庄镇全面贯彻党中央、国务院和北京市关于大力推进数字经济发展的战略部署，深入落实《北京市促进数字经济创新发展行动纲要（2020—2022 年）》《大兴区"十四五"时期乡村振兴战略实施规划》《大兴区数字经济创新发展三年行动计划（2021—2023 年）》和《大兴区全面推进乡村振兴高标准创建国家乡村振兴示范县的实施方案》，体系化推动庞各庄镇乡村振兴和乡村数字经济创新发展，使数字技术在镇域广泛应用，加速现代产业要素与乡村传统产业融合，推进乡村新产业、新业态、新模式的培育与发展，引领乡村产业转型升级。

庞各庄镇坚持以人民为中心，把高质量发展同满足人民对美好生活的需要紧密结合起来，把好事做好、实事办实，在新征程上书写民生幸福新答卷。

案例剖析

（一）加快产业转型，推动绿色发展

一是庞各庄镇坚决贯彻新发展理念，主动适应发展需要，大胆改革创新。为了加快推进产业转型升级，庞各庄镇通过行政、嫁接、收购、司法等多种方式成功引导多家高能耗一般制造业企业退出，利用老旧厂房，疏解腾退土地，盘活多处可利用存量空间。"十二五"规划期间，庞各庄镇调整腾退低效用地 286 亩，并以镇级工业园区为主导，以品牌建设为抓手，形成了以创意家居、现代制造等为品牌的主导产业。"十三五"规划期间，面对经济发展新常态，庞各庄镇大力优化调整产业结构，对标航空服务、金融科技等主导产业发展方向，盘活镇内闲置资源，积极引进高精尖企业项目，落地产业项目 5 个，引入央企及总部类企业 20 余家，储备优质产业项目 15 个，推动镇内经济多元化发展。启动庞采路高端特色农业产业带建设，完成大兴绿港初步设计方案，建成市级现代农业产业园，推进宏福农业产业园、四季阳坤等园区健康发展，辐射带动本地农民专业合作组织壮大。积极拓展合作社帮销、电商销售、商超对接等农产品销售渠道，实现精品农业知名度和农民收益双提升。依托左堤路沿线的自然景观和人文底蕴，探索闲置民宅再利用模式，试点打造鲍家铺艺术村，形成了集艺术创作展示、体验互动、文化传播及民俗接待等为一体的产业链条。高标准举办大兴西瓜节、梨花旅游文化节、金秋旅游文化节、全国西甜瓜擂台赛"三节一赛"节庆活动，推广沉浸式体验文旅产业项目，全镇旅游接待人数、旅游收入不断攀升。近十年来，全镇公共预算收入由 1 亿元涨至 3 亿元。截至 2022 年底，全镇工业总产值突破 50 亿元，全社会固定资产投资

超过 20 亿元，全镇经济呈现质量更高、效益更好、结构更优的良好局面。

二是庞各庄镇以统筹城乡建设为主线，坚持规划引领，高标准编制镇域发展规划及土地、城乡腾退、公交系统、水要素、产业发展等专项规划，坚持科学统筹生产、生活、生态的空间布局，全面落实乡村振兴战略，推进城镇核心功能不断增强，让城镇功能布局更加合理，城镇总体面貌焕然一新。基础设施不断完善，高质量建成幼儿园、小学、卫生院、敬老院、供热厂、变电站等一批公共设施。完成 68 条共 97.7 千米镇村级道路大修工程，16 条共 29.2 千米镇区主次干路投入使用，"七横十一纵"的镇区交通路网格局初步建立。一批精品住宅小区相继建成，城镇综合承载力显著提升。高标准完成永兴河休闲文化公园、众美公园、村庄环境提升等工程。分类推进 47 个村庄规划编制工作，完成前曹、北曹、赵村等 10 个村的美丽乡村建设。

（二）顶层规划农业发展战略，以农业产业化辅助城镇化建设

一是打造特色品牌。一提到庞各庄，大家就想到了庞各庄西瓜。庞各庄种植西瓜有 600 余年的历史，1995 年，庞各庄被农业部评为"中国西瓜之乡"；2002 年，庞各庄成立了北京市首席专家指导站；2007 年，以庞各庄为主的大兴西瓜被列入了地理标志保护范围，庞各庄西瓜已经成为庞各庄亮丽的名片。近几年，通过精心打造，庞各庄涌现出了"京庞""宋宝森""四季阳坤"等十几个商标。

二是实行集约化育苗。2017 年以前，庞各庄镇大部分农户仍然延续着传统落后的育苗方法，导致生产成本高、育苗质量差。同时，采用燃煤、燃烧秸秆、燃烧木材的方式提高育苗棚的温度，给冬季的庞各庄镇带来空气污染。2017 年，北京市境内全面实现无煤化政策全面实施，如何杜绝一家一户燃煤育苗，解决全镇西瓜种苗供应，实现育苗加温能源清洁化，成为摆在庞各庄镇面前必须要破解的问题。为全面实现西瓜育苗无煤化，减少大气污染，解决农民的种苗需求难题，庞各庄镇在大兴区政府的扶持下，将育苗核心环节作为政策支持的主要方向，对育苗场进行政策补贴，

先后建设完成四季阳坤、老宋瓜王等 14 家西瓜集中育苗场。目前，在育苗场培育出的瓜苗 1 株卖 2 块钱，除去政府补贴的 1 块，农户购买瓜苗只需 1 块钱。据测算，以低于育苗成本的价格向瓜农提供种苗，庞各庄镇的瓜农可直接减少生产投入 1000 余万元。截至 2023 年底，庞各庄现有的 14 座育苗场，培育西瓜嫁接苗近亿株，育苗供应面涉及全区 9 个乡镇的 1.4 万余户瓜农，满足了本地瓜农的生产需要，保证了瓜苗的统一标准和品质，成为支撑整体西瓜产业发展的有力保障。

三是种植规模化、标准化、专业化。庞各庄的西瓜种植面积近 2 万亩，这样的规模，造就了庞各庄西瓜 1.1 亿公斤的年产量和 5 亿元的年销售收入。这些数字背后，凝聚着庞各庄人对西瓜的热爱和对科技创新的不断追求。从新品种的选育推广到栽培技术的不断提升，他们的脚步从没有停歇过。资料显示，庞各庄西瓜的种植历史可追溯至 600 年以前，曾一度作为贡品。随着时代变迁，庞各庄西瓜品种由 20 世纪六七十年代的"黑蹦筋"发展到七八十年代的"郑杂 3 号"，再到 21 世纪华欣系列、"甜王"及各种小果型西瓜品种。目前，庞各庄西瓜主要以糖度高、上市周期长、品质稳定的 L600、"超越梦想"等品种为主。除了品种，种植技术和规模同样历经飞速的发展阶段。解放初期，庞各庄镇西瓜种植面积为 4000 亩左右；20 世纪 50 年代中后期近万亩，平均亩产 500 公斤左右；到了 80 年代，随着水浇和地膜覆盖栽培技术的推广，西瓜种植面积曾发展到 5 万亩，亩产达 2000 多公斤。近几年，随着农业产业结构的调整，庞各庄镇的西瓜种植面积呈逐年缩减趋势，从最高峰的 6 万余亩缩减到 2 万亩，但平均亩产达 3500 公斤。2022 年，依托北京市农科院、北京市农业技术推广站和大兴区农业技术推广站，庞各庄镇引进京彩、京雅、京美等约 50 个西瓜新品种，安排全镇进行实验示范推广，同时，在新技术推广方面，庞各庄镇积极进行红蓝膜对比，降解膜实验取得了明显成效。

四是构建双渠道销售模式。对于每年 1 亿多公斤的西瓜产量来说，销售才是最后一锤定音的关键环节。庞各庄镇党委政府结合西瓜品质，定位各类人群，研判市场份额，构建了"合作统销、超市帮销、快递促销、线上直销"的全方位立体销售模式（也称为"与合作组织对接、与电商超市对接、与线下市场对接、与市民直接对接"的"四个对接"特色销售模式）。目前，当地农业园区、合作社已经在盒马、淘宝、美团、京东等线上网络销售平台设立直营店36家。同时，各大合作社与农业园区率先通过网络直播的形式销售西瓜，进一步影响广大瓜农尝试在抖音、快手等短视频平台自主宣传，扩大销量，让庞各庄西瓜的消费群体扩大至全国各地。据不完全统计，2022年，庞各庄西瓜线下收入1.2亿元，线上收入3.8亿元，同比不降反增，实现了线上线下"双开花"。

五是农旅产业融合发展。依托西瓜、梨和蔬菜产业发展起来的庞各庄镇，眼光并没有局限在以往的优势产业，而是在着力探索一条农旅融合的发展新路。庞各庄镇利用已有的农业产业格局，结合镇域特色，将农、旅、文深度融合在一起。结合每年举办的大兴西瓜节、全国西瓜擂台赛等"三节一赛"节庆活动，庞各庄镇进一步创新办节理念、丰富节庆内涵，截至2023年已经举办了35届大兴西瓜节和全国西甜瓜擂台赛，重点发展观光采摘、农家乐等以农业生产和乡村生活体验为内涵的旅游休闲产业。2022年，全镇年累计接待游客约110万人次，旅游收入约1.56亿元，从业人员近6000人。农、文、旅融合的蓬勃发展拓宽了农民增收和乡村发展的新空间，为全面推进乡村振兴注入了新动能。

（三）紧抓数字经济发展机遇，多措并举助力乡村产业发展

庞各庄镇以7万多农业人口为依托，以优质的庞各庄西瓜产业、梨产业和育苗产业为基础，推动现代农业、乡村文旅产业和新一代信息技术产业等实现融合，发展壮大庞各庄数字化乡村及农业数字化产业规模，促进现代乡村繁荣发展。

1. 拥抱区块链，积极建设乡村数智服务平台（乡村数字经济的产业创新平台）

平台建立了完善的数据共享机制，与相关政府部门、科研机构以及农业企业合作，促进农村各类数据的共享与交流；平台充分考虑不同用户群

体的需求，以便农民、农业专家、游客等能够根据自身需求获取有用的信息和服务；平台与社会组织、企业等建立合作伙伴关系，以获取更多的资源支持，扩大品牌影响力，推动项目的可持续发展。为确保技术的顺利应用和推广，庞各庄镇积极组织并开展相关培训，提高乡村居民、农业从业者和平台操作人员的数字素养，让他们能够更好地使用和管理平台。庞各庄镇根据自身战略目标和发展阶段，着眼农科及乡村数据要素资源为我所用，对传统农业及乡村商业模式进行价值重构与价值创新。

首先，以主体需求为导向，以数据汇聚为目标，以数字应用为手段，以数据流通为抓手，从农业农村资源基础、农业产业基础、农产品品质品控、农业生产过程防控、市场需求供应、企业经营管理、农村环境改造、农村生态治理、乡风民俗文化、乡村医疗交易、党务政务村务等各个方面进行数字体系规划、应用工具推广、软件功能培训、数据采集服务等。

其次，针对各类客户主体，实现农业农村数字化过程中的人员共享、信息共享、资金共享，包括引入各类农业专家、产业专家、科技人才，各类政策信息、产业动态信息、产销对接信息、金融服务信息，各级人员交互、资源交互等。

再次，积极参与乡村数字化技术标准、行业规范、经贸规则的制定，融入全国农业数字化创新和产业分工体系；充分利用全国市场数据要素资源、人才资源和自然资源等，提高农产品及乡村文旅的市场占有率，壮大企业规模，扩大影响力，成为北京市重构竞争格局的重要力量。

2. 积极响应国家数字乡村发展战略，打造农业农村数字化体系技术支撑平台

庞各庄镇围绕农业、农村、农民三大层面，依托数字技术，通过运用物联网、区块链、AI、5G 等新型技术打造农业农村数字化体系技术支撑平台，并基于农业农村数据标准体系整合数据资源，实现数据统一存储、统一调度，形成支撑前端应用的组织、应用、服务的体系框架，构建县域农业农村数字化服务体系，用数字化引领驱动农业农村现代化，实现乡村全面振兴。

首先，庞各庄镇将数字农业作为农业发展的高级形态，以农业全产业链的数字化信息为生产要素，以数字技术为核心驱动力，以物联网、大数据、人工智能、区块链和所有基于互联网的服务为重要载体，对农业对象、环境和农业生产全过程进行可视化表达、数字化设计、信息化管理，推动农业经营增收、流通效率提高和产品质量提升，让农民群众有更多获得感、幸福感、安全感。为加强农业数字化建设，庞各庄镇推进数字技术与农业产业发展深度融合，充分发挥数据的基础资源和创新引擎作用，全面建设数字评估、数字评价、数字决策、数字指导、智能控制的赋能机制，以数字赋能农业发展，实现现代农业业务移动化、数据产品化、分析可视化、管理云化、业务融合化，提升县域数字农业水平，为县域乡村振兴提供有效的数字化支撑。

其次，庞各庄镇积极绘制乡村治理服务数字化体系"镇域一张图"，以指挥协调、属地管理、全科网络、运行机制为保障，构建以网格化管理体系、乡村码体系、积分制体系等为基础支撑，覆盖人、地、房、物、事、组织等要素，集党建引领、综合治理、便民服务等功能集成、工作协同为一体的智慧治理，形成高效行动、精准服务、共建共治共享的数字乡村治理服务现代化新模式。

3. 突破传统旅游时与空的局限，打造农文旅融合新业态

截至2023年，大兴西瓜节（含全国西甜瓜擂台赛）共举办35届，梨花旅游文化节共举办30届，金秋旅游文化节共举办31届。庞各庄镇依靠自身充沛的农业、旅游和文化资源，以特色农业为支撑，推动农业、旅游、文化资源之间"珠串成链"，探索发展"文旅＋数据""文旅＋产业""文旅＋消费"等发展新模式，全面延长产业链，提高附加值，激活文旅消费市场，开拓新的发展空间，已然走出一条独具匠心的文旅发展之路。同时，新型文化消费业态、消费模式、消费场景频现，也极大地刺激了文旅供给侧的产品迭代和创新。民宿产业发展如火如荼，一批文旅优质企业和产业项目相继落地，"文旅＋"产业链条融合全面开花，一个创新的、独具文化特色的庞各庄镇文旅IP大放光彩。"瓜乡四季拾趣图"按照"四季有景、全域可玩"的原则，分类整合采摘、民宿、美食、观光农业、生态景观等资源，根据游客需求生成季节性、区域性精品旅游线路导图，让庞各庄镇的吃喝玩乐项目一目了然，同时通过消费者评价推动商户提升服务品质。"沉浸式乡村文旅系统"把镇域的人文风情、文化内涵通过新的方式（如"线上魔幻背景跑团＋实景剧本杀游戏模式＋线下庞各庄农家乐"、采摘园、梨园等实景沉浸）进行呈现和传播，为庞各庄全域打造线上线下结合的沉浸式元宇宙乡村文旅游玩新模式。

（四）提升民生质量，优化人居环境

一是坚守为民初心，树立"群众利益无小事"理念。庞各庄镇将更多财力、物力向民生倾斜：高标准完成镇级行政服务中心综合窗口改造，标准化建设41个村级政务服务站，使区、镇、村三级综合窗口平台贯通，实现群众办事不出村；坚持政府主导就业，积极开发岗位资源，不断提升劳动力的职业技能水平；设立红十字博爱基金帮扶困难群体，城乡居民基本医疗保险达到全覆盖，社会保障体系日益完善；完成小庄子村、梁家务村等7个村2160户村民的回迁工作，完成小庄子村、河南村等6个村4931人整建制农转非工作，使群众长远利益得到保障；积极开展道德模范评选等活动，加强新时代文明实践所（站）建设，村级活动阵地覆盖率达到100%，群众文化生活更加丰富，文化软实力进一步提升；不断完善社会治理体系，加快推进智慧城市建设，协调推进人防、物防、技防联动运行，使群众安全感跃居大兴区前列。

二是将生态保护优先摆在突出位置，加快构建现代环境治理体系。庞各庄镇聚焦控车、降尘、减排、消煤四大领域，精准落实"一微克"行动，完成全部煤改清洁能源任务；建立渣土清运审批机制，加大对高污染排放车辆的执法和查处力度，PM2.5和TSP两项指标全部退出全市后30名，蓝天保卫战成效显著。庞各庄镇持续深化"河长制"，投入使用河长巡河App，全面落实"河长巡河、专业清理、巡防管护"工作机制；实施永定河、永兴河等重点河道沿线环境整体提升行动，初步打造水清、岸绿的滨水开放空间。庞各庄镇全面落实"林长制",高标准做好土壤污染防治工作,高质量实施平原造林、草花播种等绿化美化工程,有序推进健康绿道工程建设,全镇森林覆盖率达34%,荣获"首都森林城镇"称号。庞各庄镇坚持以"党建引领新时尚,创建无废示范镇"为总体目标,积极推动全镇垃圾分类工作全覆盖,建立"一户一码""一码一查"的智慧化分类体系,形成"户分类、村收集、镇运输、区处理"的垃圾处置闭环;创建北京市垃圾分类示范小区(村)7个、北京市垃圾分类示范商务楼宇3栋。庞各庄镇聚焦清脏、治乱、控污、增绿的要求,建立督查考核、以奖代补等长效工作机制,全面推行"田长制",创新实施"四方双向"承诺制、农田租赁押金制,规范对保洁公司、保洁员的考核管理,完成47个村社环境提升工程,全面提升农村环境面貌,打造环境样板村5个、美丽庭院695户,成功创建国家卫生镇。

> **延伸阅读**

《印象·庞各庄》登陆纽约纳斯达克大屏

2023年4月,北京市大兴区庞各庄镇的《印象·庞各庄》宣传片首次登上了美国纳斯达克大屏,并获得了海外的高度关注与支持。

作为美国最繁忙的商业区,曼哈顿中城在纽约市的经济中发挥着关键作用,是世界上摩天大楼密度最高的地区,重要的交通枢纽也都位于此区,纳斯达克大屏便是中央商务区标志性户外LED电子大屏。

近年来,中国经济发展迅速,备受世界瞩目。作为中国乡村振兴发展的代表,庞各庄镇位于北京大兴区临空服务板块,被规划为具有都市农业及文化旅游特色的小城镇,重点发展文化旅游与航空服务。本次宣传片在海外成功发布,将北京大兴的发展、庞各庄的美以及人民丰富的生活场景成功地传递到海外,让大兴庞各庄走出中国走向世界。

与此同时,香港卫视也对庞各庄的飞速发展给予了高度关注,通过亚太 5 号、6 号、7 号三颗卫星 24 小时不间断地播出花海企业家沙龙"梨韵瓜乡绘蓝图",绘制北京大兴庞各庄的美好画卷。

庞各庄镇持续不断地以丰富多彩的文旅活动为契机,让更多人感受到庞各庄镇得天独厚的自然资源与文化吸引力,全面展现了庞各庄镇积极打造文化旅游名片的信心和乡村振兴取得的成效,积极推动庞各庄镇成为北京南部最佳生态宜居地、全国特色农业示范地以及区域知名旅游目的地。

在推进互联网、大数据、人工智能与实体经济深度融合,打造数字城市、智慧城市的今天,我们强调经济发展的同时也更注重生态环境的改善,资源利用效率的提高,政府与企业之间、企业与企业之间的合作。为做好招商引资工作,加强政企沟通,庞各庄镇将引资与引客相结合,在万亩梨花海中搭建起了一个交流沟通的平台,突破性打造花海企业家沙龙,并以此为契机,通过政企对话,展现庞各庄的方方面面和快速发展,让广大市民更加生动直观地了解庞各庄,为推动庞各庄镇的经济发展和社会繁荣创造更多的机会和可能。

案例启示

(一)党建引领、解放思想、开拓创新、攻坚克难、真抓实干

经济实力显著增强、城镇面貌焕然一新、改革创新能力稳步提升……如今的庞各庄镇已不仅仅是人们印象中的绿野田园。庞各庄镇始终坚持党的领导,深入贯彻习近平总书记系列重要讲话精神,坚持稳中求进的总基调,保持精益求精的工作态度,发扬敢于担当、敢于碰硬、敢于创新、甘于奉献的过硬作风,始终践行以人为本的发展理念,才迎来了这华丽的蝶变。未来,庞各庄镇将继续解放思想、开拓创新、攻坚克难、真抓实干,在开创"风生水起看大兴"新局面的重要时期,高质量建设和谐美丽新市镇。

(二)巧用两种力,让传统农业驶向高价值

"小西瓜大产业",庞各庄镇西瓜产业转型之路充分说明农业走向现代化、走向高价值，要巧用两种力。

第一种是科技牵引力，依靠前沿科技驱动传统农业实现振兴。一是用科技改变环境，让土地更适宜耕种。对我国很多农业地区来说，土壤改良是第一步工作。区域土壤有机质含量与土壤盐分含量密切相关，我国耕地面积约 18 亿亩，其中碱化面积占 6.62%；近 15 亿亩的盐碱地中，有 2 亿亩有农业利用潜力，是重要的后备耕地资源，因此需因地制宜，采用土壤改良的综合配套技术，以生物有机肥改良土壤结构，快速促进土壤团聚体形成，阻控土壤返盐。二是用科技改变物种，从源头上进行物种重塑。种业是农业的"芯片"，庞各庄镇西瓜种苗的发展史充分说明即使不改变原有耕作方式，也能靠改良后的新种子实现增收减害。三是用科技改变生产方式，实现农业生产的机器共生。庞各庄镇集约化育苗场棚内分布着补光、温控等设备，实现了育苗规模化、产业化；借助机械化、自动化的滑轨车，实现出苗更高效，人力成本更低。当然，随着乡村数字经济的产业创新平台建设，以及农业遥感数据、地理信息数据、北斗卫星定位数据、5G 通信数据和 IoT 数据等多元化数据要素的深入融合，庞各庄镇农业的未来将实现天空地一体化，一人能种百人田，向无人化和精准化要效益。

第二种是情感提升力，实现深度情感共振。首先，农业之于中国人，不只是物的关注。"种豆南山下"描述的从来就不仅是一种物质的农业生产，还包含中国人独特的文化审美。千年传承的中国农业文化，写在古书中，也留在大地上，今天依然是激发国人情感共鸣的诗意风景。庞各庄镇持续 30 余年举办"三节一赛"，展现的是京华乡韵，是让市民在丰收的土地上逛京郊、品京品、享京韵，零距离感受农耕文化的独特魅力。另外，在都市化后的中国，面向未来的农业需要高科技与高情感相平衡。对于都市化和富裕后的"Z 世代"消费群体而言，他们眼中的"农"与我们眼中的"农"已截然不同，这些年轻人通过 B 站、抖音等现代网络平台，如痴如醉地欣赏着各地乡村网红的生产生活，围观着田野上的万物萌芽，获得心灵治愈，最后还可能点击视频链接购买溢价商品，这额外的费用是一种特别的情感消费支出。在快速城市化的今天，农业背后蕴藏的情感消费需求非但没有消失，反而更加热烈地迸发出来，这提示我们不要忘了农业中隐藏的情感力量。越是在节奏紧张的都市，农业越会迎来高技术与高情感相平衡的新需求。庞各庄镇积极探索的"瓜乡四季拾趣图"和"沉浸式乡村文旅"就向我们展示出了一种大都市近郊农业高价值发展新的逻辑：哪里好看、好吃、好玩、有趣，年轻人就愿意去哪里。

（三）数字赋能助推乡村振兴

我国率先将数字技术应用于城市，催生了智慧城市，已经获得发展红利。当前，以大数据、区块链、物联网等为代表的新一代数字技术加速向农业农村渗透，为农业农村数字化建设提供了良好契机，也为数字赋能助推乡村振兴打开了广阔空间。

数字赋能助推乡村振兴是指以物联网、大数据、人工智能、区块链等新一代数字化基础设施为硬件基础，以数据化知识和信息为关键生产要素，以数字技术创新为核心驱动力，以现代互联网信息平台为重要载体，通过数字技术与农业农村发展深度融合，实现乡村生产科学化、治理可视化、生活智能化和服务便捷化。

数据化知识和信息已成为新一代信息技术融合应用的焦点，也将成为数字赋能乡村振兴发展的关键生产要素。随着数字技术渗透到农业农村生产生活的各个角落，由网络所承载的数据、由数据所提取的信息、由信息所生化的知识，正在成为农业生产、经营、决策的新动力、农产品贸易的新内容、乡村有效治理的新手段，将带来新的价值增长。更重要的是，与土地、劳动力、资本等相比，数据化信息的可复制、可共享、无限增长和供给的特点，突破了土地、劳动力、资本等传统要素有限供给的限制，为农村经济持续发展带来了新的可能。

庞各庄镇积极探索的乡村数智服务平台，将数字技术与农业农村融合发展，提升信息传播能力，降低信息、组织壁垒；提升信息接入能力，减少信息不对称，匹配供需资源，优化要素流通通道；提高资源使用效率，提高人力资本，降低交易成本；通过整合信息，减少恶性竞争，促成交易协作，以共同应对外部环境的变化。平台本质上是共建共赢的生态系统，基于数字技术，市场参与的多元主体可打通生产、流通、服务等领域，有效促进乡村形成一个多元共生、协同共进、开发互动的经济社会生态系统，产生可持续发展效益，为农业产业发展模式和组织形态提供新的机会，给乡村振兴高质量发展提供新的时机。

（四）乡村振兴离不开精细化运营

品牌化是农业高质量发展的必由之路，贯穿农业生产全过程。品牌建设是深化农业供给侧结构性改革、提高产业竞争力和综合效益的重要抓手。

庞各庄镇在农业品牌化的进程中，一个重要模式就是创立农产品区域公共品牌（如：庞各庄"中国西瓜之乡"）。庞各庄农产品区域公共品牌是助推镇农业发展的重要战略，区域农业发展的本质是区际比较优势的价值交换和区际分工，也就是一地产业在全省、全国乃至全球所处的地位和扮演的角色。建设和发展庞各庄乡村数智服务平台的重要发展目标，就是能够进一步宣传与强化庞各庄农产品区域公共品牌，适应"大业小农"的特点，整合品牌建设资源，抱团提升区域农产品的价值与知名度，在引领产业发展方面进一步凸显品牌的作用。

案例38 "四全四新"模式＋生态循环农业

——山东临沂费县以绿色发展助力和美乡村建设

案例概述

习近平总书记在多个场合指出,"强国必先强农,农强方能国强"[①]"建设农业强国,利器在科技,关键靠改革""要紧盯世界农业科技前沿,大力提升我国农业科技水平"[②]。2023年中央一号文件指出,坚持和加强党对"三农"工作的全面领导,坚持农业农村优先发展,坚持城乡融合发展,强化科技创新和制度创新,坚决守牢确保粮食安全、防止规模性返贫等底线,扎实推进乡村发展、乡村建设、乡村治理等重点工作,加快建设农业强国,建设宜居宜业和美乡村,为全面建设社会主义现代化国家开好局、起好步,打下坚实基础。2023年山东省一号文件提出,提升农业科技和设施装备支撑能力,推动乡村产业绿色低碳高质量发展。

山东省临沂市费县地处沂蒙山区腹地,总面积1660平方千米,辖12个乡镇(街道)、1个省级经济开发区,现有415个行政村(社区)、93万人。近年来,费县坚持以习近平生态文明思想为指导,以制度和科技创新为引领,以绿色低碳发展为导向,坚持农业绿色发展和循环利用二维发展方向,创新绿色发展体制机制,以无害化、减量化、资源化为原则,推行"四全四新"模式,探索能源化、肥料化、基料化、饲料化、原料化"五化"利用模式和主体小循环、园区中循环、县域大循环"三环"运行体系,形成了整县域生态循环农业高质量发展"费县模式",加快了现代农业体系建设,促进了农业发展全面绿色转型,使全县农作物秸秆综合利用率达到95.5%,畜禽粪污资源化利用率达到91.17%,为宜居宜业和美乡

[①] 《习近平关于"三农"工作的重要论述学习读本》,人民出版社、中国农业出版社2023年版,第16页。

[②] 《深入学习习近平关于科技创新的重要论述》,人民出版社2023年版,第308、309页。

村建设擦亮了绿色生态底色。

费县先后获评首批全国农业科技现代化先行县、山东省农业绿色发展先行县、山东省粮油绿色高质高效行动示范县、山东省秸秆综合利用重点县。另外，乡村振兴科技引领型齐鲁样板示范县建设作为典型案例在2022年全国农业科技现代化先行县工作会议上被点赞，工作成效与典型做法在农业农村部《科教动态》刊登2次，在山东省委改革办刊发推广1次。2023年3月7日，山东省副省长陈平赴费县农业科技示范园进行调研，对费县探索形成的整县域现代生态农业大循环模式表示肯定。

案例剖析

为解决农业废弃物综合利用问题，助力农村人居环境整治提高，费县创新推行农业废弃物全域推进新机制、全量应用新样板、全链联动新业态、全效利用新路径的"四全四新"举措，探索形成了"五化三环"整县域生态循环农业高质量发展的"费县模式"。

（一）集成保障，构建全域推进新机制

费县坚持高标准谋划、高质量落实、高效率推进，构建"233"专线工作推进机制（县委书记、县长双挂帅的县级工作领导小组，3名副科级以上领导牵头的县工作专班，乡镇党政负责主要领导和分管领导，即书记、镇长、分管领导3人组成的项目实施工作领导小组），统筹推进各项工作落地落实。政策保障再升级，坚持政策、供地、项目、资金"四位一体"优先保障，出台秸秆综合利用等政策性文件9个，签约农业循环经济项目6个、新建10个，聚力打造生态循环农业典型应用场景30处，落实病虫害绿色防控、病死畜禽无害化处理、耕地质量提升、粮油绿色高产创建等财政资金4200多万元。宣传推广再深入，创新宣传策划与技术推广，建立县域生态循环农业体验馆，编发《县域生态循环农业发展"费县模式"》科普宣传手册、《费县农业生产技术规程》技术推广手册。建设果菜

茶绿色防控技术集成示范区 5 个，水肥一体化集成配套技术模式示范区 10 万亩，落地农林"四情"智能监测等生态循环农业新成果新设备新技术 38 项。市级以上新闻媒体和政务信息报道、刊发费县典型经验做法 29 次。承接山东省、临沂市现场推进（观摩）会议，筑牢政府主导、政策支持、企业主体、市场运作全域推进生态循环大格局。

（二）科技支撑，打造全量应用新样板

费县与省农科院共建费县农业科技示范园，探索绿色种养先进模式，打造园区全量自循环种养结合样板，探索可复制、可推广的生态农业发展路径。建立科研协同创新机制，联合 18 家经营主体成立费县农业废弃物资源化利用产业技术创新战略联盟，建立科企创新联合体 9 个，建设果菜茶绿色防控技术集成示范区 5 个，建设水肥一体化集成配套技术模式示范区 10 万亩，推广熊蜂授粉与天敌治虫、化肥农药减施等新技术 32 项，转化应用畜禽粪污厌氧发酵处理、食用菌高效栽培等农业废弃物资源化利用成果 5 项，总结提炼农林废弃物利用、农牧循环、畜禽粪污再利用等循环农业模式及关键技术 10 项，为农业发展插上科技的翅膀。

（三）高值利用，培育全链联动新业态

费县坚持把培育生态循环新业态作为主攻方向，围绕变废料为原料、变资源为产品，探索建立能源化、肥料化、基料化、饲料化、原料化"五化"模式，实现高值化利用。通过"加链组环"，形成"秸秆—饲料—畜禽粪污—有机肥—农作物""果枝—基质—食用菌栽培—菌渣还田"等生态循环农业产业链条，实现了农业废弃物资源循环利用。在能源化利用方面，推广农林废弃物固化、气化、发电技术，全面优化设备，开展技术改造，年产生物质固体成型燃料 24.2 万吨、沼气 3700 万立方米，提纯天然气 2100 万立方米，并网电量 1.8 亿度。在肥料化利用方面，推广种养废弃物联合堆肥还田、尾菜集中堆肥还田、秸秆全量深翻还田等农业废弃物肥料化应用技术模式，年生产有机肥、堆肥 40 多万吨，直接还田约 15 万吨，新增有机质 2.1 万吨，减少氮肥投入 0.3 万吨。在基料化利用方面，构建"秸秆、枝条—食用菌—菌渣—有机肥—种植业"农业资源多级循环利用模式，发展食用菌生产主体 5 家，年消纳秸秆、果枝 3 万吨，生产菌棒 1400 万袋、食用菌 1.8 万吨，总产值达 8860 万元。在饲料化利用方面，探索推广"秸—饲—肥"模式，发展饲料化新型经营主体 8 家，将收获后的秸秆生物处理，转化为牲畜饲料，年黄贮、青贮作物秸秆 4 万余吨，过腹后生产出有机肥，实现种养业物质循环。在原料化利用方面，以农作物秸秆、林木废弃物为原料，生产纤维纸、无机秸秆板。优优新材料股份有限公司年利用农作物秸秆 2 万吨，生产 EBF 无机纤维板，衍生出各种墙板、地板、家具板等基材，实现了农业废弃物的高值利用。

（四）多级循环，探索全效利用新路径

费县围绕县域整体谋划生态循环运行体系，统筹考虑县域自然禀赋与经济资源，找准生态农业和产业发展的结合点，探索构建"主体小循环、园区中循环、县域大循环"的三级循环运行体系。构建经营主体小循环，引导种养大户、家庭农场、合作社等经营主体建设畜禽粪污厌氧发酵、集雨集污再次利用等设施，推广立体复合种养、稻虾/鱼菜共生、有机肥积造等技术，实现经营主体小循环。现在，全县以化海农牧、紫锦葡萄等新型经营主体为代表的主体小循环达 56 个。构建园区中循环，集中园区内农业生产各环节、各经营单元，探索"畜—沼—菜"、"畜—沼—果"、种养加复合功能模式，推广环境友好型农作制度和低碳循环集成技术，形成产业链循环圈。目前，全县已构建园区中循环 8 个。构建县域大循环，围绕农业资源节约集约利用，应用设施农业生产、畜禽标准化生态养殖、特色林果种植等技术，构建"农作物秸秆—畜禽养殖—沼气工程—燃料（沼渣、沼液）—农户""农业废弃物—畜禽养殖—有机肥—林（果、菜）"等产业链，真正将小农户、合作社、龙头企业、农业园区等进行有机衔接，形成覆盖全域、辐射周边、全效利用的县域生态农业循环圈，实现生态循环农业全域化高质量发展。

> 延伸阅读

山东生态循环农业的十大模式

发展生态循环农业，是农业可持续发展的根本要求，也是增强农业竞争力、更好实现农业多种功能的需要。山东作为农业大省，近年来持续强化农业资源集约节约利用，大力加强农业面源污染防治，积极引导支持相关技术、机制和模式创新，全省生态循环农业发展取得明显成效。2023年9月22日，山东省生态循环农业现场推进暨"三秋"生产工作会议在费县召开，会上发布了山东省生态循环农业发展十种模式。

第一种，小麦玉米秸秆全量精细化还田生态循环发展模式。基于山东省小麦—玉米轮作种植制度，采用农机农艺融合集成技术，通过小麦秸秆还田免耕播种、玉米秸秆还田旋耕（或深耕）播种两个"一条龙"集约化生产作业，腐熟秸秆释放营养成分，增加土壤有机质，实现秸秆生态循环利用。

第二种，秸秆肥料化利用生态循环发展模式。聚焦秸秆肥料化利用，集中收集各类农作物秸秆，建设区域性秸秆肥料化处理中心，实现从秸秆收集运输、无害化处理到肥料化田间应用的闭环式发展，实现生态和经济双赢。

第三种，秸秆基料化利用生态循环发展模式。聚焦秸秆、果枝等农林废弃物资源化利用产业链条不完整、矿区塌陷、荒地闲置等大量突出问题，以秸秆基料化利用为突破口，进行食用菌工厂化、智能化栽培生产，实现秸秆高质高效利用，形成农菌产业生态循环发展。

第四种，秸秆高值化利用生态循环发展模式。基于农作物秸秆的理化特性，通过煤化工、石油化工和生物质转化利用技术，生产高值化精炼产品；利用秸秆和林业废弃物原料燃烧产生的蒸汽发电；以农林天然纤维为原料，以氧化镁无机凝胶物质为黏结剂，与改性助剂混合搅拌，经铺装低碳工艺制成无机纤维人造板材。

第五种，化肥农药减量生态循环发展模式。对集中连片的粮田和果园进行景观生态设计，基于功能植物（诱集植物、显花植物和绿肥植物等）种植，结合智能化监测（病虫害、农情数字测控系统）、天敌释放（寄生蜂、捕食性天敌等）、生物制剂（生物农药、菌肥等）、理化诱控（迷向剂、性诱剂等）等关键技术，增强生态系统的物种多样性，以提高当地生态的自主调控能力，形成"生态农产品—作物—功能植物—回用"的生态闭环，实现农田减药减肥、提质增效和农业高质量发展。

第六种，畜禽粪污资源化利用生态循环发展模式。以养殖粪污全量利用、农业环境友好为原则，针对不同养殖种类、养殖规模和利用途径，建立适用于不同应用场景的畜禽粪污资源化利用模式。分散式养殖构建轻简处理、腐熟肥田、就地消纳利用模式，规模化养殖构建集中式高效处理—肥料化利用和三沼综合利用等生态循环模式，实现种养绿色高质量可持续发展。

第七种，种养加一体化生态循环发展模式。以农业资源多级高效循环利用为核心，通过青贮/黄贮秸秆优化饲料粮供给，有效应对畜产品消费市场需求持续扩张和饲料成本不断攀升之间的矛盾，促进种植、养殖、加工紧密衔接，实现养殖业清洁生产、种植业提质增效、绿色农产品深加工，打造基于种养加全产业链一体化的绿色生态循环闭合链条。

第八种，池塘养殖尾水利用生态循环发展模式。对集中连片的池塘进行工程化改造，将池塘养殖尾水用于灌溉，或利用组合净化系统，将养殖过程中产生的氮、磷等作为作物的肥料，净化后的养殖尾水回流到水产养殖区，形成"养殖—种植—回用"的闭环，实现养殖尾水资源化循环利用或达标排放。

第九种，多营养层级近海综合养殖生态循环发展模式。基于近海鱼、虾、贝、藻、参立体养殖的产业特点，以环境生态友好和渔业优质高效为原则，以养殖空间合理搭配、养殖生物生态互利及养殖容量控制为基础，形成以养殖水域的物质和能量循环利用的生态发展模式，实现充分利用海洋养殖空间、发挥渔业碳汇功能、提升养殖效益的目的。

第十种，园区化休闲农业生态循环发展模式。以农业园区多业态共生和资源高效循环利用为核心,通过调整、优化农业生态系统内部的生产、消费结构,建立农业资源利用、农业经济增长、生态环境质量提高和农业科普文化宣传的动态均衡机制,达到降低资源消耗、实现物质循环利用、减少环境污染和三产融合发展的目的。

山东费县:循环经济助力生态富农[*]

"以腐熟堆肥、畜禽粪便替代化肥,以绿色防控技术控制病虫危害,把生态循环和数字化管理应用于山楂生长环境的改善,如今的黄山楂可是大有讲究。"秋日,走进山东临沂市费县东蒙镇红山前万亩生态山楂园,一簇簇黄色的山楂挂满枝头,与绿色的枝叶相互映衬,呈现出别样的秋日风情。据东蒙镇果树站站长李殿运介绍,2023 年的黄山楂预计产量在 60 吨左右,特级果一斤可以卖到 30 元,9 月底基本预订完毕。

黄山楂的丰收得益于费县对农业高质量发展的不懈追求。2023 年以来,费县将生态农业发展作为提升农业发展质量的重要抓手,以秸秆综合利用、畜禽粪污资源化、种养结合、立体农业为纽带,探索了能源化、肥料化、基质化、饲料化、原料化"五化"利用模式和主体小循环、园区中循环、县域大循环"三环"运行体系,形成了整县域生态循环农业高质量发展的"费县模式"。9 月 22 日,山东省生态循环农业现场推进暨"三秋"生产工作会议就在费县召开。

生态农业的发展离不开体制机制的高效保障。费县积极构建县、乡、村三级农业废弃物收储体系,建设集中收集和处理中心 24 处,对农作物秸秆、畜禽粪污等进行全域化收集处理。同时,近三年争取绿色防控、水肥一体、耕地质量提升等上级专项资金 4200 多万元,县财政累计投入奖补资金 5800 余万元,引导金融机构发放贷款 6.9 亿元,撬动社会资本投入 13.5 亿元,为生态循环农业高质量发展注入了金融"活水"。

"我们创新性培育全链联动新业态,探索了生态农业循环运行的高效

---

[*] 本文为《经济日报》2023 年 10 月 1 日的报道,此处全文摘录,有改动。

体系。"据费县农业农村局局长续利民介绍，该县以龙头企业、合作社等经营主体在经营单元内建立独立的生态循环链实现主体小循环；以打通园区内农业生产各环节、各经营单元之间的联系实现园区中循环；在全县范围内合理布局收储点、处理站和资源化利用企业，打通种植、养殖、加工产业循环堵点，实现县域大循环。"目前全县拥有主体小循环56个，园区中循环8个，三级循环环环相扣，带动形成覆盖全县的生态循环农业发展格局。"续利民说。

案例启示

（一）坚持产废源头减量化，推进源头治理

党的十八大以来，以习近平同志为核心的党中央对发展循环经济作出一系列重要指示和要求。据不完全统计，习近平总书记先后50多次谈及循环经济。费县将农业废弃物减量化作为改善农村人居环境、建设宜居宜业和美乡村的重要抓手，全面施策，系统推进。坚持肥药双减，结合高素质农民培育、基层农技推广改革补助项目实施，对农户开展秸秆还田、科学种植集中培训，加强技术指导服务，推广绿色防控、统防统治、测土配方施肥、水肥一体化、有机肥替代等农业绿色技术，应用新型高效植保机械，对症选用高效低毒低残留农药，推进种植业清洁化生产，构建绿色低碳循环的农业生产体系。肥药双减举措下，全县化肥、农药年施用量分别下降2%和3.3%。坚持集中处理，设立废弃农膜与农药包装物回收点，推行废旧农膜分类回收处理，无利用价值的废旧农膜和农药包装废弃物纳入农村生活垃圾处理体系，捡拾后集中焚烧发电。废旧农膜与农药包装物综合回收利用率达90.5%，农业地膜"白色污染"有效缓解，农村生态环境明显改善。

（二）坚持处置利用无害化，推进协同治理

2018年5月18日习近平总书记在全国生态环境保护大会上指出："绿

色发展是构建高质量现代化经济体系的必然要求,是解决污染问题的根本之策。"[1] 费县是全国生猪调出大县,有畜禽规模养殖场 232 家、养殖专业户 1233 家、散养户 6700 家,年产畜禽粪污 186 万吨,为全县主要农业废弃物。为实现无害化、资源化综合利用,费县以市场化手段探索了畜禽粪污处理的三种模式:一是规模化养殖场配套建设粪污处理设施,或与第三方公司签订协议,让其对畜禽粪污进行无害化处理。二是畜禽散养户通过户收集、村集中、县乡委托第三方处理的方式进行资源化利用。三是养殖主体自行处理。部分规模化养殖场及周边种植户通过堆沤及厌氧发酵将畜禽粪污制成农家肥,进行全量还田利用。全县畜禽粪污资源化利用率达 91.17%。

(三)坚持资源利用最大化,推进系统治理

习近平总书记把绿色循环低碳发展作为现代化经济体系的重要组成方面,他强调,"现代化经济体系,是由社会经济活动各个环节、各个层面、各个领域的相互关系和内在联系构成的一个有机整体""要建设资源节约、环境友好的绿色发展体系,实现绿色循环低碳发展、人与自然和谐共生,牢固树立和践行绿水青山就是金山银山理念,形成人与自然和谐发展现代化建设新格局"[2]。费县坚持把培育生态循环新业态作为主攻方向,聚焦"加链组环",探索形成了生态农业产业链条,有效提升了农业废弃物就地就近资源化利用水平,让农民群众更多分享产业增值收益,有效推动农业废弃物资源循环利用、生态生产生活互促共赢。

---

[1] 《江山就是人民 人民就是江山:习近平总书记系列重要论述综述:2020—2021》,人民日报出版社 2022 年版,第 321 页。
[2] 《习近平经济思想学习纲要》,人民出版社、学习出版社 2022 年版,第 69—70、70 页。

案例39 "小萝卜"成就"大产业"

——安徽宿州萧县用科技之光照亮乡村振兴路

案例概述

孙圩子镇位于安徽省宿州市萧县西南部,地处黄泛平原,土质以沙质壤土和两合土为主,属暖温带季风气候区,四季分明,光照充足,年日照时数为2220～2480小时,雨量适中,雨热同期,年均气温14.4℃,土质与气候条件适宜胡萝卜生长。孙圩子镇的胡萝卜皮薄、肉嫩、皮肉芯"三红",富含胡萝卜素,畅销全国各大中型市场,出口东南亚国家和地区,深受广大消费者喜爱。

孙圩子镇党委、政府高度重视胡萝卜产业发展,通过聚力科技创新,形成示范引领;聚力科技强农,加强技术服务;聚力机械强农,推动产业发展;聚焦农民增收,巩固脱贫成果。目前,孙圩子镇已经建立了万亩胡萝卜生产基地,注册了"孙圩红"商标,通过了绿色食品认证,培育了一大批农民经纪人,胡萝卜已成为孙圩子镇乃至萧县的农业特色产业之一。目前,该镇已形成了以程蒋山村为中心的优质胡萝卜生产基地,胡萝卜种植面积已发展到1.5万余亩,辐射周边乡镇面积6万余亩,发展前景广阔,可大力助推农民增收,巩固脱贫成果。

案例剖析

(一)特色做法

1. 聚力科技创新,形成示范引领

2019年以前,孙圩子镇胡萝卜以夏季种植为主,胡萝卜播种期间常出现高温、暴雨天气,影响胡萝卜的出苗率,导致部分田块需要重种。为克服这一弊端，近年来，在科研人员的指导下，孙圩子镇开展了春季胡萝卜种植示范，探索出了一整套春季胡萝卜种植模式。目前，孙圩子镇胡萝卜已由单一的夏秋季种植发展为夏秋季与春季种植并重。通过使用高产、优质杂交胡萝卜品种，推广水肥一体化技术，孙圩子镇实现春秋两季胡萝卜亩产双万斤、效益1万余元、户均增收1万元以上，促进了村集体经济增收，提升了胡萝卜产业的科技水平。

2. 聚力科技强农，加强技术服务

孙圩子镇选派10名科技特派员对接10个行政村，其中市级科技特派员3名，县级科技特派员7名，通过充分发挥科技特派团、科技特派员的作用，让科技转化为生产力，为农民专业合作社、胡萝卜种植大户提供技术支撑。引进优质杂交胡萝卜新品种、增施有机肥和生物菌肥、开展绿色防控、采用智能水肥一体化技术、配套管道、滴灌等附属设施，提升该镇胡萝卜的产业竞争力，实现产业做大、质量做优、品牌做强，让农民分享胡萝卜产业的发展红利，带动更多的新型经营主体和农户依托胡萝卜产业持续增收。实现农技"一对一"帮扶全覆盖。开展农业技术、农作物田间管理等技术培训30场次，发放各类技术宣传材料600余份，有效提升种植户的专业技术和能力。

3. 聚力机械强农，推动产业发展

孙圩子镇重点围绕胡萝卜优势产业，投资359万元购置胡萝卜生产、加工设备，发展村级胡萝卜种植产业；投资1400万元新建2000吨冷库及相关配套附属设施，大力发展春季大棚胡萝卜；建立以程蒋山村为中心的孙圩子镇胡萝卜现代农业示范园，完善胡萝卜产业配套；购置拖拉机14台、胡萝卜编种机28台、旋耕起垄放线一体机14台、秸秆粉碎机13台、胡萝卜起垄覆土机14台、胡萝卜放线机14台，实现了胡萝卜生产全程机械化，为胡萝卜产业做大、质量做优、品牌做强，以及带动更多的新型经营主体和农户依托胡萝卜产业持续增收提供了保证。

4. 聚焦农民增收，巩固脱贫成果

孙圩子镇利用衔接资金推进乡村振兴特色种养业到户项目补助资金，

扶持脱贫户 345 户，补助资金 47.251 万元；全镇累计外出务工 1941 人，开发公益性岗位 515 个；组织开展贫困村致富带头人创业培训班 4 班次，共培训 91 人；摸排小额信贷需求 190 户 950 万元，落实 185 户 831 万元；申请"雨露计划"职业教育补助 159 人次，补助金额 23.85 万元。

（二）发展优势

1. 巧"钻空子"打时间差

"厦门早，山东迟，萧县萝卜正当时。"厦门胡萝卜每年 4 月中旬下市，山东寿光、莱西胡萝卜 5 月 15 日至 20 日上市。孙圩子镇的胡萝卜填补了厦门胡萝卜下市与山东胡萝卜上市之间的空白，有着得天独厚的市场优势，再加上出产的胡萝卜果实饱满、色泽鲜亮，一上市就供不应求，价格行情整体上涨。

2. 巧使科技"化"成果

孙圩子镇特地邀请宿州市农科院专家亲临指导。通过多年的试验示范，孙圩子镇春季胡萝卜种植技术日臻成熟，为大面积推广提供了可靠的技术支撑。孙圩子镇高度重视胡萝卜产业的发展，建立了以程蒋山村为中心的胡萝卜种植核心示范区，面积约 1 万亩，通过"党组织领办＋农户入股＋新型主体经营＋科技特派团支撑"，以春季胡萝卜种植为主、春秋两季胡萝卜并重，采用轻简化绿色种植模式，使用高产、优质杂交胡萝卜品种，实行水肥一体化技术，推广"五统一"管理（统一供种、统一耕种、统一施肥、统一管理、统一病虫害防治），近三年累计新增经济效益 500 万元以上。

3. 巧用大户带销路

程蒋山村是孙圩子镇发展胡萝卜产业最早的村，涌现出了王继勇等一大批种植大户，他们既是生产者，又是经营者，这些"土专家""田秀才"不仅在县内马井、青龙、石林、祖楼、王寨、张庄寨承包土地种植胡萝卜，而且在内蒙古、河北、山西、山东建有胡萝卜种植基地，在郑州、常州、上海、南昌、贵阳、赣州、合肥、哈尔滨等国内各大市场设有销售网点，他们熟悉市场行情，了解客户需求，为胡萝卜产业的进一步发展提供

4. 巧抓队伍强保障

了人才保证。

胡萝卜是萧县的"五彩"农业之一。为加快胡萝卜产业发展，县里成立了胡萝卜产业发展专班，组建了萧县胡萝卜产业科技特派团；镇里也成立了相应的组织，并为各村选派科技特派员，为胡萝卜产业的发展提供了组织保证。

延伸阅读

小萝卜带来幸福感

走进孙圩子镇王庄村种植大户王瑞敏的胡萝卜地里，她正组织工人忙着抢收，十几个村民将出土的胡萝卜分类捡拾、装袋、称重，一派热火朝天的丰收景象。"今年共种了 120 亩的胡萝卜，预计到本月底采收完毕，今年的胡萝卜每亩的产量可以达到 10000 斤，预计每亩收入近 6000 元，净利润 3000 元左右。"看着硕大饱满的胡萝卜，王瑞敏的脸上洋溢着灿烂的笑容。

来到王庄村扶贫冷库，一车车带泥的胡萝卜被送去清洗车间，而后经工人分拣包装，又被送进冷库储存。"进库的不仅仅是我们本地的胡萝卜，远至内蒙古近到河南，全国各地的胡萝卜采收后都被拉到当地进行加工储存，随后被销往上海、广州甚至韩国、日本等地。"王庄村党支部书记孙跃介绍道："扶贫冷库不仅能通过租赁增加村集体收入，同时有效带动全村胡萝卜产业发展，从种植、收获、清洗、包装，到储存、出库，整个过程都需要大量工人，常年带动 60 余户脱贫户务工，每人增收不低于 12000 元，大大提高了群众的幸福感。"

案例启示

第一，完善利益联结机制。近年来，孙圩子镇把产业兴旺作为重点，大力发展"一村一品"特色产业，进一步完善"五彩"农业胡萝卜利益联结机制，推动土地流转，盘活集体资产，导入发展产业，激活各类生产要素，打造孙圩子镇胡萝卜产业示范基地，以点带面辐射周边兄弟村。

第二，创造发展新模式。通过"村集体＋合作社＋农户"的发展模式，让村级集体经济壮起来，让脱贫群众富起来。孙圩子镇将持续抓好特色产业发展，依托胡萝卜产业大力发展现代农业，引导农民加入到特色优势产业种植上来，帮助农民持续增加收入，使胡萝卜成为萧县的一张亮丽名片。

第三，积极探索创新之路。积极协调做好特色农产品采收、储存、销售，促进农业增效、农民增收。探索出一条"产业发展带动科技创新、科技创新引领产业升级"的差异化、特色化创新发展之路，不断为乡村振兴注入活力。

第四，强化科技服务保障。孙圩子镇胡萝卜产业的成就离不开科技的服务支撑，各村选派的科技特派员全天现场与种植人员进行面对面交流，研究影响胡萝卜生长的各种因素，网上查资料，及时查找胡萝卜生长过程中遇到的病因，帮助解决问题，为持续写好特色产业文章做好服务保障，用科技之光照亮乡村振兴之路。

案例 40　油茶科技小院解难题谋发展

——江西上犹科技赋能油茶产业引领群众增收致富

案例概述

党的二十大报告强调要全面推进乡村振兴。在打赢脱贫攻坚战、全面建成小康社会后，巩固拓展脱贫攻坚成果、全面推进乡村振兴成为新时代"三农"工作的总抓手。民族要复兴，乡村必振兴。科技创新是乡村振兴的内生动力，实施创新驱动发展战略是高质量、高效益走好全面建设社会主义现代化国家新征程的重要保障。在新时代背景下，科技要为乡村振兴工作提供支撑，为广大农村地区实现高质量发展提供保障，为早日实现中国式现代化提供动力。

2015 年，赣州籍的百岁老红军王承登给习近平总书记写了一封信，表达了自己的心愿：希望国家加大对赣南茶油等扶贫产业的支持。习近平总书记对在场的部委同志说，这个可以去做些调研。2019 年 9 月 17 日，习近平总书记冒雨走访河南省光山县槐店公司马光油茶园，强调种油茶绿色环保，是促进经济发展、农民增收、生态良好的好路子。[①]

油茶是世界四大木本油料植物之一，也是我国特有的优质食用油料植物，已有 2000 多年的种植历史。江西省作为我国油茶产业核心发展区之一，2022 年油茶林总面积已达 1560 万亩，其中高产油茶林面积 800 万亩、产值突破 500 亿元，油茶林面积、产量和产值均居全国第二位。

上犹县作为赣南油茶主产区，现有油茶林 40 万亩，扶持培育了位于紫阳乡的省级龙头企业江西金峰生态农林发展有限公司，注册成立"阿吉叔"商标。油茶产业在发展过程中面临产业机械化程度较低、科技含量

[①] 《农民丰收节，且听田间习语话农桑》，网易政务，https://www.163.com/news/article/EPRKH0OP000189FH.html.

低、种植收成看天吃饭、专业技术人才缺乏等问题，发展方式较为粗放，停留在初级阶段。

在教育部和挂职县委常委、政府副县长段奕的支持指导下，该县积极争取建立油茶科技小院，解决油茶产业发展瓶颈。2023年8月16日，坐落于紫阳乡的赣南油茶科技小院（以下简称科技小院）获中国农村专业技术协会批复。科技小院先后吸引了中国社会科学院、中国传媒大学、江西农业大学、赣南师范大学、江西开放大学等10余所高校前来调研帮扶，成功吸纳了40余名人才（其中博士生导师8名）入驻，江西农业大学组织了8批次专家学者进驻科技小院开展调研帮扶，创建周末工程师人才驿站。科技小院通过提供技术指导与科技服务，帮助农户解决油茶生产中的技术难题，为油茶产业发展出谋划策。

案例剖析

通过创建油茶科技小院，主要达到以下几个目标：

（一）以创建赣南油茶科技小院为契机，高效践行"两山"理念

上犹县位于北纬26度全球核心产油区，属于亚热带季风性湿润气候，气候温和，四季分明，昼夜温差大，富硒，阳光降水充足，境内森林覆盖率达82%，自然风光旖旎，资源丰富。丰富的土地资源和水资源有利于油茶的种植和生产，独特的区位特征为油茶的种植、生产、加工和销售等提供了便利的条件。近年来，上犹县始终牢树和践行"绿水青山就是金山银山"的发展理念，树立生态产业理念，向群众宣传生态种植方式，改变了以往部分农户以除草剂代替人工除草的习惯。

（二）以创建赣南油茶科技小院为契机，提高标准化生产水平

树立高质量油茶籽、茶油的标杆，引导市场逐步规范，促进产业整体升级换代，实现高质量发展。从选种、种植、采收、生产加工到产品包

装、销售等各环节，推行标准化生产经营。在基地标准化、示范化建设方面，加大"科技兴油"力度，大力推广标准化造林、喷微灌与水肥一体化等技术。在茶油加工环节，开展茶油生产加工小作坊改造行动，进一步规范小作坊生产，支持油茶鲜果机械化脱壳和冷链仓储建设，全面提升茶油的生产、加工、运输水平。

（三）以创建赣南油茶科技小院为契机，强化品牌宣传力度

茶油不饱和脂肪酸的含量高达90%，远高于菜籽油、花生油和豆油，比维生素E含量橄榄油也要高一倍，并含有山茶甙等特定活性物质，具有极高的营养价值。前期因宣传不到位导致高品质的山茶油没有得到市场认可，现在，上犹县已加大宣传销售力度，以国家地理标志物为基础，"阿吉叔"山茶油通过了种植、加工双有机认证，与为民有机米和富硒山泉水一起被打造为"紫阳三宝"品牌，实现抱团作战，生态产品直供粤港澳大湾区。创新营销模式，公司在上海和深圳设有营销团队，在南康区开设专卖店；积极开辟油茶销售电商新渠道，与知名电商合作，优化产供销链条，为上犹茶油开辟更广阔的市场。

（四）以创建赣南油茶科技小院为契机，做好产业融合文章

多渠道延伸油茶产业链和价值链，解决油茶附加值过低的问题，提升油茶产业的整体价值。第一，发展林下观赏经济、种养经济等，充分提高林地综合利用率。第二，提高对油茶的精深加工力度，创造出更多的油茶终端产品，如对茶枯茶壳二次提取，可生产出护肤品、保健品等产品，实现变废为宝。第三，挖掘油茶文化，大力将油茶与文旅产业结合，开发赣南森林博物馆上犹分馆、疗养院等项目，与周边乡镇打造山茶树观光带，构建一系列集技术研究、健康养生、旅游观光和文化传承等为一体的产业链。

（五）以创建赣南油茶科技小院为契机，破解人才匮乏难题

油茶科技小院优化了人才引进机制，吸引了大批高素质人才，进一步

深化了校地合作,促进了科研成果转化。科技小院工程师带来的嫁接、授粉、病虫害防治等种植技术,正是油茶种植基地急切需要的实用技术。工程师接续开展技术指导与服务,把技术科普落到实处,同时充分发挥平台优势,通过实地实践,培育了一批懂理论、有经验的高素质人才,解决油茶生产中遇到的难题,快速将研究成果转化为实际生产力,推动上犹油茶产业高质量发展。

(六)以创建赣南油茶科技小院为契机,带活地方产业经济

发挥江西金峰生态农林发展有限公司的示范带动作用,采用"公司+基地+合作社+农户+科研"的模式,通过租赁土地、聘请务工、技术帮扶等手段实现联农带农。面对村集体经济不强等问题,树立全县"一盘棋"概念,盘活资源、创新举措,统筹油茶产业和村集体经济发展,开办村集体榨油坊,增强村集体经济和群众的造血功能。以紫阳乡为例,截至2023年8月,全乡村集体经济收入达291.2万元,平均每村达到48.5万元,90%以上的家庭从事与油茶有关的工作,户均增收3000多元,人均增收1000多元。

延伸阅读

油茶树成了名副其实的"致富树"

在当地农户的眼中,油茶树是让腰包越来越鼓的"致富树",而放眼全县产业布局,油茶产业正在成为当地落实乡村振兴战略、推动现代林业产业高质量发展的重要抓手。

一是政策引导,提升农户种植积极性。上犹县素有种植油茶的传统,近几年更是抢抓油茶产业发展重大机遇,使传统产业焕发新动能,着力扩大油茶的生产规模,全力推进油茶产业高质量发展。2021年,上犹县出台《上犹县2021—2023年油茶产业高质量发展实施方案》,启动实施新造高产油茶林、改造低产油茶林、提升未达产油茶林等项目,着力解决油茶种植

经营水平不高、综合利用水平不高、市场营销水平不高等问题。有了强有力的政策做后盾，涌现出一批投身于油茶产业的新农人，江西金峰生态农林发展有限公司、上犹县强旺油茶开发公司等企业相继创办。江西金峰生态农林发展有限公司在紫阳乡流转了7000多亩山林种植油茶，现已进入丰产期。

二是联农带农，使农民共享产业发展成果。在油茶产业的发展过程中，龙头企业的作用不可小觑，它们不仅做大了企业，还积极发挥带动作用，带领更多村民依靠油茶产业就业增收。江西金峰生态农林发展有限公司的种植基地链接了200多户农户，常年吸纳务工人员40多人，其中脱贫户10多人，采摘高峰期用工人数可达200多人。在企业的示范带动下，散户看到效益纷纷深学种植技术，加入到油茶种植队伍，壮大油茶种植产业。上犹县努力打造油茶产业集群，让农户纷纷走上致富增收的新路，让油茶树成为名副其实的"致富树"。

三是提质增效，推动全产业链融合发展。加大力度巩固"油茶＋饮食"模式，利用当地人民喜食茶油的传统，定期举办油茶文化节、博览会等推介活动，挖掘上犹油茶的历史底蕴，开展挖掘寻找油茶母树等活动，营造浓厚的油茶饮食文化氛围。推广"油茶＋旅游"模式，依托千年客家文化，讲好油茶故事，大力开发油茶民宿、油茶古道、古法榨油作坊等文化产业项目，吸引游客亲自体验古法榨油工序，打造集观光旅游、休闲采摘、度假游乐于一体的精品乡村休闲生态农旅景区。开发"油茶＋保健"模式，倡导企业加强对茶皂素、茶壳等油茶副产品的综合开发利用，开发制作上犹特色的茶油保健品、洗涤用品、化妆品等延伸产品，开发油茶全系列产品，健全全产业链。

案例启示

（一）"油茶＋N"发展模式，释放产业潜力

近年来，上犹县始终把发展油茶产业同生态保护、农民增收相结合，加强产业发展规划，创新推广"油茶＋N"复合经营模式，着力解决油茶产品线单薄问题，提高土地产出率。种植基地按照良种繁育、丰产栽培、精深加工、产品研发、生态旅游五位一体的油茶产业科技示范标准，坚持绿色、优质、高效、生态、安全定位，构建"山顶戴帽、山腰披衣、山脚养鱼、山间贯通"立体发展模式，采用"公司＋基地＋合作社＋农户＋科研"的方式建设万亩山茶油高标准示范基地。

（二）"基地＋农户"带动模式，引领长效增收

探索推行"基地＋农户"模式，建立产业基地，村民通过出租土地、到基地务工实现增收，通过抓示范树典型，全面推进油茶产业发展，辐射带动村民致富产业发展，如充分利用油茶基地资源、资金、技术等优势打造油茶科技小院，谋划油茶产业与乡村振兴、旅游产业、林下经济等的有效衔接，推动三产融合发展。目前，油茶科技小院核心区面积建设达到7000多亩，覆盖带动脱贫户1000多户，成立油茶专业合作社10家，辐射油茶造林面积5万多亩，受益人口1万多人，人均年增收1000多元。

（三）"科技＋品牌"赋能模式，推动提质增效

依托国家政策优势，上犹县携手科研院校，积极探索产业发展新模式，支持企业开展油茶新品种引种试验。江西金峰生态农林发展有限公司油茶种植基地从2016年开始每年坚持做有机认证，2022年，公司产品做到了双有机认证，随着客户对公司绿色有机生态食品的认知度、信任度和满意度不断提升，公司的"阿吉叔"牌系列产品已走出省外，远销广东、福建、浙江、上海、江苏、北京等各省市。多年来，公司获得众多荣誉，2020年，公司获得江西省省级林业龙头企业认证；2022年，公司获得了赣州市农业产业化经营市级龙头企业认证。

（四）"能人＋农户"推广模式，拓宽增收渠道

在选育油茶新品种的同时，上犹县大力培育能人，通过"能人＋基

地＋农户"模式推广新品种，带动合作社、企业、个人等种植新品种，直接带动农户 3000 多人。农户将土地出租给种植大户或种植基地，并到基地务工，做育苗、除草、施肥、修枝、摘果等工作，不仅有效助力种植户实现收入持续稳定增加，还为周边群众提供了大量的就业务工机会和增收渠道，促进部分农户年均增收约 3 万元。

案例41 "中国玉泉洼,有机进万家"
——山东潍坊玉泉洼种植专业合作社联合社
科技兴农富民的探索与实践

案例概述

山东省潍坊市玉泉洼种植专业合作社联合社(以下简称玉泉洼联合社)地处潍坊市坊子区洼里村,于2011年12月注册成立,由七个合作社组成,现有入社成员356人,员工186人,规划占地面积31667亩,已建成核心区面积3100余亩。

玉泉洼联合社坚持"中国玉泉洼,有机进万家"的发展宗旨,坚持科技化、精准化、数字化、智慧化的发展理念,坚持共谋发展、共享成果、共同富裕、共赢未来的价值观,以综合性省级农业科技园区为龙头,以科技兴农为主线,以乡村振兴为目标,力促农业"新六产"融合发展,着力打造"潍坊玉泉洼模式",形成了沼气生产、有机菌肥生产、有机农业种植、畜牧养殖、农产品深加工、冷链物流、农业文旅、职业农民培训、大中小学生实训、生态康养、农用机器人制造等十余个业态。经过十余年的发展,园区累计投资3.9亿元,年产值1.2亿元,先后荣获国家级农民合作社示范社、国家级星创天地、国家级菜果茶标准化示范园、乡村振兴齐鲁样板质量奖、AAA国家级旅游景区等100余项荣誉称号,其中,国家级荣誉20多项。

十几年来,玉泉洼联合社坚持科学统筹规划,合理布局有机生产全产业链:一是有机农业种植业。核心区建成日光温室大棚108个、高标准智能大棚3个、精准农业示范基地3处、产品展示中心1处、果蔬冷藏包装配送中心1处、"区块链+韭菜"试验基地1处,农培中心1处。二是农文旅休闲观光业。建有农家乐采摘垂钓区、中小学生实践基地、新型农培基地、CS野战基地、农产品超市等配套服务设施,年接待游客20万人次。

三是生态畜牧业。建设现代化生态旅游观光牧场，饲养荷斯坦奶牛 300 头、英国皇家娟珊奶牛 300 头，年产高品质牛奶 1200 吨。四是生物菌肥产业。形成年产微生物菌肥 40000 吨和肥料级液体酵素 50000 吨的生产能力。五是有机种植智慧工厂。总投资 2.6 亿元，占地 700 亩，规划建设 6 个单体占地 20 亩的有机蔬菜智慧工厂，做到种植有机化、管理智慧化、生产工厂化、产业融合化、产出高效化，可实现年产值 6000 万元，收益达到传统农业的 10 倍。六是有机食品业。开发食品冷链智慧物流中心项目，占地 16 亩，总建筑面积 17590 平方米，年产代餐粉、酵素、有机面粉、面条、馒头等 2400 吨，年产值 2600 余万元。七是农业智能装备业。农业机器人项目现已获得专利 15 项，正在申报 17 项，市场化商用指日可待。

案例剖析

科技兴农果满囤，乡村振兴谱新篇。玉泉洼联合社始终把科技创新、科技兴农作为发展的第一动力，其发展历程就是有机农业生产技术的创新累积过程。

（一）建好基地，搭建平台，为科技兴农提供有效载体

一是加大投入，强化科技兴农基础设施建设。玉泉洼联合社先后投资 1300 万元，建设国家级星创天地；投资 600 万元，建设省级农科驿站；投资 6000 万元，建设 10000 平方米的新型职业农民培训中心；投资 40 万元，建设十万级实验室等，为科技兴农提供了配套的硬件基础设施支持。

二是校企强强联合。玉泉洼联合社与青岛农业大学合作建设了青岛农业大学（潍坊）现代农业研究院、青岛农业大学坊子区产学研综合示范服务基地、青岛农业大学专家工作站，每年拿出 30 万元资金支持基地和工作站的日常运转。

三是加强基地建设，为有志创业者提供平台。创建了省级教科研基地、市级大学生创业园、省级巾帼科技示范基地、省级大中小学生实训基地、省级新型职业农民培训基地等人才培育和科技研发平台；与中国电信合作，建设农业农村部全国第一家"区块链＋韭菜"基地等。基地建设立足有机农业科研的实际需要，为科技兴农提供了广阔平台。

四是典型引路，充分发挥乡村振兴齐鲁样板的榜样作用。在政府的支持下，以玉泉洼联合社为龙头，成立了玉泉洼乡村振兴服务基地，沿潍安路设立了方圆40平方千米的乡村振兴示范区。示范区以玉泉洼为核心，成立专门的领导班子和组织办事机构，制定专门工作协调机制，申请项目经费，充分发挥玉泉洼联合社"火车头"的作用，为实现更大范围、更广领域的乡村振兴、共同富裕奠定了良好的基础，收到了较好的成效。

（二）建强队伍，招才引智，为科技兴农提供智力支持

农业科技团队建设是科技兴农、乡村振兴的核心要义。玉泉洼联合社大力实施人才兴农战略，先后与中国台湾、北京、美国、荷兰、新西兰、以色列等国内外的60余名专家教授建立长期合作关系，吸引150余名大学生来园创新创业。经过多年发展，玉泉洼联合社具备了一支稳定的、专业技术过硬的高学历高素质技术科研团队，技术团队成员包含100多名渴望创业、致力于推动现代新型农业发展的专家、博士、硕士，其中，15％来自国外专家，60％来自国内高等院校、科研院所专家教授，15％来自农业生产一线企业自己培养的专家。指导专家主要研究益生菌、微生物有机肥、农废处理、土壤修复与改造、现代有机农业产业发展模式和功能食品、温室设施装备和标准化等，指导当地农业生产有了突破性的进步。

高层次科技人才的加盟，壮大了玉泉洼联合社的"智囊团"，为玉泉洼联合社的健康可持续发展装上了新的"智脑"，强劲引领玉泉洼在科技兴农、乡村振兴的道路上迅猛奔跑。

（三）敢为人先，勇于创新，在科技兴农路上披荆斩棘

玉泉洼联合社人敢于走别人没有走过的路，敢于尝试别人没有做过的

事，大胆创新、勇于探索，有效地解决了有机农业生产的一系列难点和痛点问题。

一是创建有机种植生态循环新模式。通过与中国农科院、青岛农业大学合作，实现了"种植—养殖—沼气—菌肥还田"生态循环有机农业模式，形成了年产沼肥 20000 吨、有机蔬菜 6000 吨、牛奶 4000 吨的循环产业链，有效杜绝了农药残留和化肥使用，有效解决了农业面源污染问题。

二是制定有机农业种植技术规程，增强企业核心竞争力。玉泉洼联合社先后制定了西红柿、黄瓜、茄子、辣椒、大姜等 20 余种常见果蔬的有机种植技术规程，坚决做到"四不一绝五统一"（即不使用化肥、不使用无机有毒农药、不使用激素、不使用转基因技术，绝对安全健康，统一品牌、统一技术、统一标准、统一经营、统一销售），在土壤肥料、绿色防控、智慧农业等方面形成了独具自身特色的核心竞争力，极大地提高了有机果蔬的产量和品质，十几倍几十倍地提高了农业的比较效益。

三是规划创新，做好新型农业科技前沿的探索。主要研发有益微生物（益生菌）的科学应用，开发基质生物肥和生物菌剂的生产系统，研究富氢能量水的开发应用；在农业新型能源系统方面设计有效的、天然的、低成本的能源系统，实现农业大棚零能耗；生产研究植物功能性成分的萃取与特医食品，推广功能性食品加工，实现三产联营规划；创新研发智能种植床蔬菜种植专利技术，实现了种植环境参数和种植基质参数实时监测、传输的精准自动控制；创新建设有机蔬菜智慧工厂，实行蔬菜种植的标准化流水线作业，实现农业生产的工厂化、标准化、数字化、高效化。

四是创新电子商务、元宇宙等概念链接有机农业生产，助力玉泉洼联合社走上数字农业发展的快车道。电子商务、元宇宙技术可以实现对有机农业生产全过程的数字化管理。通过大数据分析、物联网传感器等技术手段，可以实时获取土壤的湿度、气候的变化、水量的使用情况等信息，并进行智能化分析和决策。这种实时的环境监测和数据分析能够帮助农民科学决策，制定合理的种植计划和养殖方案，提高有机农业生产的效率和质量。此外，电子商务、元宇宙技术可以为农民提供即时的培训和技术支持。在元宇宙平台中，农民可以通过虚拟现实技术进行农田、养殖场等虚拟环境的模拟体验，可以学习种植、养殖等技术的操作方法，了解不同作物的生长特点和病虫害的防治方法。

（四）厚积薄发，务求实效，科技兴农结硕果

十几年来，玉泉洼联合社不断加大科研投入，在种养加"六产融合"发展方面探索前行，攻克了一大批技术难题，先后申请国家专利30多项，45种果蔬获得有机标准认证，一大批农业新技术新科技创新成果在这里不断涌现。

一是与农业农村部和中国电信共同建设全国第一家"区块链＋韭菜"试点，利用区块链不可复制、不可伪造的特性，从土壤和生产资料基础抓起，利用现代信息技术全过程监控生产流程，从根本上解决了农药残留的问题，提高了韭菜产品质量。2022年该项目获得联合国质量银奖。

二是与北京大学现代农业研究院合作，自主研发的床上种植模式——智能植床栽培技术获得国家专利。该技术打破了有机种植中的土壤转换期问题，实行立体空间种植，改变了传统种植模式，当年就能种植出有机蔬菜。无论炎夏寒冬，植床叶菜平均生长周期45天（穴盘育苗23天、植床栽培生长期22天），一年可采收16茬，大大缩短了蔬菜的生长周期，提高了蔬菜产量，亩均产值100万元。

三是建设有机蔬菜智慧工厂。集成中国台湾、荷兰、德国、日本等地的30多项蔬菜种植专利技术，投资3000万元设计了10层盆栽立体种植模式，全年生产盆菜320万盆，日产10000公斤，亩均产值300万元。

四是联合中国农科院等专家共同开发生物基质肥和生物菌剂等产品，可按不同目的在十多种有益菌中选择使用；采用配方基础原料，极大地消除了重金属和有毒物质，使发酵产品更具营养性和功能性；研发的生物菌剂作为土壤和植物生长的促进剂，具有强烈的虫害消杀作用，使有机生产告别了无机农药时代。有机生物菌肥技术通过对菌种的研究应用改良，修复土壤效果可达地下1.5米，大幅度改善了土壤的性状，增强了农田的抗

旱防涝能力，保证了丰产优质。

五是农作物病虫害生防生控技术，采用生物菌药和生物、物理防治方式，有效解决了有机农业生产病虫害的防治难题。

六是奶牛养殖床发酵技术，有效解决了奶牛养殖过程中气味粪便等污染问题，保证了奶牛的健康生长和环境清洁。

七是采取生态牧场养殖模式，采用中草药和酵素配方饲喂奶牛和蛋鸡，生产出无抗鸡蛋和无抗牛奶，得到市场的充分认可和消费者的广泛欢迎。

八是智慧农业装备破茧成蝶，农业机器人项目一期投资1.5亿元，现已获得发明专利9项、实用新型专利6项，正在申报17项。预计2025年实现产值5亿元，2028年实现产值30亿元。

延伸阅读

好风凭借力，拓宽致富路，助力新农村

潍坊玉泉洼种植专业合作社联合社自2011年底成立以来，建设日光温室大棚种植普通蔬菜，由于种出来的蔬菜同质化严重，销售不畅，低价贱卖，三年亏损了267万元。为此，联合社一班人深入学习习近平总书记"绿水青山就是金山银山"理论，向大中院校、科研院所的专家教授求取"真经"，向市场广泛调研论证可行性，向各级领导汇报寻得支持，最后毅然走上了一条异常艰辛但充满希望的、发展生态循环有机农业的路子。

历经十几年，玉泉洼联合社实行"党支部＋公司＋联合社＋农户"的运营模式，坚持科技兴农助力乡村振兴，努力打造潍坊玉泉洼生态循环有机新模式，走出了一条独具"潍坊玉泉洼模式"特色的可复制、可推广、可持续发展的乡村振兴新路子。

"潍坊玉泉洼模式"主要是以生态循环有机农业为主业，以标准化、智能化、数字化为主线，以科技兴农为支撑，以三产融合发展为主体，以共同富裕为目标的中国式农业农村现代化的新模式。通过探索开展"三变

改革、五大合作",按照资源变资产、资金变股金、农民变股民的思路,充分盘活村内土地、房屋、资金、劳动力等资产资源,组建集体资产、土地、劳务、置业、旅游五大合作社,将农村的各类资产资源纳入合作社统一经营管理,将更多的村民通过入股的方式吸收到合作社,带动集体经济实现快速增长,使贫困村一举蜕变为亿元村,有效提高了村民的组织化、专业化程度,带领广大村民在家门口就业、在家门口创收,通过多种渠道增加村民收入,得到了村民的广泛认可和积极参与;同时得到了潍坊市人民政府的充分肯定和大力推广复制。

十余年来,国内外宾客近200万人次到玉泉洼联合社参观学习,山西、北京、河北、上海、吉林等地的28家公司与玉泉洼联合社签订了合作协议,"潍坊玉泉洼模式"已在全国各地推广复制,开花结果。

案例启示

十几年来,玉泉洼联合社紧抓党建这个总抓手,紧抓科技兴农力促特色产业兴旺、助力乡村振兴这个根本点,增创新优势,活化新特色,干出了新亮点。"潍坊玉泉洼模式"案例鲜活,启迪深远,主要概括为以下几个方面:

(一)党建统领,擎旗奋进

玉泉洼联合社所在的洼里村支部书记兼任联合社的总经理,联合社的支部书记兼任联合社的理事长。村、社党组织坚持"擎旗抓党建,谋事为群众,干事重实效,成事创一流"的工作作风和理念,形成了"党支部+公司+联合社+农户"的党建统领运营模式,让村集体由原来欠债40多万的贫困村变成了"全国特色产业亿元村",彻底摘掉了贫困村的帽子,村、社支部书记双双荣获"全国劳动模范"荣誉称号。

(二)绿色引领,产业振兴

选准选好特色优势产业是乡村振兴的重中之重。产业兴百业兴,没有产业的兴旺,一切都是无根之木,无源之水。要想带领农民实现共同富裕,必须敢为人先,敢于"吃别人不敢吃的螃蟹",敢于走一条异常艰辛但充满希望的路子。玉泉洼正是选准了这一条希望之路,才能行稳致远,大步前行。只有经过不懈的探索与努力,"玉泉洼"的品牌效应才会越来越好,市场的反映才会越来越好,消费者的口碑才会越来越好,经济效益和社会效益才会越来越好。

(三)科技兴农,创新发展

科技是第一生产力。玉泉洼人正是坚持科技创新驱动战略,积极加大科研投入,致力搭建人才集聚平台,培育创新文化氛围,增强自主创新能力,推动智慧农业提档升级。正是坚持科技兴农,玉泉洼联合社才培育出了一大批有机农业发展的科研成果和专利,攻克了一大批有机农业发展的技术难题,解决了一系列有机农业发展的难点痛点问题,形成了自己的核心竞争力,以有机农业的标准化、数字化、智能化、自动化实现了农业生产的颠覆性革命,为有机特色农业产业的发展插上了科技的翅膀。

(四)共同富裕,拓宽了幸福路

近年来,玉泉洼联合社通过村企共建,科技兴农、产业兴村、产业富民,在抓好一产的同时,注重农产品深加工和农文旅商康融合发展,不断增加农民收入,使村集体积累有了大幅度提升,使企业为村民办实事的能力显著增强。村民由传统农民转为产业农民,在园区务工的新农人可以获得土地流转费、务工收入、入股分红,年收入可达十几万元。此外,玉泉洼联合社创办乡村大舞台,大力开展新时代文明实践活动,大力弘扬社会主义核心价值观,使广大村民脑袋富、口袋满、脸上笑、身体健,幸福指数大幅度提升,也让乡村振兴谱出了新篇章。

案例 42 "创富中心"＋"芋见都督"

——安徽芜湖无为都督村"科技＋品牌"托起强村富民梦

案例概述

乡村振兴战略是新时代"三农"工作的总抓手。实施乡村振兴战略，其实质就是推进农业农村现代化，而推进现代农业、建设现代农村的关键还要依靠科技创新。在靠手工技艺的年代，都督村的红薯粉丝是村民们养家糊口的重要来源，随着科学技术的发展、机械化的普及和品种的改良，都督村的红薯粉丝由于红薯产量少、出粉率低且手工制作成本越来越高已渐渐无法满足村民的需求，红薯产业更新迭代已迫在眉睫。

都督村为丘陵山岗地形，村域地势有较大起伏，地处北中低纬度地区，属亚热带湿润性季风气候，良好的光热资源有利于农作物的生长。村内辖 27 个村民组，村民 1090 户，人口 3813 人，党员 106 人。在村人口 685 户，1475 人，占总人口 38.7％。全村总面积 9.6 平方千米，共有耕地 5179 亩，林地 3000 余亩，茶园 4000 余亩，水面 350 余亩，主要以种植水稻、小麦、红薯和茶叶为主，其中，红薯粉丝是都督村的特色农产品，具有较高的市场知名度。自 2021 年开始，在驻村工作队的带领下，由村党组织牵头成立了毛公集农民专业合作社，合作社结合村里多年种植红薯的实际情况，大力发展集红薯种植、加工、销售为一体的村集体经济。合作社紧紧依靠江苏省农科院粮作所甘薯团队（国家甘薯产业体系南京综合试验站）的科技力量支撑，不断在红薯品种的提档升级和生产技术的提质增效上下功夫，使全村红薯种植规模超过 1000 亩，粉丝年产量超过 40 万斤，生产总值超过 500 万元，带动村民就近就地就业 120 余人。近五年来，都督村先后荣获全国文明村镇，安徽省文明村镇、旅游示范村、民主法治示范村、特色美食村，芜湖市乡村振兴综合示范村、先进基层党组织、"两应"党组织、集体经济发展示范村、五星级党组织领办合作社等称号。

都督村一带的岗地富含硒、铁等微量元素，是典型的沙土地，土质疏松，且都督山上常年有泉水灌溉，非常适合红薯生长。另外，都督村具有100多年的红薯种植传统，具有广泛的种植群体基础。都督村红薯粉丝加工工艺获批无为市非物质文化遗产，"猪头山"粉丝在无为、巢湖一带小有名气，市场认可度较高。都督村红薯产业在驻村工作队的帮扶下，有效对接政府职能部门，得到相关政策支持，更重要的是同江苏省农科院粮作所甘薯团队保持长期的良性互动，使都督村不断完善改进生产技术，提高生产效益。为进一步延伸产业链，都督村建设了集生产加工、冷链仓储、研学培训为一体的"创富中心"，并成功注册"芋见都督"商标，实现红薯种植统一标准、加工统一技术、销售统一包装，提高红薯产品的附加值，带动群众共同增收致富。

案例剖析

（一）主要做法

1. 选育优质高产薯种，推广高效种植技术

都督村虽然有多年种植红薯的经验，但村民们对于红薯的品种、种植的方式依然停留在传统认知上。都督村种植红薯被当地人称为"老品种"，具体是什么品种，已无法追溯。村民们为了节约购买种苗的成本，选择自行留种，导致品种退化的现象较为严重。同时，对于种薯的育苗、插苗作业也较为粗放，导致亩产量一直不高，种苗抵抗病虫害能力不足，遇到稍微恶劣的气候，便会出现减产现象。基于这样的现状，都督驻村工作队立即联系江苏省农科院粮作所甘薯团队，带着村里的种植大户前去学习先进种植技术，并邀请红薯种植专家到村进行现场指导。起初，村民对于农科院专家介绍的新品种、新技术并不买账，原因是谁也不敢做"第一个吃螃蟹的人"，毕竟如果失败了，一年的辛苦就白费了。为了打消村民的顾虑，村党组织领办合作社决定先行先试，引入"苏薯28号"优质红薯品种，都督村第一个 100 亩红薯示范种植基地建起来了。

新品种确定了，新技术又成了村民们争论的焦点，大部分村民是以家庭为单位进行种植，种植面积小，为了节约起垄的成本，普遍采用"打堆"的方式进行种植。采用这种种植方式，每堆的红薯个头大，但薯形不好，容易破裂，同时对于土地的利用率也没有达到最大化。种植大户普遍采用起垄的方式，但种苗的株距一般在 1 米到 1.5 米之间，同样存在浪费土地资源的问题。经过农科院专家的指导，新技术采用起垄方式，并专门购置了一台双垄起垄机，大大提高生产效率。同时，种苗的株距缩小到 20 厘米，最大限度地提高了土地使用效率。

为了更直观地展现新老品种的优劣，红薯基地里分区域同时种植新老两种红薯，新品种红薯按照农科院专家的指导方式进行种植，老品种红薯依然按照传统的方式进行种植。在农科院专家的全程指导下，合作社及时对红薯地进行浇灌、翻藤、除草、治虫，经过半年的种植，红薯迎来了丰收。采用新品种、新技术种植的红薯，亩均产量超过 8000 斤，比老品种、老技术种植的红薯增长了一倍，村民们看到红薯基地的大丰收，纷纷都追着合作社要新品种种苗，并要求再请农科院专家来现场指导种植技术，村里的种植户慢慢转变了老观点，合作社也因此在村民心目中树立起了公信力。

2. 选用先进加工设备，有效提高生产效率

每年 12 月，都督村山芋棚一带的村道上都会挂满一排排雪白透亮的粉丝。都督村的粉丝基本都是村民在自家小作坊手工制作的，由于粉丝需要冷冻成型，每年只能在 12 月到 2 月之间做，产量一直上不去。都督村手工制作的粉丝在当地以及周边地区很受欢迎，但因外形不规整，粉丝在商超的接纳度并不高，同时受限于产量，市场一直做不大，村民的收入也就一直停滞不前。对此，合作社采取"两手抓"的策略：一方面，传统的手工制作不能丢，并且还要保证高品质；另一方面，现代化生产的方式要引进来，全力打开周边商超的市场销路。为此，合作社组织生产技术人员，在农科院专家的推荐下，分别去了湖北武汉、安徽六安等地学习红薯粉丝加工技术。在多方考察调研的基础上,结合都督村的生产习惯,合作社最终采购了一套挤压式粉丝加工设备。新设备进行全程自动化操作,大大提高了生产效率,原本需要 8 个人完成的流程现在只需要 2 个人就行,以前手工制作一天最多能生产 1000 斤,现在每天产量超过 3000 斤。同时,新设备生产的粉丝,长度可以自由控制,条形也更加规整,便于各种规格的包装,对于产品进商超、进电商更加有利。现在,都督村粉丝已成功进入芜湖市大江市集以及抖音、社区团购等平台,进一步拓展了销路。

3. 加强人员技术培训,提高科技应用水平

合作社邀请江苏省农科院专家担任都督村红薯产业顾问,每年最少到都督村进行 2 次技术指导,在种植过程中,随时发现问题,随时给予解决。依托无为市乡村振兴产业研究院,合作社加强与安徽农业大学的合作,以创建"甘薯科技小院"为契机,建立红薯种植示范基地,主攻亩产和品质双提升,完善品牌红薯的标准化生产技术流程,并为种植除草设备和红薯种植用播种装置申请了 2 项专利。发挥科技特派员的优势,进一步充实基层农技人员,加大对种植户的技术指导,实现种植户技术管理能力和生产效益双提升。组织种植户参加高素质农民培训班、致富能手培训等技术培训,提高其致富带富能力。

(二)取得的成效

一是村党组织的战斗力和凝聚力进一步提升。都督村党组织领办合作社在带领村民发展红薯产业的过程中,村干部将办公地点从"房间"搬到了"田间",从"案头"搬到了"地头",精气神提起来了,讲话更有底气了。平日里,村庄里的争吵声也少了,大家更多地在讨论怎么搞生产、找销路,村"两委"班子和广大村民的血肉联系更加紧密,全村上下一心、团结一致,建设"和美都督"的氛围愈加浓厚。

二是村集体经济进一步壮大。合作社的示范带动作用促进传统红薯种植品种的提质增效以及种植技术的提档升级。2023 年,全村新品种红薯种植由 100 亩扩大至 1000 亩,红薯规模化种植成效初显,可增加村集体经济收入50万元。另外，红薯种植、粉丝加工带动600多人次务工，增加群众收入10万余元。

三是农业农村现代化水平进一步提升。农村现代化必然要求科技创新推动农村全面进步。都督村红薯产业的发展仅是村现代农业发展的缩影，现代科技的推广和普及，以及绿色环保、新材料等技术的不断突破，也为都督村生态宜居、生活富裕提供了坚实的技术支持。同时，通过改变村民种植红薯的老思想、老传统，为都督村农民转变为现代化农民打下坚实的基础。通过现代科学知识和技术武装农民，使他们的整体素质得到全面提高，为发展现代农业、建设美丽乡村提供扎实的智力保障。

四是农村精神文明建设进一步加强。都督村红薯产业发展实现了支部引领、干部带头、群众参与，发展的不只是经济，更是农村的精气神。艰苦奋斗、自强不息、团结友爱是引领和支撑都督村村民永不停步、勇往直前的精神底蕴，也是实现都督村全面振兴、不断发展的精神内涵和思想基础。

延伸阅读

打造品牌，拓展渠道

加大品牌效应推广，搭建完善产业链条。产品效益不高的症结实际上是附加值不高、销路不多。村民的红薯要么直接以低价被收购商收走，要么通过传统方式做成粉丝再被收购商收走，利润都被收购商赚去了，真正落到村民口袋里的钱少之又少。遇到自然灾害或者市场行情不好的时候，还有可能亏本。为此，由村合作社牵头，集中资金建设集红薯加工、冷链仓储、直播电商、农事体验等为一体的综合性产业创富中心，在红薯精深加工上做文章。同时，注册"芋见都督"商标，设计统一产品包装，并推出"芋见都督"山芋粉、粉丝大礼包等产品，增加产品附加值。为了实现从"种得好"到"销得好"，合作社还利用驻村工作队的优势，积极对接芜湖市大江市集、社区团购、供销社等销售平台，打通"线上＋线下"销售渠道。

创新教育培训经济,拓展产业振兴渠道。"鸡蛋不能放在同一个篮子里",金融投资学的理论同样适用于合作社发展。传统的农业生产更多地依赖天时地利,单纯的红薯种植与加工受市场的影响大,必须想办法降低风险。村党组织领办合作社试种红薯的成功实践,为村党支部攒足了底气,也为村党支部探索产业附加值更高、发展效益更好的乡村旅游、研学教育、农事体验等特色产业创造了良好条件。2022年底,由村党组织领办合作社与第三方培训机构合作成立安徽毛公集文化科技有限公司,探索构建"党组织领办合作社+公司+农户"的乡村振兴发展新路径,精心打造"都督乡学院"教育培训品牌,实现培训教育赋能乡村产业振兴。学院于2023年3月开始试运营,已成功举办"全国农村党组织书记培训班""芜湖市2023年乡村振兴干部能力提升培训班""无为市党校'三进三同'青年干部培训班"等多场培训业务,受训500多人次,实训基地建设成果显著。2023年11月,都督村被纳入芜湖市委党校(芜湖行政学院)乡村振兴现场教学点,并签订《现场教学点建设协议书》,由党校全程指导教学点建设,进一步促进"都督乡学院"品牌建设。

案例启示

(一)乡村振兴,组织振兴是保障

把党员组织起来只是基础,把群众组织起来才是关键,这是抓基层党建的理念,也是党组织领办合作社的初衷和基础。要想做好农村工作,离不开广大群众的支持。而群众是需要组织的,党组织领办合作社就是发挥组织的战斗堡垒作用,将一盘散沙的群众变成一个拳头。通过股份合作,群众与村集体连心、连利、连责,成为经济利益共同体,不仅获得了土地流转基本金、分红收入、务工收入等,提高了经济收益,更在抱团发展的过程中增强了组织归属感,强化了集体意识,真正投入到村庄建设中。

（二）乡村振兴，产业振兴是关键

产业兴旺是乡村振兴的重要基础，是解决农村一切问题的前提，因此，因地制宜发展"一村一品"、提升农村经济实力尤为重要。都督村积极引进资源，形成"专业合作社＋大户＋农户"的产业化经营模式。在立足本村优势的基础上，注重产品质量，多元化思考提升产品附加值。寻找传统文化与现代元素的契合点，打造属于本村的特色经济产品。加强一、二、三产业关联度，着力发展现代农业产业体系。在发展集体经济的过程中，充分发挥市场的导向作用，积极了解并顺应惠农政策，充分调动各类市场主体参与到发展中，打破产业之间的界限，促使一、二、三产业交叉融合发展。开展电商服务，发展"互联网＋"模式，借助电商平台推广农产品，引导农民、农业从"生产导向"向"消费导向"转变。争做"新农人"，发展"新业态"，让一产优起来、二产强起来、三产旺起来，推动乡村全产业链条升级，增强市场竞争力和可持续发展能力，成为乡村振兴的"流动血液"。

（三）乡村振兴，人才振兴是支撑

戏好要靠唱戏人，兴村就要先兴人。农业要发展，乡村要振兴，离不开人才队伍支撑。在发展红薯产业的过程中，新品种的引进、新技术的使用都离不开农民传统思想观念的转变，只有让农民自觉接受新型产业、新型技术，才能真正实现农业现代化、农村现代化。打造"科技＋人才＋服务"模式助力乡村振兴。持续发挥乡村振兴产业研究院的功能，加快推进高校、科研单位与甘薯小院示范基地建设，加快构建农业农村发展科技示范网络。引导社会科技力量大力参与到农业技术咨询、技术中介等服务工作中，通过各种服务引导先进的技术成果进行转化应用。多渠道加大农业农村科技人才的培养、引进和使用力度，为乡村振兴提供专业化人才保障。加强农村科普教育，强化农民科技意识，形成创新要素向农业农村集聚的新局面。

(四) 乡村振兴，群众主体是重点

乡村振兴，最艰巨最繁重的任务仍然在农村，而在农村，最广泛最深厚的基础在农民。都督村党组织领办合作社始终坚持以人民为中心的发展思想，坚持发展为了人民、发展依靠人民、发展成果由人民共享，耐心做好村民思想工作，热情为民办事服务，提振村民的致富信心，充分调动群众参与乡村振兴的积极性与能动性，并通过集体赠"股"、设定公益性岗位等措施，让村民实现老有所依、幼有所靠。

后　　记

　　近年来，各乡村认真学习习近平新时代中国特色社会主义思想，切实贯彻落实党中央、国务院关于优先发展农业农村、全面推进乡村振兴战略部署，扎实推动乡村产业振兴。尤其是诸多乡村在不断解放思想、改革创新、优化工作下，新产业、新业态不断涌现，规模化、集聚化发展趋势明显，现代乡村产业体系正加快构建，乡村产业振兴高质量发展取得显著成效。本书以各部委、中央在京单位、各地党政部门推荐以及本书编写团队调研过的近500个乡村振兴先进案例为蓝本，从各地区、各领域、多层面、多视角遴选出42个科技创新赋能乡村振兴先进典型案例，以期通过这42个精彩案例，为各乡村切实贯彻落实好党中央决策部署的"最后一公里"，大力引领推进乡村振兴高质量发展提供参考、借鉴，为广大党员干部尤其是乡村党员干部提供生动读本。

　　本书由主编杨瑞勇总体策划、确定写作思路与格式、制定目录提纲，对全书案例撰写进行指导，并负责全书统稿、统改、出版社审稿后的复改、最终审定等。为了确保案例质量，入选本书的案例大部分获得省部级及以上奖励或荣誉，或者案例单位主要负责人曾获得省部级及以上奖励或荣誉。为了使本书案例更具有参考借鉴价值和样本意义，我们主要挑选经济欠发达地区的先进典型案例。为了便于读者阅读，本书在语言表述上尽量保持原汁原味，保留各地的方言、俚语等。除了在编写过程中借鉴吸收了一些先进典型案例，我们还参考了学术界的一些研究成果，并且引用了部分党政领导的讲话精神、精辟观点等，在此一并表示诚挚的谢意！

由于水平所限，书中有疏漏甚至错误之处在所难免，敬请广大读者批评指正。

编　者

2024 年 5 月